U0930989

百瑞信托
BRTC

信托研究与年报分析2010

百瑞信托博士后科研工作站 著

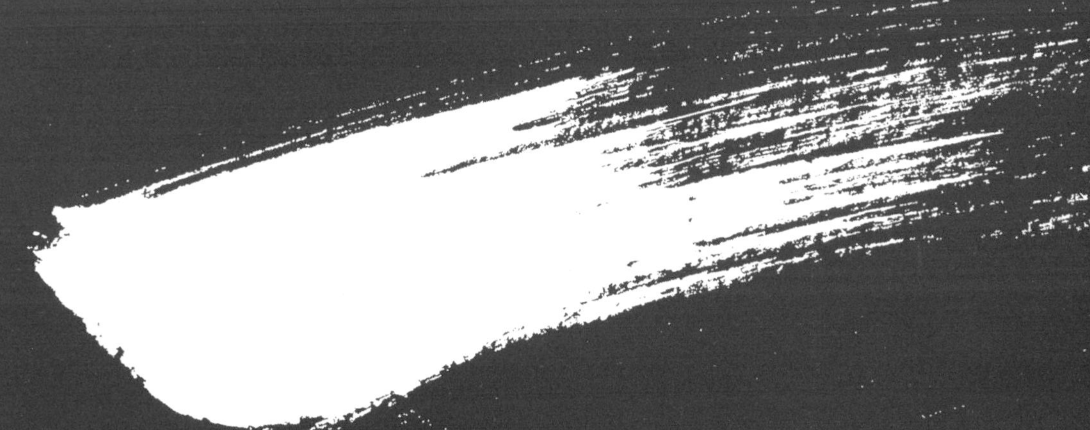

中国财政经济出版社

前言

FORWORD

2009年，信托行业延续了高增长局面。国内信托公司信托业务规模再上新台阶，继2008年突破万亿大关之后，2009年信托业务规模突破两万亿元，达到20417万元。信托行业的地位得到进一步提升和巩固。

“一法两规”的建立把信托行业引入了快速发展的轨道，国民财富的积累成为信托行业长期稳健增长的坚强基石。从国内外信托行业发展情况看，我国信托行业前景看好，发展潜力巨大，但是另一方面，信托公司发展的道路又是十分曲折的，信托公司业务水平和创新能力成为发展的关键因素。

为了推动信托行业的发展，监管机构改进了信托公司监管评级指标体系，颁布了信托公司净资本管理办法，并针对银信理财合作业务、证券投资信托业务、房地产信托业务制订了一系列规范性要求和操作指引，对于信托公司创新产品设计、实现可持续发展道路提出了更高的要求。

百瑞信托在大力推进业务转型的同时，高度重视产品创新与研究工作，先后成立了研究发展中心和博士后科研工作站，陆续推出了系列行业分析报告和创新业务研究报告。公司整体研究水平得到了全面提升，不仅促进了公司自身业务的发展，同时有利于提升信托行业的影响力。

《信托研究与年报分析2010》共分为两个部分。第一部分为2009年信托公司年报分析，包括6篇系列研究报告，分别从行业概况、信托业务、自营业务、风险控制、人力资源、中部地区等多个角度，全面分析了国内信托公司2009年的经营情况，并对行业发展特点进行了总结。第二部分包括8篇文章。其中4篇是2009年信托行业季度分析报告，对于信托行业产品设计、发行等情况进行了点评和总结。《浅析信托公司客户专业化战略》结合信托公司客户专业化的国际经验，分析了国内信托公司实施客户专业化战略的必要性和可行性，有利于信托公司增强客户渠道建设。《信托行业人才战略研究》在信托行业人力资本理论分析的基础上，结合近年来信托行业人力资源现状，对于信托行业人才引进、成长和流动进行了分析研究，提出信托行业人才战略和人力资本激励措施。《次贷危机与房地产金融体系重构》把房地产金融体系作为整体，从衍生品风控机制、房地产周期、替代性等角度出发，对于住房抵押债券体系和房地产投资信托体系进行了对比研究和总体分析，提出房地产投资信托基金是破解房地产金融难题的首选，该课题获得国家博士后科研基金资助。《房地产投资信托基金本土化研究》侧重于案例研究，通过分析美国、新加坡和香港的REITs案例，有利于增进对REITs的理解，并结合国内相关上市情况，对每一个案例进行了分析总结，提出了国内REITs发展应注意的事项和可以借鉴的经验。

本书编写过程中，对外经济贸易大学副校长、博士生导师刘亚教授，中央财经大学副校长、博士生导师史建平教授，南开大学经济学院院长、博士生导师马君潞教授，在百忙之中从学术角度提出了许多宝贵的意见和建议，在此表示衷心的感谢。

本书主要编写人员为：马宝军、马磊、罗靖、高志杰和程磊。其中，马宝军作为编委会主任，负责本书的选题、总体策划与审稿；马磊、高志杰撰写了2009年信托公司年报分析之《行业概论篇》、《信托业务篇》和《风险管理篇》，罗靖、程磊撰写了2009年信托公司年报分析之《自营业务篇》、《人力资源篇》和《中部地区篇》，罗靖、高志杰、程磊撰写了4篇2009年信托行业季度分析报告，罗靖、高志杰撰写了《浅析信托公司客户专业化战略》、《房地产投资信托基金本土化研究》，高志杰、程磊撰写了《信托行业人才战略研究》，高志杰撰写了《次贷危机与房地产金融体系重构》。

由于所收集的资料有限，主要研究人员信托行业从业经验尚浅、时间紧迫等原因，本书还存在许多尚待改进之处，希望大家不吝赐教。

百瑞信托博士后科研工作站

2010年9月

CONTENT

目　录

第一部分　2009年信托公司年报分析

2009年信托公司年报分析之一：行业概况篇/3
2009年信托公司年报分析之二：信托业务篇/27
2009年信托公司年报分析之三：自营业务篇/56
2009年信托公司年报分析之四：风险控制篇/89
2009年信托公司年报分析之五：人力资源篇/115
2009年信托公司年报分析之六：中部地区篇/132
附录/155

第二部分　信托研究

2009年第一季度信托行业分析报告/185
2009年第二季度信托行业分析报告/210
2009年第三季度信托行业分析报告/228
2009年第四季度信托行业分析报告/237
浅析信托公司客户专业化战略/250
信托行业人才战略研究/260
次贷危机与房地产金融体系重构/278
房地产投资信托基金本土化研究/286

第一部分

2009年信托公司年报分析

2009年信托公司年报分析之一：行业概况篇

百瑞观点：

- 行业注册资本、净资产稳步上升；
- 行业总收入、净利润呈现螺旋上升；
- 行业资本利润率较高，公司间差异巨大；
- 信托规模逼近基金和保险资产规模；
- 新增信托计划技术含量提升；
- 行业杠杆保持稳定，少数公司风险突出；
- 第二梯队信托公司获得大发展；
- 投向强周期，收入弱周期；
- 信托公司年报质量有待继续提高；
- 努力迈向可持续发展道路。

近年来，信托行业呈现出良好的发展趋势，行业注册资本、净资产稳步攀升，行业总收入和净利润呈现螺旋式上升。信托资产规模获得爆发式增长，2009年年底已经突破2万亿元大关，在金融行业的支柱作用日渐显现。

2009年，信托公司新增信托计划的技术含量得到提升，第二梯队信托公司获得大发展。信托业务呈现出资产投向强周期而收入弱周期的特性。信托公司应该充分利用盈利上升期，加快布局可持续发展，实现行业的长期稳健发展。

一、行业注册资本总量上升10%，达到604亿元

纵向比较来看，信托公司注册资本自2006年以来实现了连年稳步增长，主要是因为各路资本纷纷看好信托行业的发展前景。新增注资，尤其是大股东注资成为注册资本上升的主要来源，利润转增资本占比较少。

2008年年底，行业注册资本总计552亿元，公司平均10.83亿元。2009年年底行业注册资本达到604亿元，公司平均11.19亿元（见图1-1）。

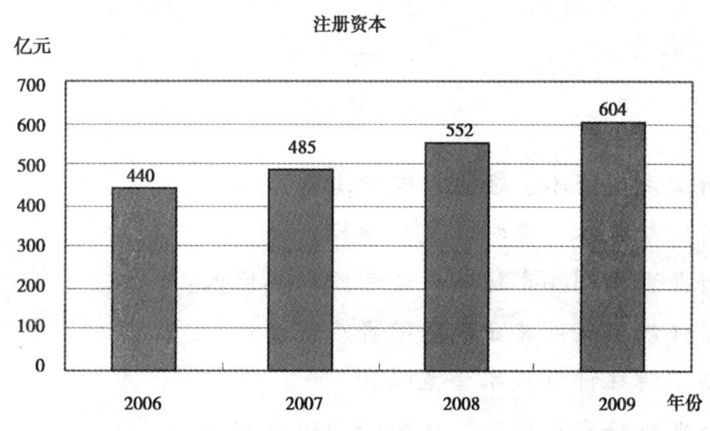

图1-1　信托行业2006—2009年注册资本

公司注册资本的扩大，为信托行业进一步发展创立了条件。注册资本的扩大主要来源于一些大型央企购并信托公司后的增资，如中石油并购金港信托以后，增资25.93亿元，占了行业新增注册资本的一半，增资后的昆仑信托注册资本达到30亿元，注册资本仅次于平安信托排名行业第二。建设银行并购兴泰信托以后增资10.23亿元，更名为建信信托，注册资本达到15.27亿元，名列行业第八位。其他增资包括厦门信托增资1.2亿元达到10亿元，新华信托增资1.2亿元达到6.2亿元，西安信托增资1.5亿元达到5.1亿元等（见表1-1）。

表1-1　　2008—2009年信托公司注册资本前十名情况对比

序号	公司名称	2009年注册资本（亿元）	序号	公司名称	2008年注册资本（亿元）
1	平安信托	69.88	1	平安信托	69.88
2	昆仑信托	30	2	华润信托	26.3
3	华润信托	26.3	3	上海信托	25
4	上海信托	25	4	江苏信托	24.839
5	江苏信托	24.839	5	重庆信托	16.3373
6	重庆信托	16.3373	6	吉林信托	15.96
7	吉林信托	15.96	7	华融信托	15.1777
8	建信信托	15.2727	8	天津信托	15
9	华融信托	15.1777	9	英大信托	15
10	天津信托	15	10	北京信托	14
11	英大信托	15	11	山东信托	12.8

二、行业净资产大幅攀升

2009年，信托行业净资产劲升31%，从2008年年底的774亿元一跃超过千亿，达到1014亿元。信托公司平均净资产从15.5亿元增长到18.8亿元（见图1-2）。

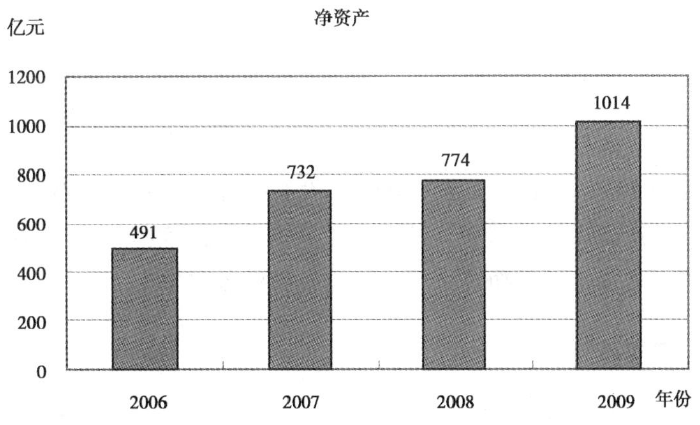

图1-2　信托行业2006—2009年净资产

纵向比较来看，信托行业净资产2006年以来实现了连续上升，即使是在金融危机的2008年，行业净资产依然实现了正增长。究其根源，一是行业注册资本连年增加；二是行业连续实现盈利，增厚了所有者权益（见表1－2）。

表1－2　　2008—2009年信托公司净资产前十名情况对比

序号	公司名称	2009年净资产（万元）	序号	公司名称	2008年净资产（万元）
1	平安信托	1244046	1	平安信托	1144628
2	华润信托	667094	2	华润信托	502781
3	上海信托	451703	3	上海信托	409624
4	重庆信托	450102	4	中诚信托	331524
5	建信信托	443461	5	中信信托	300847
6	中信信托	434028	6	江苏信托	297592
7	昆仑信托	396910	7	重庆信托	248394
8	中诚信托	387995	8	北京信托	213427
9	江苏信托	366333	9	国联信托	196017
10	国元信托	289701	10	华宝信托	186492

从数值上看，2009年信托行业净资产共增加240亿元。行业净资产大幅攀升主要来源于三个方面：第一，净利润，扣除海协信托亏损以外，全行业共实现盈利123亿元；第二，公司增资扩股，建行增资兴泰信托出资34.09亿元（其中10.23亿元增加注册资本），中石油增资金港信托25.93亿元，仅此两家公司合计就达到60.02亿元；第三，来自于证券市场投资的浮盈，或者其他资产重估造成的资本公积增加等。在证券投资没有变现之前，还没有计入损益表，但是直接增厚了净资产规模。如重庆信托2009年净资产增加20.2亿元，但是注册资本没有变化，净利润仅实现5.3亿元，查阅自营资产运用和分布表，其证券投资占比超过50%，结合2009年证券行情尚可，可以推断其净资产增加应以投资浮盈类为主。

三、总收入

2009年，54家信托公司总收入达到207亿元，比2008年的176亿元增加了31亿元，上升17.6%。和2007年219亿元总收入相比，虽然没有达到昔日的辉煌，但是考虑到证券投资收益的下降，2009年的收入质量要高于证券市场大牛市的2007年（见图1－3）。

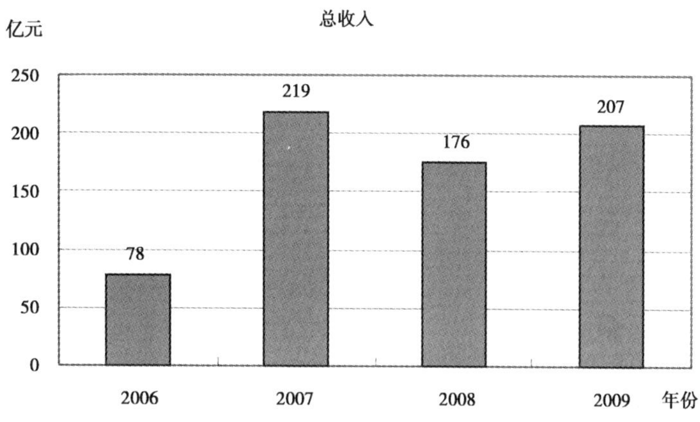

图1－3　信托行业2006—2009年总收入

从近两年总收入排名靠前的信托公司来看，中信信托保持了行业老大的位置，并且总收入略有提高，达到20.8亿元。中信、华润、平安和中诚四家信托公司仍然占据前四名，华润信托因为国信证券投资收益高达12.5亿元，助其跃上总收入亚军宝座。除此以外，还有重庆信托、华宝信托、中海信托、北京信托同时出现在两份排名中，由此可见，信托公司总收入排名表稳定性相当强。2009年，前十名信托公司实现总收入104.5亿元，仅比2008年上升4.3%，远小于全行业17.6%的收入增长比率（见表1－3）。

表1－3　2008—2009年信托公司总收入前十名情况对比

序号	公司名称	2009年总收入（万元）	序号	公司名称	2008年总收入（万元）
1	中信信托	207589	1	中信信托	201224
2	华润信托	159135	2	平安信托	165972
3	平安信托	142744	3	中诚信托	110763
4	中诚信托	114619	4	华润信托	94844
5	重庆信托	80880	5	华宝信托	94028
6	上海信托	80638	6	中海信托	84696

续表

序号	公司名称	2009 年总收入（万元）	序号	公司名称	2008 年总收入（万元）
7	华宝信托	68789	7	重庆信托	74790
8	中海信托	66101	8	北京信托	71009
9	中融信托	62657	9	天津信托	53824
10	北京信托	61963	10	外贸信托	51019
	小计	1045115		小计	1002169

四、净利润

净利润走势和总收入相类似。2009 年，信托行业净利润达到 123 亿元，比 2008 年的 108 亿元增加 15 亿元，增幅为 14%，但是和 2007 年全行业 144 亿元利润相比还有一定的差距（见图 1－4）。

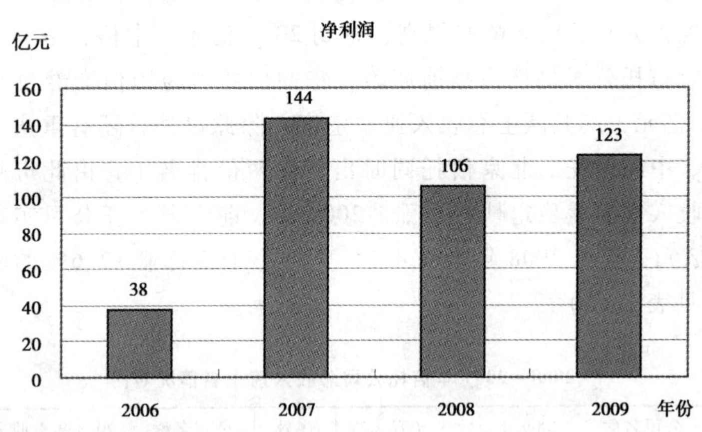

图 1－4　信托行业 2006—2009 年净利润

借助于 12.5 亿元的国信证券投资收益，华润信托净利润达到破纪录的 14.4 亿元，成为 2009 年净利润最高的信托公司，而且盈利额超过 2008 年平安信托创造的 12.1 亿元。中信信托保持了净利润行业第二的排名。中诚信托净利润达到 7 亿元，跃升到行业第三名。与 2008 年相比，华润、中信、中诚、平安依然占据前四位，只是排名有所改变，这四家信托公司同时也是总收入排名前四位的信托公司（见表 1－4）。

表1－4　　2008—2009年信托公司净利润前十名情况对比

序号	公司名称	2009年净利润（万元）	序号	公司名称	2008年净利润（万元）
1	华润信托	144336	1	平安信托	120719
2	中信信托	95915	2	中信信托	93310
3	中诚信托	70449	3	华润信托	82267
4	平安信托	60629	4	中诚信托	66765
5	上海信托	54590	5	华宝信托	63716
6	重庆信托	52765	6	中海信托	59277
7	华宝信托	45517	7	重庆信托	51066
8	江苏信托	44295	8	北京信托	47812
9	中海信托	43374	9	外贸信托	35684
10	华信信托	41798	10	上海信托	30441
	小计	653668		小计	651057

五、行业资本利润率较高，公司间差异巨大

2009年度，信托行业实现算术平均资本利润率12.86%，与普通制造业相比，信托行业资本利润率较高。2008年度，信托行业实现算术平均资本利润率是13.8%。两者相比，2009年资本利润率有所下降，主要是因为净利润增长相对净资产提升要滞后一些，行业新增资本要在一两年后才能逐步发挥效益。

结合信托行业2006年资本利润率6.93%，2007年资本利润率24.12%，可以绘制最近四年的资本利润率雷达图。从图1－5中可以清晰地看到，2008年、2009年资本利润率落到了10%—20%区间，而2006年资本利润率偏低，落到了10%曲线以内；2007年行业资本利润率最高，落到了20%曲线以外。

2009年，信托行业资本利润率最高的是中融信托，该公司资本利润率高达惊人的63.22%，主要是因为充分利用了信托业务对资本金要求不强的优点，大力发展了信托业务，在资本有限的情况下，信托规模达到1315亿元。中信信托、华宝信托和华润信托的资本利润率依次为第2—4位。2009年，资本利润率超过20%的公司共有9家。总收入和净利润排名居前的平安信托和中诚信托，由于净资产较高，资本利润率未能进入前十（见表1－5）。

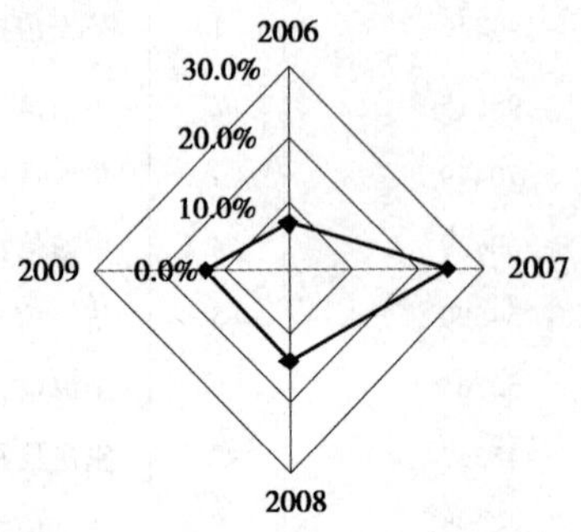

图1-5　2006—2009年资本利润率雷达图

表1-5　2009年信托公司资本利润率

序号	公司名称	2009年资本利润率（%）	序号	公司名称	2008年资本利润率（%）
1	中融信托	63.22	1	云南信托	39.87
2	中信信托	26.9	2	华宝信托	36.4
3	华宝信托	24.65	3	中海信托	34.12
4	华润信托	24.61	4	中信信托	32.17
5	厦门信托	23.88	5	中融信托	31.82
6	华信信托	22.81	6	西部信托	29
7	中海信托	21.4	7	北京信托	24.48
8	粤财信托	21.12	8	中泰信托	24.37
9	新时代	20.01	9	重庆信托	23.26
10	中泰信托	19.71	10	厦门信托	19.5

六、信托规模逼近基金和保险资产规模

2009年年底，信托资产超过两万亿元大关，比2008年年底的12284万元增长了66.1%，信托行业资产规模实现了连年快速增长，逐步逼近基金和保险资产规模。2008年年底，59家基金公司共管理资产19381万元（民生加银基金公司已经成立，但尚未发行基金，未包含），到2009年年底，60

家基金公司共管理资产26761万元，实现增长38.1%。保险资产从2008年底的3.34万亿元发展到2009年底的4.1万亿元，实现了22.8%的增长。从增长速度上看，信托资产增长率超过了基金资产和保险资产的增长速度。如果将信托和基金公司都看做是广义上的资产管理行业，则信托资产和基金资产之和已经超过了保险资产规模（见图1－6）。

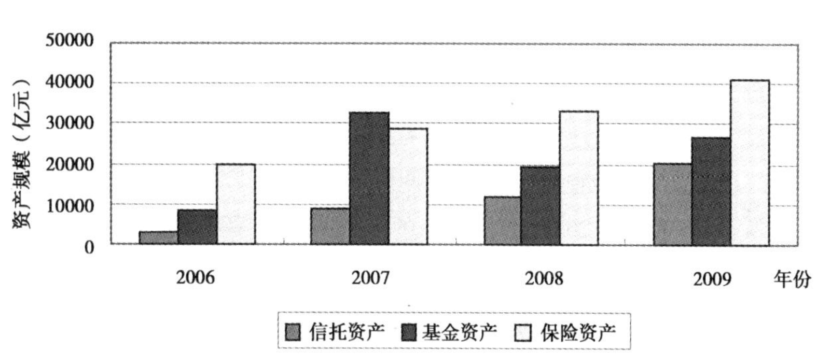

图1－6　信托资产与保险、基金行业对比图

在信托行业资产快速增长的过程中，还要看到增长的质量还不高。信贷资产转让等低收益银信合作业务占比超过一半。银行业有资本充足率要求，保险业有偿付能力要求，行业扩张受制于资本规模，是一种适度资本条件下的合理扩张，而信托行业在信托资产快速发展的大背景下，正在考虑引入资本充足率概念，净资本监管将提升信托公司资本金要求，提高信托资产规模增长的质量。

七、新增信托计划技术含量提升

2009年，信托全行业新增信托规模达到20534亿元，超过2009年年底的存量信托业务规模。新增信托计划的技术含量比2008年有所提升，从以下三个方面进行分析：

1. 新增信托中，集合类规模占比从6.4%上升到7.5%，而单一信托规模占比从88.5%下降到86.3%（见表1－6）。

表1－6　2008—2009年新增信托计划分类表

	2009年新增金额合计	金额占比（%）	2008年新增金额合计	金额占比（%）
集合类	15344509	7.5	9953607	6.40
单一类	177240139	86.3	137620750	88.50
财产管理类	12759842	6.2	7878354	5.10
合计	205344490	100.00	155452711	100.00

2. 从新增信托和存量信托规模的对比可以看出，信托期限在加长。2009年新增信托规模20534亿元，略高于存量信托规模20417亿元。而2008年新增信托规模15545亿元，超过当年年底信托规模（12284亿元）26.5%，说明2008年有更多的项目期限很短，属于当年成立，当年清算。

2009年年度，有25家信托公司的年底存量信托规模高于当年新增信托规模，这些信托公司在业务开展过程中，更加注重发展期限在一年以上的信托业务，在获得信托利益的同时，相对减轻信托发行、清算的压力（见表1－7）。

表1－7　2009年新增信托规模大比例超越存量规模的公司情况（单位：万元，%）

序号	公司名称	新增超过存量的比例（%）	2009年年底信托规模	2009年新增信托规模
1	粤财信托	116.20	6785847	14669751
2	西安信托	51.30	3339591	5053803
3	华信信托	48.80	5272210	7844545
4	华融信托	36.00	3063364	4166447
5	华润信托	34.90	5811723	7837748

上述5家信托公司新增信托规模超过存量信托规模的比例非常高，尤其是粤财信托，新增信托规模是存量信托规模的两倍以上，说明当年新增信托计划相当一部分当年就清算了。

3. 从主动管理信托业务规模的角度来看，2009年，主动管理信托业务实现了规模和占比同时上升，主动管理能力增强。

2009年，主动管理信托业务规模从4018亿元快速增加到7336亿元，升幅高达82.6%，超过了信托业务规模整体的增速。由此，主动管理信托业务规模实现了占比的提升，从32.5%上升到35.9%，表明信托公司主动管理能力在提升，倡导主动管理的理念在实践中起到了较好的效果（见表1－8）。

表 1－8　2009 年主动管理、被动管理信托业务情况

	期初规模	占比（%）	期末规模	占比（%）
主动管理	40178737	32.5	73356492	35.9
被动管理	83466814	67.5	131018340	64.1
合计	123645551	100.0	204374832	100.0

八、行业杠杆保持稳定，少数公司风险突出

从整体上来看，2009 年杠杆系数比 2008 年略有提升，但基本保持稳定，信托规模总体上在 20 倍净资产左右。但是少数公司放大倍数较高，值得关注其中蕴含的风险。

2009 年年底，中融信托信托资产规模是净资产的 194.8 倍，英大信托信托资产规模是净资产的 83.9 倍，值得关注。中融信托已经连续两年处在杠杆比率排名表首位，业务规模和资本金的矛盾比较突出（见表 1－9）。

在杠杆比率排名靠后的公司中，不乏优秀公司，如 2009 年的重庆信托、国民信托等，现有资本实力还可以支撑更多的信托业务规模。

表 1－9　2008—2009 年信托行业杠杆比率简表

序号	公司名称	2009 年信托规模/净资产	序号	公司名称	2008 年信托规模/净资产
1	中融信托	194.8	1	中融信托	178.8
2	英大信托	83.9	2	金港信托	65.9
3	西安信托	61	3	英大信托	64.9
4	中海信托	59.2	4	中信信托	51.4
5	安信信托	57.9	5	安信信托	50.6
6	江西信托	53.9	6	中海信托	43.6
7	粤财信托	49.2	7	新华信托	36.7
8	中信信托	47.6	8	外贸信托	36.5
9	新华信托	43.8	9	江西信托	32.7

续表

序号	公司名称	2009年信托规模/净资产	序号	公司名称	2008年信托规模/净资产
10	渤海信托	34.5	10	北京信托	29.1
45	重庆信托	6.7	41	西部信托	5.4
46	厦门信托	6.5	42	上海信托	5
47	建信信托	6.2	43	中泰信托	4.9
48	西部信托	5.8	44	联华信托	4.5
49	国元信托	5.8	45	平安信托	4.3
50	国联信托	4.6	46	江苏信托	3.7
51	江苏信托	4.4	47	国联信托	3.7
52	国民信托	4.3	48	国投信托	2.6
53	西藏信托	0.2	49	国民信托	1.8
54	海协信托	0.1	50	西藏信托	0.1
	行业平均	20.1		行业平均	19.6

九、第二梯队信托公司获得大发展

信托公司已经越过了生存阶段，逐步迈向业务创新发展的新领域。2009年，信托行业一个显著的特征是第二梯队信托公司获得大发展。主要表现在第二梯队信托公司无论是在信托业务规模还是在信托业务收入方面都实现了快速发展，反映在行业特征上，2009年信托业务规模和信托业务收入的集中度同时呈现出下降趋势。

（一）信托业务规模集中度连续三年下降

全行业信托业务规模连续几年实现快速增长，行业龙头公司中信信托的信托业务规模突破2000亿元大关，有5家信托公司信托业务规模在1300亿元以上，优势地位十分突出。但是与大众印象不同的是，近三年来，信托业务规模的集中度却是在不断下降的趋势中（见表1-10）。

表1-10　　信托业务规模集中度指标

年份	CR4（%）	CR8（%）
2007	42.1	63.3
2008	35.3	54.8
2009	30.5	47.7

信托业务规模集中度的降低，正是反映了一大批中小型信托公司兢兢业业，勤于发展信托业务。2009年，信托业务规模在100亿元以上的就有43家，而2008年信托业务规模超百亿的信托公司只有27家。随着国民富裕程度的提升，信托行业正处于快速发展的阶段，中小型信托公司也有良好的业务机会。同时，监管层对于通道类银信合作业务采取了限制措施，部分大型信托公司主动进行业务调整，控制业务规模，侧重发展高质量高效益的信托业务，也为中小型信托公司提供了规模赶超的机会。

（二）信托业务收入集中度指标下降

与信托业务规模集中度指标相似，信托业务收入集中度也出现了同样的下降趋势。2009年度，信托业务收入前四名占全行业的比例下降到28.4%，下降了10.3个百分点，前八名收入集中度下降到43.1%，下降了12.6个百分点。与信托业务规模集中度相比，信托业务收入集中度下降更快一些。信托业务收入集中度下降速度比较快，更多地反映了信托行业第二梯队信托公司业务快速发展，实现的信托业务收入占比提升更快一些（见表1-11）。

表1-11　　信托业务收入集中度指标

年份	前4名收入	CR4（%）	前8名收入	CR8（%）
2008	347881	38.7	499901	55.7
2009	257670	28.4	390697	43.1

（三）行业核心指标变异系数大多下降

变异系数又称“标准差率”，是衡量指标值变异程度的一个统计量。变异系数等于标准差与平均值的比值。变异系数越大，说明观测值与平均值的偏离度越大。变异系数变小，说明行业的观测值更加趋近于平均值。

与2008年相比，2009年信托行业多个核心指标的变异系数变小，说明信托公司间的差距在缩小。尤其是新增信托规模、信托业务收入、自有业务收入和信托报酬率的差异变化程度更为明显。对比总收入、信托业务收入和自有业务收入三项，总收入变异系数变化要小于两个分项，说明各个信托公司总收入的稳定性要强于各个分项。

变异系数增大的只有资本利润率和人均净利润两项。资本利润率变异系数增大，主要是由于2009年中融信托资本利润率高达63.22%，而海协信托资本利润率是-63.03%，这两个指标值一个非常高，一个非常低，增大了变异系数。如果扣除中融信托和海协信托的资本利润率指标，则2008年和2009年资本利润率变异系数是比较接近的。两家信托公司资本利润率的巨大差异似乎是在提醒我们，在信托行业普遍看好、走势向上的同时，还有部分信托公司由于种种原因，业务停滞不前（见表1-12）。

表1-12　　2008—2009年信托行业核心指标变异系数

年份	2008年	2009年
注册资本	0.93	0.91
净资产	1.11	1.05
新增信托规模	1.29	1.07
信托业务规模	1.25	1.10
净利润	1.22	1.13
总收入	1.15	1.03
信托业务收入	1.41	1.06
自有业务收入	1.42	1.21
资本利润率	0.70	1.07
信托报酬率	1.05	0.56
人均净利润	1.00	1.16

使用雷达图可以较好地揭示指标的相对变化情况。提取净资产、信托业务规模、总收入、信托报酬率、信托业务收入和资本利润率6个核心指标，绘制2008—2009年指标变异系数的雷达图。

从雷达图（图1-7）中可以清晰地看到，除了资本利润率指标以外，2009年连线基本位于2008年连线之内，说明2009年指标的变异系数较小，公司间差异变小。在所选的6个指标中，净资产、信托业务规模和总收入3个指标的相对变化较小，而信托报酬率、信托业务收入和资本利润率相对变化较大。

十、投向强周期，收入弱周期

当前，信托公司可持续发展模式还在建设之中，信托公司抢热点的现象比较明显，哪种业务赚钱、哪种业务好做，哪种业务就会较快增长并呈现出

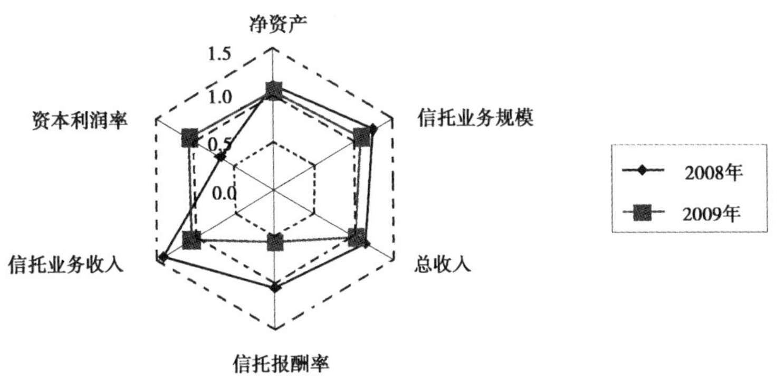

图 1－7　2008—2009 年核心指标变异系数雷达图

加速赶顶的迹象。在一个不长的时间内，热点业务就会转换。信托资产和国家宏观经济政策周期性有很强的关联性，而信托业务收入则相对稳定，呈现出投向强周期、收入弱周期的特征。

2009 年，信托资产分布的一个典型变化是基础产业比例上升，提升幅度达到 6.9 个百分点，反映出信托公司在国家的经济刺激政策出台后大力发展了基础设施信托业务。而同期房地产业务则由 1021 亿元上升到 1852 亿元，上升 0.7 个百分点，房地产公司在银行渠道受限以后，纷纷改道信托公司融资，房地产信托成为当前信托公司最赚钱的一个业务品种（见表 1－13）。

表 1－13　　2008—2009 年度信托资产分布表

时间	2009 年度		2008 年度		
资产分布	规模（万元）	占比（%）	资产分布	金额（万元）	占比（%）
基础产业	86068269	42.2	基础产业	43068285	35.3
房地产	18515320	9.1	房地产业	10205374	8.4
证券市场	13636859	6.7	证券	14237152	11.7
实业	26184422	12.8	实业	12334039	10.1
金融机构	19997948	9.8	其他	42157013	34.6
其他	39768879	19.5			
资产总计	204171697	100	资产总计	122001863	100

2007—2009年，信托行业实现总收入分别是219亿元、176亿元和207亿元，实现利润分别是144亿元、106亿元和121亿元，全行业实现信托业务收入分别是51亿元、89亿元和91亿元。从这些收入和利润数字可以看出，波动性明显小于证券市场波动，信托公司的收入具有弱周期的特征（见图1-8）。

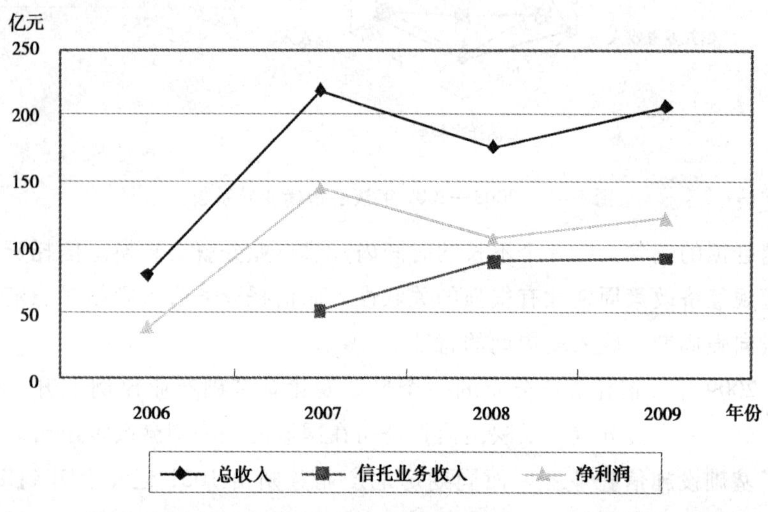

图1-8　信托行业总收入、信托业务收入和净利润波动示意图

十一、信托公司年报质量有待继续提高

年报是信托公司与投资者、委托人、受益人、监管层等各类机构和社会公众进行交流的工具，是一年工作的总结和提高，年报质量是信托公司水平高低的一个反映，必须给予足够的重视。

几年来，信托公司年报质量提升很快。但是作为金融机构，与上市公司相比，信托公司年报质量有待继续提高。

（一）年报宜增加经营情况分析

信托公司年报充分考虑了信托行业的特殊性，设置了信托项目资产负债表、信托项目利润及利润分配表、收入结构表、信托资产管理情况表（期初期末数、清算情况、新增情况等）等一系列反映信托业务运营情况的报告，揭露了信托多方面的信息，为年报受众提供了了解信托的一个重要途径。

与一般的上市公司年报相比，信托公司年报在业务探讨、规划和实施方面还有所欠缺。这部分内容，相当于上市公司年报的董事会报告或者管理层讨论。现有信托公司年报专设有“经营管理”部分，细分为经营目标方针和战略规划、所经营业务的主要内容、市场分析、内部控制和风险管理五块内容。经营目标方针和战略规划基本上是长期规划或者目标，“所经营业务的主要内容”则直接简化为自营资产运用与分布表、信托资产运用与分布表两张表格，并没有对经营业务进行阐述。反观上市公司年报，在董事会报告部分，通常都要阐述公司过去一年来的业务进展情况、盈利情况、发展中遇到的困难及克服方法、下一年度的业务规划（含具体数字）等。相信信托公司年终总结会有相应的数据和文字报告，相信进一步的披露会增进社会公众的理解和信任。当然，上市公司年报更多的是站在投资人角度撰写的，信托公司年报则可以站在委托人角度多做文章，增进委托人对于信托公司和信托行业的了解。

阅读近几年来诸多的信托公司年报，发现国民信托年报独具特色，除了年报正常要求披露的以外，还着重在年报开篇部分阐述信托公司价值观念、一年回顾和财务概要，价值观念部分写出了该公司的特色，后两部分则相当于众多年报欠缺的管理层讨论，写的很有意义，值得认真阅读体会。

（二）个别专业术语意义有待进一步明确

年报是提供给监管层、决策层、投资人等多方面受众阅读的，因此其中的专业术语运用必须具有一致性，不能产生歧义。对于相关财务数字、业务数字的报表，必须进行准确报告。当前年报中有两处术语的理解不尽相同，一是手续费及佣金收入中的“投资银行业务收入”；二是关于主动管理和被动管理信托业务的分类。

1. 信托业务收入的确认。信托业务收入是信托公司经营中一个极其重要的数字，尤其是在强调信托主业的今天，信托业务收入及其占比是信托公司盈利水平、信托业务能力的体现。

2009年，信托公司年报中，收入结构表是按照会计科目进行披露的，但是没有进一步明确注明或者标注信托业务收入情况。2009年年报中新增了投资银行业务收入一项，有的信托公司直接注明投资银行业务收入属于信托业务收入的一部分，如中海信托。有的信托公司的信托业务收入等于手续费收入，如山西信托。

与2008年年度报告相比，2009年信托收入结构表中并没有信托业务收入一栏。如何加总计算信托业务收入呢？比较明显的是，信托业务收入至少包括信托手续费收入和计入信托业务收入的其他业务收入两个部分。在手续费及佣金收入中，除了信托手续费收入以外，还有投资银行业务收入，问题的关键是投资银行业务收入是否计入信托业务收入。

如果从一般意义上来说，投资银行业务包括众多的资本市场活动，如公司融资、兼并收购顾问、证券销售和交易、资产管理、投资研究和风险投资业务等。在这些业务中，融资、杠杆收购融资、资产管理等可以和信托计划挂钩，而债券销售、投资研究等业务可以独立于信托计划而单独存在。基于信托计划的融资业务收入可以计入信托业务收入，而债券承销收入计入自有业务收入更恰当。

不同信托公司的投资银行收入栏目差别相当大。多家信托公司的投资银行业务为零。有的信托公司核算的项目属于信托业务收入，如中海信托在附注中标明“投资银行业务收入是指由公司自主开发并主动管理的融资类信托项目产生的收入”，而华宝信托的投资银行收入核算的则是信托业务收入的财务顾问费。

考虑到信托公司对于投资银行业务收入的理解不尽一致，因此按照投资银行业务的本意将其归入固有业务收入，同时，如果公司在收入结构表中注明了该部分收入和信托计划相关，则调整到信托业务收入。

2. 主动管理和被动管理信托业务的分类。由于不同的信托公司对于报表格式和含义有不同的理解，导致数据规范方面的不同。在主动管理、被动管理的明细表中，进一步分为证券投资类、股权投资类、融资类和事务管理类4项，行业中超过2/3的信托公司认为这种分类方式是完备的，即合计项等于4个分项之和。同时，有的信托公司，如英大信托通过注释说明主动管理类信托包括但不限于“证券投资类”、股权投资类、融资类和事物管理类，因此，合计项可以大于或者等于各个分项。

（三）错误和遗漏

信托公司年报中仍然有些错误信息和遗漏项。信托报酬率异常的，如HX信托，信托报酬率披露的是5.46%，应该是一个失误，把信托报酬率误写为已清算项目的受益人年化收益率。合计项小于明细项之和的，如HR信托，2009年年报中主动管理、被动管理总计小于明细项的合计。关于遗漏项，最多的就是主要财务指标部分的加权年化信托报酬率等指标，多家信托公司没有披露。

十二、努力迈向可持续发展道路

在年报分析过程中，不断思索如何实现信托行业可持续发展，形成下述文字，以图起到抛砖引玉的作用。

（一）可持续发展是行业发展的必然要求

可持续发展概念起源于20世纪70年代，是一种注重长远发展的经济增长模式，简言之，是指既满足当代人的需求，又不损害后代人满足其需求的能力，可持续发展是科学发展观的基本要求之一。可持续发展理念来源于人口的爆炸性增长对于资源、环境和城市化发展提出了很高的要求，当代人对于资源的过度开发会导致资源枯竭、环境恶化从而损害后代人的生存空间。

对于信托行业来说，可持续发展强调业务发展和商业模式的可持续性。信托公司可持续发展模式主要通过提高资产管理能力和企业管理能力，通过提高生产要素的质量和效益来实现经济增长。信托公司以可持续业务为基础，稳健发展，形成与银行、证券不同的特色金融服务模式。在可持续的发展模式下，信托管理资产持续上升，逐步形成可以与银行资产、保险资产相提并论的局面，信托行业成为金融业的重要支柱。

中国的信托业，虽然仅仅诞生了30年，却已经历了6次清理整顿，这是任何一个金融行业都不曾拥有的经历。经历了6次“革命”的信托业，从高峰时期的1000多家，缩减到最近的50多家。信托业务模式历经转变，长期徘徊在“追逐热点，什么赚钱干什么”的层次上，先后从事贷款、拆借、担保、租赁、国库券买卖、债券承销、股票经纪、股票承销等多种业务，却没有形成独有的业务模式。信托公司最初是作为政府对外融资的窗口、体制外改革的推进器来开办的，由于定位的模糊和多变，可持续发展长期得不到落实。

信托公司可持续发展是行业发展的必然要求。2007年，信托“新两规”实施以来，信托公司围绕合格投资人的高端定位，积极开拓高端客户市场，积极拓展信托资产规模。经历了2007—2009年证券市场的剧烈波动，较好地应对了次贷危机，信托主业逐步得到确立，信托业务收入占比逐步提高，信托业务逐步成为盈利的主要来源，可持续发展模式日渐显现。

(二) 信托公司当前开展的信托业务前景分析

当前信托公司广泛开展的信托业务主要包括基础设施信托、房地产信托和证券投资信托三大业务领域，为了对其可持续性进行研究，我们先来分析其未来发展前景。

1. 基础设施信托业务空间将可能受到压缩。伴随着2008—2009年国家的经济刺激政策，财政投资支出规模迅速增大，为信托行业带来了新的机遇，新的政信合作产品不仅规模大，而且期限较长，为了匹配基础设施项目资金运用周期，出现了一些5年以上期限的信托产品。

在经济起飞期，基础设施建设是重要一环。到了中后期，城市框架基本完成，基建规模减少。现在美国的一些基础设施，还是罗斯福新政时期建成的。上次亚洲金融危机，为我国留下了高速公路网，本次世界金融危机，会为我国留下高速铁路网。例如郑州市，高铁、地铁、城市快轨、机场快速路等一系列基础设施建设大规模展开，基础设施信托业务发展进入黄金时期。预计5—10年以后，基础设施信托业务发展空间不断变小。

基础设施信托业务发展还会面临一个对手，就是债券市场的竞争。市政建设债券的发展壮大，会压缩基础设施信托业务的空间。

2. 房地产信托仍将有较长的繁荣期。城市化水平从30%提高到70%，是一个快速发展时期，也是被多国城市发展证明的一个重要城市经济学命题。当前，我国城市化水平约为46%，以每年增加一个百分点估算，预计还将有20来年的快速城市化时间，这20年依然是房地产业务迅速发展的时期。我们认为，房地产开发类信托业务将有10年的繁荣期，要短于房地产业务繁荣期。原因包括两个方面：第一，房地产商不断集中的趋势，一流地产商如万科、万达具有多种融资手段，对信托的依赖性较低；第二，后期房地产业务增速变慢，房地产企业实力大增，低成本的融资基本能够满足需要。

但是，整体来看，房地产信托业务还会有较长期间的繁荣。即使在住宅地产相对饱和以后，商业地产的崛起也会为信托公司提供新的历史机遇。因此，房地产始终能够作为信托的一个重要业务领域，开发类房地产信托业务是当前的主流业务，以后会根据形势需要转变为以存量房产尤其是商用房产为基础开发的各类业务。

3. 证券投资信托将成为信托公司主流业务品种。证券投资是财富保值增值的主要手段。不仅现代基金（如养老金、学校捐赠基金）大力开拓证券投资，就连诺贝尔奖这样的传统基金，也开始投资证券领域，不然早就把钱花完了。证券投资，包括股票和债券，作为资产管理的重要手段，信托公司证券投资能力将是未来赢得客户不可或缺的的核心能力。

从业务模式上看，证券投资信托属于非融资业务，发展空间广阔。传统的业务模式有深圳模式、上海模式、云南的自主投资模式，近年创造的还有TOT、托付宝、伞形资产配置等业务模式。股指期货和融资融券推出以后，现代金融创新的潘多拉魔盒才打开，多种多样的“对冲基金”模式有望在私募基金（证券投资信托）中得到运用，信托公司如何提高自身的投资能力，吸引更多的优秀投资顾问，皆大有文章可做。

从获利空间上看，信托公司在发展证券投资信托业务中具有独特的优势，既能按照管理规模提取信托管理费，又可以按照资本增值提取浮动收益分成，值得深入挖掘。证券投资信托可以无固定期限，长期存续，而且一旦搭建好证券信托的平台，这个平台就能够满足证券信托计划的规模化管理和运营，实现人均管理信托资产的优化，因此能满足可持续发展的要求。目前已经有信托公司发行了无固定期限（长期）的证券信托业务，像华润信托的证券投资信托业务已经形成了规模，进入了良性循环的发展道路。

因此，随着证券市场的繁荣发展和融资类信托业务的萎缩，证券信托业务将成为信托公司的一种主流业务品种。

（三）信托公司实现可持续发展路径探讨

可持续发展模式要求信托公司更快地实现从融资平台向资产管理平台转型，从而对营销、风险管理、中后台等多方面提出了更高的要求，因此，必须上升到公司战略的高度，才能更好地协调各个业务部门，从而建立可持续发展模式，并在国民财富增长的背景下，充分发挥信托公司的优势，实现信托行业的稳健快速发展。

1. 坚持以信托为主业。信托公司业务首先可以分为信托业务和自营业务。信托业务不占用公司资金，以“受人之托、代人理财”为主要方式，依靠收取信托管理费来盈利，收费的基础是信托公司专业的资产管理能力。自营业务是信托公司运用自有资本或信誉开展的业务，包括股票投资、金融股权投资、贷款等。

在信托公司发展初期，自营业务可以“养活”公司，但是仅仅依靠自营业务，信托公司就没有特色了。而且自营业务受制于自有资本总量的限制，而信托业务则较少受到资本金的约束，具有广阔的发展空间，因此，必须走向发展信托主业的道路。

信托公司业务不可持续的表现主要有“做完一单没下一单”，“收益低下，到处抢热点，无固定业务模式”等，而可持续发展的表现包括具有稳健发展的信托主业，信托资产管理能力突出，技术含量高，具有稳定的业务模式，形成以信托业务为主的收入结构等等。

信托公司业务类型和可持续发展息息相关。首先就自营业务和信托业务进行分析。对于自营业务，由于自营资产规模是相对固定的，在一定的风险承受能力及其对应的收益水平下，自营业务收入通常存在一个范围。对于自营业务来说，提高效益的方法是在保持投资能力的同时压缩各项费用。对于自营业务来说，资产规模在一定时期是相对固定的，业务人员数越多，则人均管理资产越少。而信托业务是可以持续增加的，在人均管理的信托资产规模相对稳定的情况下，随着信托业务人员的增加，信托资产规模也会提升，在一定的信托报酬率下，信托业务收入能够得到持续提升。人均管理的信托资产规模和信托业务类型以及信托公司的资产管理能力是相适应的，反映了一家信托公司资产管理水平的高低。只有大力发展信托业务，才能形成可持续的主营业务发展模式（见图1－9）。

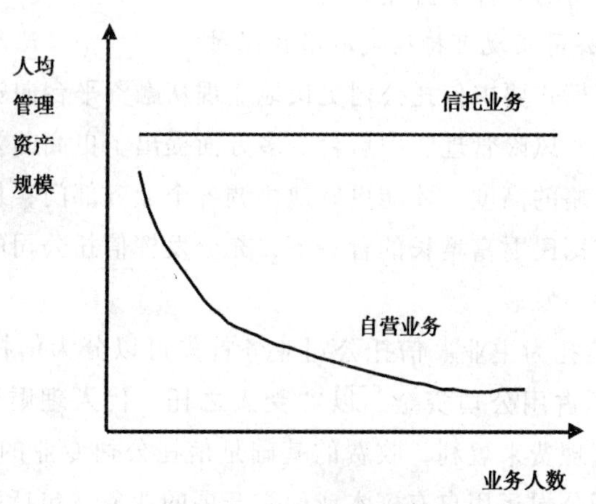

图1－9　业务人数和人均管理资产规模关系示意图

2. 建立具有可持续发展特征的信托业务模式。对信托业务的进一步分析，信托业务可以分为基础设施类、房地产类、证券投资信托、私募股权投资、私募房产基金（非 REITs）、银信合作等。

为了提升信托公司人均管理信托规模和信托报酬率，分别从人均管理资产和信托报酬率两个维度对各类信托业务进行分析。一般来说，银信合作业务、REITs 业务规模庞大，人均管理资产规模最高，而信托报酬率最低；证券投资信托的人均管理资产可以达到较高的水平，而信托报酬率居中；私募股权投资的人均管理资产可以达到较高的水平，同时，信托报酬率也是最高的，以 IPO，Pre－IPO 转让等方式退出时，投资人可以得到成倍的收入，信托可以取得相应的浮动收益；产业基金类产品，如私募房产基金、基建基金，由于其规模可以达到 5 亿—10 亿元甚至更高，因此人均管理资产规模较高，而且收益显著高于一般产品，综合信托报酬率可以达到 2% 以上。

以人均管理资产规模作为纵轴，以信托报酬率作为横轴，则上述产品在坐标图中的位置如图 1－10 所示。

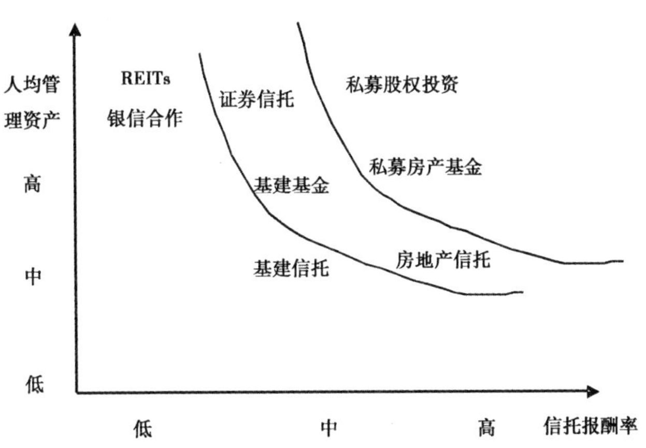

图 1－10　各类信托业务信托报酬率与人均管理资产规模示意图

对于坐标为 $P(x, y)$ 的点，则积 xy 表示人均管理资产乘以信托报酬率，是人均信托业务收入的概念。位于图形外围的信托业务，乘积最大，是最能够创造信托业务收入的业务。图 1－10 中圆弧线可以看做是一个等收入线，等收入线右上方的业务则是需要优先发展的业务。

从图 1－10 可以看出：

第一，结合人均资产规模和信托报酬率两个特征，私募股权投资和私募房产基金是最有效益的业务类型，这两类业务要求信托公司具有很高的资产管理能力，而一旦具备了这种业务能力，此类信托业务的发展较少受到环境和其他金融机构的制约，因此是一种可持续发展的业务模式。

第二，紧临的一个等级是房地产信托、基建类产业基金和证券投资信托。这类业务也为信托公司贡献了良好的收益特征，具有可持续发展的特点。

第三，基础设施类信托业务。由于随着金融市场的发展，地方财政依靠城投债模式融资额度日渐增加，并且融资成本比信托模式低，限制了基础设施类信托业务的未来发展空间。

第四，信贷资产转让类银信合作业务。由于信托公司难以起到主导作用，因此在报酬率方面难以得到提高，综合来考虑，对银信合作业务的依赖不是一种长期可持续的发展模式。当然，不排除少数信托公司依靠和银行的关系，或者本身就是银信系信托公司，依托大银行发展了大量低成本的银信合作业务，依靠低成本和大量两个要素使得银信合作成为一种特有的发展模式。

2009年信托公司年报分析之二：信托业务篇

百瑞观点：

- 信托业务规模突破两万亿元大关；
- 主动管理信托业务规模增速超过被动管理；
- 信托业务收入平稳增长；
- 信托业务收入占比下降；
- 信托报酬率呈下降趋势；
- 单一信托占比继续上升；
- 信托贷款居高不下；
- 基础产业领风骚；
- 信托为客户创造了不菲的价值；
- 创新业务百花齐放。

信托“新两规”实施以来，信托本源业务重新受到重视，“受人之托、代人理财”的理念日益深入人心，信托业务获得了快速的发展。2009年，信托资产规模突破2万亿元大关，主动管理信托业务规模增速超过被动管理信托业务，信托业务收入平稳增长。2009年年报首次披露了创新业务情况，多家信托公司展示了信托业务最新研发成果和业务实践，昭示了信托业务发展的良好前景。

一、信托业务规模突破2万亿元大关

在我国金融业格局中，信托业务规模一直偏小，信托业影响力偏弱。从行业角度看，整体业务规模是一个关键指标。信托是一个基于信托规模收取信托报酬的行业，只有把信托业务规模做大了，这个行业才有希望获得更大的发展。没有规模，不敢奢谈报酬率。“发展是硬道理”对于信托行业是非常适用的。

（一）全行业信托资产规模连上台阶

继2008年全行业信托资产规模突破万亿元大关以后，2009年，行业信托资产规模继续大幅增长，年底突破2万亿元大关，54家信托公司管理信托资产达到20417万元，标志着信托行业取得了快速进步，从资产总量上和保险行业、基金行业逐步接近（见图2－1）。

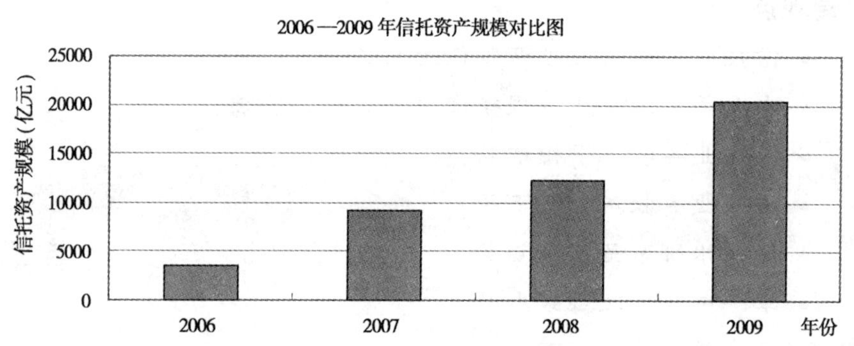

图2－1 信托行业资产规模历年对比图

（二）与基金相比，信托资产呈现稳健增长态势

对比2006—2009年间，信托、基金和保险行业资产规模发展的态势可以看出，信托行业与保险行业相类似，资产规模呈现出稳健增长的态势，而基金行业则在经历了2007年的疯狂发展之后，2008年落入低谷，2009年又有逐步发展（见图2－2）。

（三）信托业务规模排名具有较高的稳定性

2009年年底，中信信托的信托业务规模突破2000亿元大关，共有5家信托公司的信托业务规模在1000亿元以上，而2008年只有两家信托公司的信托业务规模在1000亿元以上。比较2008年和2009年两年的信托业务规

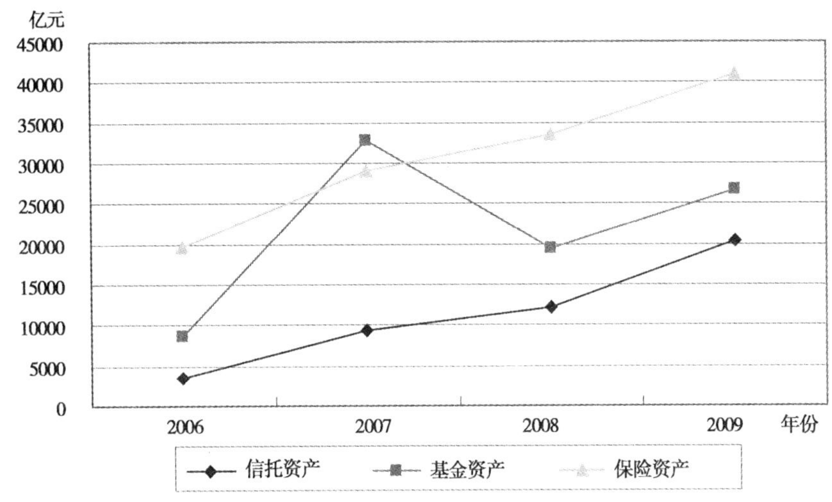

图 2－2　信托与保险、基金行业资产规模比较

模前 10 名情况，前两名是一致的，都是中信信托和英大信托，而且有 9 家同时出现在两个排名中，高度重合，说明信托公司业务规模排名具有较高的稳定性（见表 2－1）。

在信托资产规模快速发展的过程中，相对业务量排名是比较稳定的。行业竞争比较激烈。

表 2－1　　2008—2009 年信托业务规模前十名情况对比

序号	公司名称	2009 年信托业务规模（万元）	序号	公司名称	2008 年信托业务规模（万元）
1	中信信托	20678078	1	中信信托	16077930
2	英大信托	14767908	2	英大信托	10406642
3	中海信托	13709622	3	中诚信托	9256249
4	中融信托	13153303	4	中海信托	7589795
5	平安信托	13081466	5	中融信托	7032331
6	中诚信托	9330674	6	北京信托	6257983
7	粤财信托	6785847	7	外贸信托	5721755
8	昆仑信托	5980340	8	华润信托	4952100
9	华润信托	5811723	9	平安信托	4864381
10	北京信托	5691490	10	金港信托	3873634
	小计	108990451		小计	76032800

二、主动管理信托业务规模占比提升

划分主动管理、被动管理是2009年信托行业监管的一个重要思想，旨在促使信托公司提升主动管理能力，增强整个行业的竞争能力。主动管理信托业务规模是2009年年报中新增的一个披露指标，也是信托公司监管评级中的一个考核指标。

2009年以来，监管层对于信托规模的考量更多地渗透了有效增长的理念，通过引入“主动管理”理念，在监管评级中核算“主动管理信托规模”来提高信托公司的主动管理意识，强化信托公司的主动管理能力，最终促进信托行业的发展。

（一）主动管理信托业务超三成

期末信托资产是一个确定的数值，但是由于种种原因，在多个报表中却可能并不一致。如爱建信托由于计提资产减值准备等原因，信托资产运用和分布表中信托资产总计70.6亿元，信托项目资产附表中信托资产总计58亿元，会计报表附注信托财产管理情况表中信托资产合计64亿元。由此可能导致行业统计数据的差异。

表2－2　　2009年主动管理、被动管理信托业务情况

	期初规模（万元）	占比（%）	期末规模（万元）	占比（%）
主动管理	40178737	32.5	73356492	35.9
被动管理	83466814	67.5	131018340	64.1
合　计	123645551	100	204374832	100

在2009年年底2万亿元信托规模中，7336亿元属于主动管理信托业务，占比达到35.9%，13102亿元划分为被动管理信托业务，占比64.1%。与2009年年初相比，主动管理类信托业务占比提升3.4个百分点，期末规模比年初上升82.6%，大大高于信托资产的整体增速，表明信托公司对于主动管理类信托业务的重视和拓展成效（见表2－2）。

表 2 - 3　　主动管理类信托业务构成分析

主动管理信托业务	2008 年年底		2009 年年底	
	信托规模（万元）	占比（%）	信托规模（万元）	占比（%）
证券投资	6112203	15.2	8506978	11.6
股权投资	5272890	13.1	10327190	14.1
融资类	26150715	65.1	49988376	68.1
事务管理类	2642929	6.6	4533948	6.2
合　计	40178737	100	73356492	100

据表 2 - 3 数据，主动管理类信托以融资类业务为主，2009 年年底占比 68.1%；以证券投资和股权投资为辅，二者占比分别是 11.6% 和 14.1%；而事务管理类信托仅占 6.2%。

表 2 - 4　　被动管理类信托业务构成分析

被动管理信托业务	2008 年年底		2009 年年底	
	信托规模（万元）	占比（%）	信托规模（万元）	占比（%）
证券投资	4915323	5.9	4473693	3.4
股权投资	2526708	3.0	6959949	5.3
融资类	47144194	56.5	79855866	61.0
事务管理类	28880589	34.6	39728832	30.3
合　计	83466814	100	131018340	100

从表 2 - 4 可以看出，被动管理类信托业务以融资类和事务管理类信托为主。2009 年底，融资类被动管理信托业务占比 61%，事务管理类被动管理信托业务占比 30.3%，二者合计高达 91.3%，成为被动管理信托业务的主要部分。

（二）证券投资信托和股权投资信托业务以主动管理为主

表 2 - 5　　2009 年证券投资信托业务主动管理情况

	期初规模（万元）	占比（%）	期末规模（万元）	占比（%）
主动管理	6112203	55.4	8506978	65.5
被动管理	4915323	44.6	4473693	34.5
合　计	11027526	100	12980671	100

2009年证券投资信托业务中，主动管理信托业务占了主导地位，且呈现出上升趋势，2009年年底，主动管理类证券投资信托业务规模达到851亿元，占比65.5%，比年初上升10.1个百分点（见表2-5）。

表2-6　　2009年股权投资信托业务主动管理情况

	期初规模（万元）	占比（%）	期末规模（万元）	占比（%）
主动管理	5272890	67.6	10327190	59.7
被动管理	2526708	32.4	6959949	40.3
合　计	7799598	100	17287139	100

在股权投资信托业务中，主动管理类信托业务亦占过半的比例。从2009年度发展情况来看，被动管理类的股权投资增长更快，占比达到40.3%，比年初上升7.9个百分点（见表2-6）。

（三）融资类、事务管理类信托业务以被动管理为主

表2-7　　2009年融资类信托业务主动、被动管理情况

	期初规模（万元）	占比（%）	期末规模（万元）	占比（%）
主动管理	26150715	35.7	49988376	38.5
被动管理	47144194	64.3	79855866	61.5
合　计	73294909	100	129844242	100

在融资类信托业务中，被动管理类信托业务占有较高比重，占比在60%以上。信贷资产转让等银信合作类信托业务是被动管理类融资信托业务的主要来源（见表2-7）。

表2-8　　2009年事务管理类信托业务主动、被动管理情况

	期初规模（万元）	占比（%）	期末规模（万元）	占比（%）
主动管理	2642929	8.4	4533948	10.2
被动管理	28880589	91.6	39728832	89.8
合　计	31523518	100	44262780	100

事务管理类信托大多数属于被动管理信托业务。2009年底，被动管理型事务管理类信托业务达到3973亿元，占事务管理类信托规模的89.8%（见表2-8）。

（四）主动管理信托业务规模占比

对比分析各家信托公司主动管理信托业务规模在信托业务总规模中的比重。从2009年主动管理信托规模占比表可以看出，苏州信托的信托业务全部是主动管理信托业务，结合该公司集合信托业务规模占比高达62%的情况，可以看出苏州信托在提升主动管理能力、创建可持续发展模式所作出的努力。主动管理信托规模占比超过90%的就有五家信托公司，主动管理信托规模行业排名前十位的信托公司都是以主动管理信托业务为主，注重信托业务质量甚于数量。行业排名后十位的信托公司则是被动管理信托业务占比较高（见表2－9）。

表2－9　　2009年主动管理信托规模占比

序号	公司名称	信托业务规模（万元）	主动管理信托业务规模（万元）	主动管理规模占比（%）
1	苏州信托	1170042	1170042	100.0
2	东莞信托	1211764	1207842	99.7
3	国元信托	1672417	1631284	97.5
4	外贸信托	4104484	3963289	96.6
5	百瑞信托	1854281	1729908	93.3
6	新华信托	4040995	3285471	81.3
7	渤海信托	3264684	2653889	81.3
8	甘肃信托	429462	328355	76.5
9	杭工商信托	520002	392830	75.5
10	江苏信托	1603046	1198875	74.8
45	华能贵诚信托	2261016	371148	16.4
46	英大信托	14767908	2167681	14.7
47	华宝信托	4672624	675685	14.5
48	北方信托	2063265	288064	14.0
49	交银信托	3820924	508332	13.3
50	山东信托	5396463	696109	12.9
51	国民信托	479285	58186	12.1
52	建信信托	2755520	283536	10.3
53	联华信托	1071175	7000	0.7
54	海协信托	1013	0	0.0

（五）主动管理信托规模与信托业务总规模具有较高的相关性

对比各家信托公司主动管理信托规模的排名，发现与信托总规模排名具有较高的相关性。经计算，主动管理信托规模与信托业务总规模的相关系数高达0.78。尽管行业中存在苏州信托等主动管理信托规模占比非常高的信托公司，但是从整体上看，信托资产总规模的发展与主动管理信托业务的发展是具有一致性的（见表2-10）。

表2-10　　2009年主动管理信托规模

序号	公司名称	主动管理信托业务规模（万元）	序号	公司名称	主动管理信托业务规模（万元）
1	平安信托	7220562	1	中信信托	20678078
2	中海信托	5952280	2	英大信托	14767908
3	中信信托	4814720	3	中海信托	13709622
4	外贸信托	3963289	4	中融信托	13153303
5	中融信托	3378479	5	平安信托	13081466
6	新华信托	3285471	6	中诚信托	9330674
7	渤海信托	2653889	7	粤财信托	6785847
8	华润信托	2487718	8	昆仑信托	5980340
9	粤财信托	2481835	9	华润信托	5811723
10	北京信托	2378851	10	北京信托	5691490
45	安信信托	370578	45	厦门信托	926175
46	湖南信托	357437	46	国联信托	926047
47	甘肃信托	328355	47	爱建信托	705999
48	北方信托	288064	48	湖南信托	669433
49	建信信托	283536	49	杭工商信托	520002
50	西部信托	251611	50	国民信托	479285
51	国民信托	58186	51	西部信托	477831
52	联华信托	7000	52	甘肃信托	429462
53	西藏信托	1814	53	西藏信托	7509
54	海协信托	0	54	海协信托	1013

三、信托业务收入平稳增长

信托业务收入保持稳定。2009年，全行业信托业务收入达到91亿元，相比2008年的89亿元略有上升，但是保持了基本稳定。在全行业资产规模大幅增加的情况下，信托业务收入保持稳定，反映了信托报酬率的下降（见图2-3）。

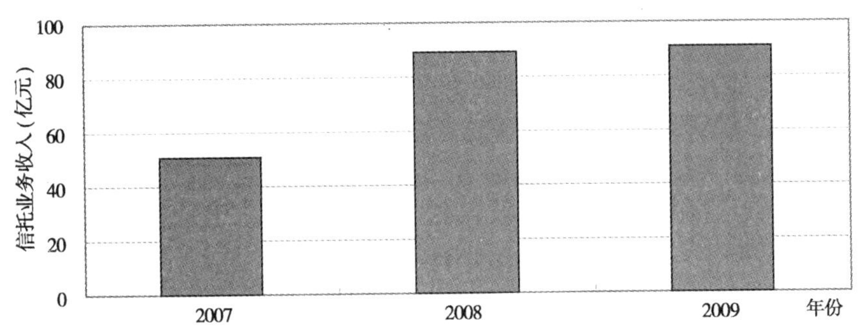

图2-3　2007—2009年信托业务收入对比

2009年，信托业务收入共实现91亿元，公司平均1.68亿元，总量略有上升，但是平均值比2008年的均值1.76亿元略有下降。2009年信托业务收入的中位数是1.15亿元，平均数是中位数的1.46倍；2008年信托业务收入的中位数仅有8774万元，平均数是中位数的2倍，这一现象说明了信托业务收入的集中度在下降。

使用收入集中度指标，分别考察行业前4名和前8名实现的收入占全行业信托业务收入的比例，可以发现，2009年度CR4有10.3个百分点的下降，而CR8有12.6个百分点的下降，收入集中度下降的现象比较明显。众多处于第二梯队的信托公司抓住了金融危机中的时机，扩大了信托业务规模和业务量，赢得了较好的发展。行业排名靠前的一些公司，如中信信托和中海信托，信托业务收入同比下降。尽管第二梯队信托公司在信托业务收入上有了快速的进步，但是与中信、中海、平安等第一梯队信托公司在收入规模上还是有较大的差距（见表2-11）。

表2-11　　信托业务收入排名前5位的信托公司（万元）

序号	公司名称	2009年	序号	公司名称	2008年
1	中信信托	109867	1	中信信托	139104
2	平安信托	57128	2	华宝信托	99821
3	中海信托	47961	3	中海信托	64384
4	中融信托	42714	4	中诚信托	44571
5	华信信托	35422	5	云南信托	41074

对比近两年信托业务收入排名前5位的信托公司，可以发现，除了中信信托和中海信托以外，其他信托公司的排名变化比较大，说明信托公司的主营业务收入来源还不够稳定。具体来说，2009年平安信托、中融信托和华信信托的信托业务收入增加很快，同比增幅分别是86.9%、39.5%和1.9%。而2008年信托业务收入排名靠前的华宝信托、中诚信托和云南信托则分别下降了71.9%、21.7%和60.4%，行业排名跌幅较大。

表2-12　　信托业务收入增长情况

单位：万元，%

序号	公司名称	2007年	2008年	2009年	2008年增长率（%）	2009年增长率（%）	复合增长率（%）
1	渤海信托	130	783	4718	502.3	502.6	502.4
2	粤财信托	1046	3137	11142	199.9	255.2	226.4
3	吉林信托	605	3048	5243	404.2	72.0	194.5
4	中投信托	1437	4018	7092	179.5	76.5	122.1
5	西安信托	2343	2491	10171	6.3	308.3	108.4
6	中融信托	11434	30624	42714	167.8	39.5	93.3
7	江西信托	5140	8842	18575	72.0	110.1	90.1
8	中铁信托	11536	16916	33013	46.6	95.2	69.2
9	江苏信托	6662	12127	18670	82.0	54.0	67.4
10	国投信托	1175	2073	3292	76.5	58.8	67.4
11	华信信托	14080	34765	35422	146.9	1.9	58.6
12	华宸信托	4713	6276	11850	33.2	88.8	58.6
13	国民信托	1405	1812	3067	29.0	69.3	47.7
14	平安信托	26557	30572	57128	15.1	86.9	46.7
15	百瑞信托	7686	8947	16522	16.4	84.7	46.6
16	新华信托	11362	24379	24404	114.6	0.1	46.6
17	安信信托	6417	8774	12188	36.7	38.9	37.8
18	湖南信托	4610	6928	8145	50.3	17.6	32.9
19	华润信托	14247	20004	24358	40.4	21.8	30.8
20	苏州信托	8448	13525	13913	60.1	2.9	28.3
21	国联信托	12283	13132	14700	6.9	11.9	9.4
22	山东信托	6461	7259	7600	12.4	4.7	8.5
23	上海信托	17980	18166	20083	1.0	10.6	5.7

表2－12是2007—2009年信托业务收入连续实现正增长的信托公司列表。可以看到，渤海信托连续两年信托业务收入增长5倍，而粤财信托复合增长2倍以上，连续两年复合增长率超过100%的就有5家，连续增长且复合增长率超过50%的信托公司有12家，充分反映了信托业务收入较快的增长速度。

四、信托业务收入占比下降

2009年，全行业实现信托业务收入91亿元，总收入207亿元，信托业务收入占比达到44%。如果按照各家信托公司的信托业务收入占比进行算术平均，则信托业务收入占比均值是48%。

纵向对比来看，2009年信托业务收入占比比2008年略有下降，但是比2007年的23%则有很大的提升。2009年和2008年的信托业务收入绝对数值相近，但是信托业务收入占比下降，主要是因为2009年证券市场、股权投资等固有业务收入有较快的增长（见图2－4）。

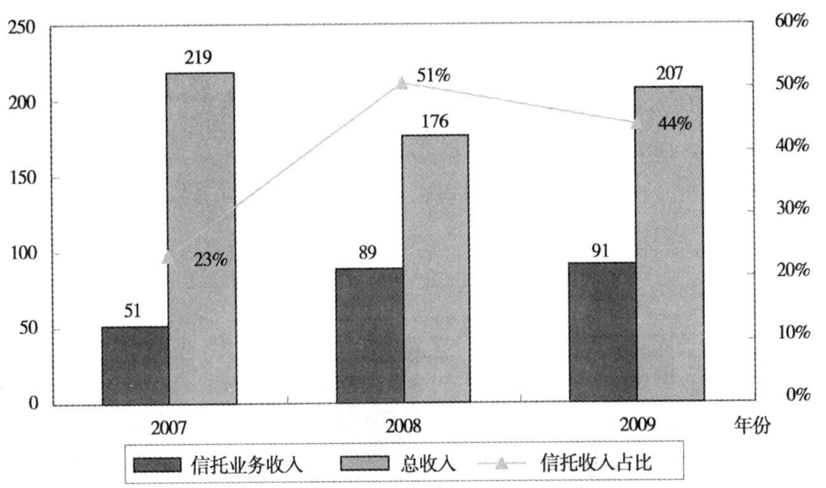

图2－4　2007—2009年信托业务收入占比

从2009年信托业务收入占比较高的10家信托公司来看，安信信托超过100%，主要是因为固有业务中投资收益亏损1261万元。海协信托和爱建信托整体业务规模偏小。江西信托、英大信托、湖南信托等公司信托业务收入占比在80%以上，体现了信托业务收入为主的经营战略（见表2－13）。

表 2-13　2009 年信托业务收入占比较高的 10 家信托公司

序号	公司名称	信托收入占比（%）
1	安信信托	106.6
2	海协信托	97.0
3	江西信托	86.3
4	英大信托	85.8
5	爱建信托	84.5
6	湖南信托	81.2
7	西安信托	79.2
8	新华信托	78.9
9	中铁信托	78.9
10	杭工商信托	77.5

五、信托报酬率进一步下降

2009 年，各家信托公司信托报酬率的算术平均值是 0.67%，相比 2008 年度有较大幅度的下降。自 2007 年以来，信托报酬率呈现出持续下降的态势。从长期发展趋势来看，由于银信合作、资产证券化、REITs 等规模化商事信托业务的发展，未来资产证券化和 REITs 有可能在信托资产规模中占有一定的比重，而这类业务在国外的信托报酬率处于万分位的水平，如万分之三到万分之六，由此，信托报酬率仍有进一步下降的趋势（见图 2-5）。

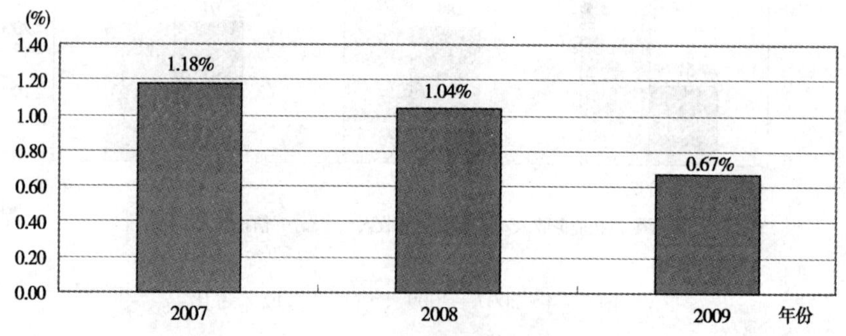

图 2-5　信托报酬率对比

另一方面，与国外不同，即将出台的信托公司净资本管理办法，将约束信托资产规模的无限制扩张，鼓励信托公司在既定的资本约束下，发展附加值高的信托业务种类，如面向高净值客户的财富规划、资产管理等私人银行类业务。

信托报酬率连续下降，除了因为信贷资产转让类银信合作业务占比较高以外，信托业务技术含量不高，信托公司之间差异化竞争不够，也是导致信托报酬率降低的一个重要原因（见表 2－14）。

表 2－14　　信托报酬率对照表

序号	信托公司	2009 年信托报酬率（%）	序号	信托公司	2008 年信托报酬率（%）
1	云南信托	1.59	1	云南信托	7.4
2	百瑞信托	1.56	2	华宝信托	3.08
3	联华信托	1.54	3	国联信托	2.19
4	安信信托	1.31	4	北方信托	2.13
5	杭工商信托	1.28	5	湖南信托	1.96

对比最近两个年度信托报酬率排名靠前的公司，可以发现，第一，只有云南信托始终出现在两个名单中，且都是信托报酬率最高的公司；第二，2009 年信托公司信托报酬率普遍低于 2008 年度；第三，信托报酬率排名靠前的多是一些信托资产规模相对适中，同时注重收入质量的公司。

六、单一信托占比继续上升

从信托计划属性来看，单一资金信托占比继续升高，截至 2009 年年底，已经占到了信托资产规模的 80%。集合资金信托达到 2378 亿元，2009 年年底占比达到 11.7%，比 2008 年略有上升。而财产权信托的比例则有一定程度的下降（见表 2－15）。

表 2－15　　2008 年、2009 年存量信托规模分类特征

	2008 年年底		2009 年年底	
	规模	占比（%）	规模	占比（%）
集合信托	14420099	11.6	23780908	11.7
单一信托	96812253	77.8	163235368	80.0
财产权信托	13135472	10.6	16985417	8.3
合　计	124367824	100.0	204001693	100.0

在当前的信托业务中，集合资金信托大多是信托公司主动管理的，收益率相对较高。而单一资金信托的规模非常庞大，相当一部分资金来自于以银行为代表的金融机构，包括信贷资产转让、信托对接银行理财计划等。信贷资产转让类单一资金信托计划是以银行为主导的，可以快速增加信托资产规模，但是对于信托公司来说，收益率较低，难以实现行业的可持续发展。

一般来说，在当前发行的信托计划中，集合资金管理类信托业务更多的属于主动管理类信托业务，而被动管理类信托则更多的来源于单一资金信托。把集合、单一信托计划分类表与主动管理、被动管理类信托业务报表进行对比，可以发现，主动管理信托业务占比高达35.9%，要远远高于集合资金信托计划11.7%的比例。而被动管理类信托业务规模占比是64.1%，则显著低于单一信托80%的比例。从绝对数值上看，单一信托规模是16324亿元，而被动管理类信托业务是13102亿元，单一信托超过被动管理类信托3222亿元，这类单一资金信托计划由于信托公司在其中发挥了较多的主动能动性，被划为主动管理信托业务。单一信托业务的主动性体现在项目资源、项目设计等方面，项目资源指信托公司掌握了信托投资项目来源，项目设计指的是信托公司在信托计划中承担了更多的产品设计和创新职能，由此获得了更多的信托报酬，可以划入主动管理类信托业务。

七、信托贷款居高不下

信托资产运用方式包括货币资金、贷款、短期投资、长期投资等。

为了限制信托公司贷款方式的运用，曾规定贷款运用方式不得高于30%，但是在实践中，由于投资者接受的资产运用方式有一定的惯性，股权运用和预期收益率之间有一定的矛盾，因此，信托贷款运用方式仍然是实际业务开拓中不可或缺的一种方式。

从风控的角度，债权的保障性要优先于股权。在当前经济条件下，公众对于信托方式资金运用还不是非常熟悉，委托人对于信托收益存在较强的预期，在这种情况下，采用债权方式进行信托资产运作，也是对于信托公司“隐性债务”的一种保障。

2009年年底，信托资产运用中贷款及应收款达到11930亿元，占比

58.4%，高居第一。与2008年的贷款运用57.7%相比还要略高（见表2－16）。

表2－16　　2008年度、2009年度信托资产运用比较

	2009年度			2008年度	
资产运用	规模（万元）	占比（%）	资产运用	金额（万元）	占比（%）
货币资产	10612118	5.2	货币资金	6632823	5.40
贷款及应收款	119303429	58.4	贷款	70422104	57.70
交易性金融资产	9841244	4.8	短期投资	9325333	7.60
可供出售金融资产	8481287	4.2	交易性金融资产	1325098	1.10
持有至到期投资	15784474	7.7	可供出售金融资产	25750	0.00
长期股权投资	27838630	13.6	持有至到期投资	271822	0.20
其他	12310481	6.0	长期债权投资	31905	0.00
			长期投资	14493257	11.90
			买入返售资产	6489827	5.30
			融资租赁	7577	0.00
			无形资产	296357	0.20
			其他	12680011	10.40
资产总计	204171707	100.0	资产总计	122001864	100.00

2009年，信托资产运用表的另一显著特征是交易性金融资产、可供出售金融资产和持有至到期金融资产规模上升，相比2008年年底非常明显。考虑到新会计准则的实施和稳步推进，这一变化更多的是由于会计准则引起的，原有的“短期投资”等科目逐步退出，新科目则能更好的反映信托资产的市场价值变化情况。

八、基础产业领风骚

信托资产投向领域分为基础设施、房地产、证券、实业、金融机构等。2009年信托资产分布的一个典型变化是基础产业比例上升，提升幅度达到6.9个百分点。这反映了信托公司在国家4万亿元扩张性计划出台后扮演了重要角色，对于基础设施和基础产业给予了大力支持（见表2－17）。

表 2-17　　2008 年度、2009 年度信托资产分布比较

2009 年度			2008 年度		
资产分布	规模（万元）	占比（%）	资产分布	金额（万元）	占比（%）
基础产业	86068269	42.2	基础产业	43068285	35.3
房地产	18515320	9.1	房地产业	10205374	8.4
证券市场	13636859	6.7	证券	14237152	11.7
实业	26184422	12.8	实业	12334039	10.1
金融机构	19997948	9.8	其他	42157013	34.6
其他	39768879	19.5			
资产总计	204171697	100.0	资产总计	122001863	100.0

当前，信托公司可持续发展模式还在建设之中，信托公司抢热点的现象比较明显，哪种业务赚钱、哪种业务好做，哪种业务就会较快增长并呈现出加速赶顶的迹象。在一个不长的时间内，热点业务就会转换。信托资产和国家宏观经济政策周期性有强的关联性，投向强周期性，收入弱周期性（见图 2-6）。

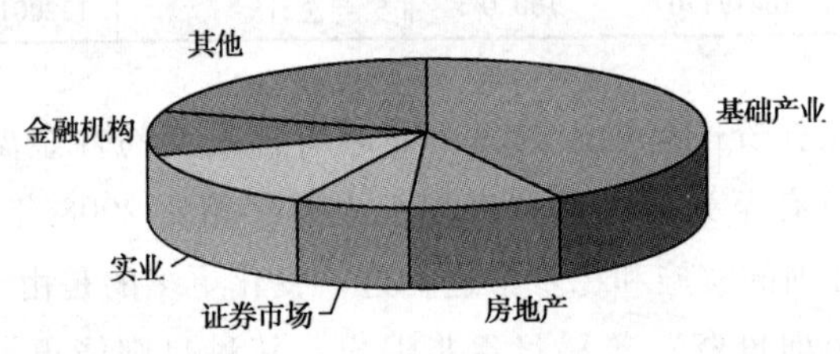

图 2-6　2009 年度信托资产分布图

在信托资产分布中，2009 年新增了“金融机构”分类，2009 年末，投向金融机构的信托资产规模达到 2000 亿元，占信托规模的 9.8%。

九、新增信托业务

2009 年，全行业新增信托业务达到 20534 亿元，略微超过 2009 年年底信托业务规模，现有信托计划中当年清算量仍然比较大，短期单一信托占有一定比例（见图 2-7）。

2009 年，新增信托业务规模排名与存量信托业务排名具有很高的一致

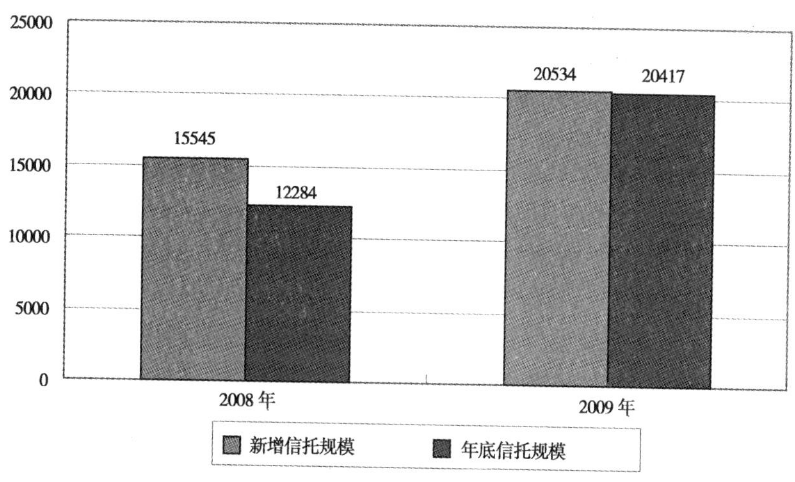

图2-7　2008—2009年信托规模增量存量比照图

性，存量信托业务规模与新增信托业务规模的相关系数高达0.93（见表2-18）。

表2-18　　2009年新增信托业务规模前十名

序号	公司名称	2009年新增规模（万元）	2009年年底规模（万元）
1	中信信托	14758114	20678078
2	中融信托	14713500	13153303
3	粤财信托	14669751	6785847
4	中海信托	13248692	13709622
5	英大信托	12135047	14767908
6	平安信托	12030367	13081466
7	中诚信托	8502603	9330674
8	华信信托	7844545	5272210
9	华润信托	7837748	5811723
10	昆仑信托	6994208	5980340

十、信托为客户创造了不菲的价值

随着国民收入水平的提升，信托日益成为一种重要的理财方式，越来越多的人认识并选择了信托方式。在2009年信托公司年报披露的已清算信托情况中，多家信托公司披露了信托的加权年化收益率，即为投资者带来的实际收益率。经计算，2009年信托行业已经清算的信托业务为客户带来的加权平均实际年化收益率是5.06%，这一收益率接近一年期贷款利率，远高于一般存量的收益水平，可以说信托为客户创造了不菲的价值（见表2－19）。

表2－19　2009年已清算信托业务加权实际年化收益率

	个数	实收信托金额（万元）	加权年化收益率（%）
集合类	742	8681354	7.13
单一类	4648	118999106	4.96
财产管理类	530	6779988	4.12
主动－证券投资类	540	8222658	3.99
主动－股权投资类	77	743570	7.90
主动－融资类	1514	21921054	6.50
主动－事务管理类	83	1449223	4.30
被动－证券投资类	359	8910338	3.01
被动－股权投资类	78	775384	10.49
被动－融资类	1917	40979176	5.06
被动－事务管理类	1206	45565577	4.60

从分类统计情况来看，集合类信托计划的加权平均实际年化收益率达到7.13%，要远高于单一类和财产管理类信托计划，且高于一年期贷款利率。

从证券投资、股权投资、融资、事务管理的分类来看，无论是主动管理还是被动管理信托业务，二者的加权年化收益率高低顺序都是一致的，即股权投资类信托收益最高，其后是融资类和事务管理类，排在最后的证券投资类信托计划。

信托公司正在着手提升主动管理能力，一般来说，主动管理业务的信托报酬率更高一些，体现了信托公司的能力。而如果从客户的角度来看，被动业务为客户创造的收益不见得比主动管理信托业务少。被动管理的股权投资类信托业务为客户创造了10.49%的实际收益率，在所有类别加权平均年化收益率中是最高的。被动管理的事务管理类信托加权年化收益率是4.60%，也要高于主动管理的事务管理类信托计划4.30%的加权年化收益率。

加权平均实际年化收益率可以看做是为客户创造的价值。在这里采用集合、单一和财产管理三类信托计划的实收信托规模和加权年化收益率进行计算，按计算的加权年化收益率作为该信托公司2009年为客户创造价值的一个标杆。除去中海信托、江苏信托和西藏信托没有披露实际收益率情况以外，表2－20列示了51家信托公司2009年为客户创造的加权实际年化收益率。

表2－20　　为客户创造价值排行榜（2009）

序号	信托公司	加权年化收益率（%）
1	爱建信托	61.61
2	甘肃信托	18.64
3	国联信托	9.43
4	安信信托	9.26
5	杭工商信托	9.04
6	新华信托	8.65
7	天津信托	7.43
8	上海信托	7.06
9	苏州信托	7.00
10	百瑞信托	6.88
11	昆仑信托	6.84
12	北方信托	6.53
13	华宸信托	6.39
14	湖南信托	6.31
15	西部信托	6.20
16	吉林信托	6.06
17	中铁信托	5.98
18	山西信托	5.75
19	中诚信托	5.65
20	中投信托	5.63
21	华宝信托	5.62
22	渤海信托	5.58
23	厦门信托	5.52
24	中泰信托	5.50
25	英大信托	5.47
26	山东信托	5.31
27	北京信托	5.20
28	海协信托	5.10
29	联华信托	5.04
30	陕国投	4.95

续表

序号	信托公司	加权年化收益率（%）
31	交银信托	4.86
32	江西信托	4.86
33	国元信托	4.81
34	重庆信托	4.78
35	华融信托	4.77
36	新时代信托	4.64
37	华润信托	4.54
38	建信信托	4.50
39	中信信托	4.45
40	平安信托	4.41
41	外贸信托	4.39
42	华信信托	4.37
43	中原信托	4.33
44	中融信托	4.26
45	国民信托	4.05
46	粤财信托	3.76
47	西安信托	3.61
48	华能贵诚信托	3.44
49	国投信托	2.35
50	东莞信托	1.63
51	云南信托	1.14

爱建信托为客户创造的加权年化收益率高达61.61%，主要来源是该公司7.8亿元单一被动事务管理类信托计划创造了115.64%的加权实际年化收益率，极大的提升了其收益率水平。

在清算收益率排名前十的信托公司中，爱建信托、甘肃信托和杭工商信托清算规模较小，都在25亿元以内；国联信托、苏州信托和百瑞信托的清算规模处于50亿—70亿元；而安信信托、新华信托、天津信托和上海信托的清算规模都在100亿元以上，总体来看，信托公司为客户创造了较高的实际收益率。

值得注意的是，信托报酬率排名居前的云南信托在2010年的客户实际收益率排名上排在最后一位，只有1.14%，从分类情况看，主要是集合类信托计划清算年化收益率为 -8.84%，推测是证券投资信托计划亏损。

十一、创新业务百花齐放

创新业务是2009年信托公司年报中新增的内容，由此，可以更好的了解、分析各家信托公司的创新业务开展情况。

信托公司正处于业务规模快速提升的阶段，各类信托业务亦在实践中不断演化和创新，呈现出百花齐放的良好格局。各家信托公司都在业务发展中不断创新，信托产品相比以前有了巨大的提升。创新业务尽管还不是利润的主要来源，但是却可能是明天利润的核心支柱。本部分创新业务分析主要来源于信托公司年报披露，由于年报中创新业务部分属于自愿披露，因此创新业务分析难免遗漏。尽管如此，对于创新业务交流和业务拓展，还是有一定意义的。

（一）高端理财业务定位

发展理念决定业务创新方向，并最终决定一家公司能否得到长期发展和健康成长。自2007年以来，监管层引导信托公司定位在高端理财业务方向。信托公司在发行集合资金信托计划时，基本上都定位在100万元以上购买能力的高端客户。更有部分信托公司，在业务发展中强调以客户为中心，开发高端理财产品，期望实现客户专业化的金融服务公司、财富管理公司。

平安信托是信托公司中注册资本和净资本最高的公司，依托平安集团丰富的保险客户资源，在服务高端客户方面走出了一条有自我特色的道路。平安信托推出的个人分红型信托产品，低比重的权益类资产与高比重的收益相对稳定类资产相结合，能够满足补充养老、子女教育等长期投资需求。平安信托在业界率先引入了国际先进的私人财富管理IT系统——奥德赛（Odyssey），致力于为高净值客户提供一对一的专业私人财富管理服务，能够在任务管理、一站式投资组合等方面满足高端客户个性化的私人财富管理需求。

杭工商信托强调以客户为中心，公司逐步形成了“基金化、中长期化、投资化”的业务发展战略，努力建设“金融工具系统集成商”。杭工商信托重点开发了房地产（飞鹰系列）和基础设施（鸿利系列）基金化产品，开发不同风险收益特征的信托基金，构建以组合投资管理为主要特征的资产管理框架。新华信托强调与战略股东巴克莱银行在房地产信托基金、结构性融资、高净值人士个性化理财产品等方面开展合作。国投信托等信托公司同样强调发展高端理财业务，创建可持续的业务发展模式与核心盈利模式。

（二）PE 信托业务艰难前行

信托公司目前还难以作为上市公司的发起人和大股东，但是在 PE 信托方面，信托公司还是做了种种努力，并取得了阶段性成果。

PE 信托是创新业务中被各家信托公司提到的最多的一项业务。共有中信信托、中海信托、天津信托、百瑞信托、江西信托、厦门信托、中原信托、重庆信托等 8 家信托公司在创新业务部分提到 PE 信托业务。涉足 PE 的信托公司实际上远不止 8 家，如在 PE 领域进入较早且取得成效的平安信托、湖南信托、华润信托，在其年报中并未披露 PE 投资开展情况。

信托公司 PE 信托业务，最直接的莫过于以公司（信托计划）名义直接持有上市公司股权，但是这类业务在 IPO 过程中面临“最终持股人数 200”的限制，目前还难以大规模开展。信托公司开展 PE 信托业务的路径：第一，阶段性持股，即持有一段时间股权，待股权增值之后，再行出售，甚至在信托成立之初就根据并购计划引入了转让条款。第二，以信托计划资金作为创投企业的一个资金来源，如江西信托的“建银财富医疗保健行业股权投资信托”、百瑞信托的“力鼎投资集合资金信托计划”。第三，设立一家创投公司，以创投公司的名义对外进行股权投资，如平安信托成立了平安创新资本投资公司（当然，平安这家公司肩负着自有资金 PE 投资的重任），或者委托一家创投公司进行投资，如中信信托 PE 信托业务委托中信锦绣资本管理公司进行运作。第四，以信托资金成立有限合伙公司，以合伙公司身份入股被投资企业。

（三）房地产信托业务迈向组合投资

房地产信托业务是信托公司盈利的重要来源。在房地产信托业务方面，当前主要的模式是以土地或者在建工程做抵押，向合规的房地产企业发放贷款或者进行股权投资。在借鉴国外房地产投资信托基金和私募房地产投资运作模式的基础上，多家信托公司推出了基金化房地产投资信托业务，尝试以新的业务模式发展房地产信托业务。中信信托、北京信托等多家信托公司披露了房地产信托业务创新。

房地产信托业务的创新主要体现在基金化产品方面，多家信托公司借鉴

REITs理念，推出了准REITs信托，例如，中海信托发行的准REITs——中海绿城1号，规模达到19.83亿元。

中信信托则推出了标准化的房地产投资信托基金，按照国际上通行的模式，中信信托联手嘉德置地集团推出了未上市型REITs——中信凯德科技园区股权投资信托，资产管理人是中信凯德（北京）管理咨询有限公司，投资于高科技园区的工业地产项目。

享有浮动收益的不动产投资信托是2009年房地产信托业务创新的一大特色。这类信托计划为投资人提供了享有浮动收益的机会。一般由行业领先的信托公司和房地产公司进行合作，信托计划进行优先和劣后的分级设计，房地产公司认购劣后部分，实现信托计划信用增级的同时，劣后可以享有相对优先部分更高的收益率。信托计划投资于有升值潜力的房地产项目，在实现销售以后按照实际收益情况进行收益分配。如果到期没有实现全部销售，可以按照市场价值或者评估价值进行转让，然后进行分配。

典型的信托计划有中信信托不动产投资基金，如中信信托发行的聚信汇金地产基金规模高达31亿元，主要投向昆明星耀，核心资产是星耀房产下面的嵩明项目。聚信汇金地产基金在产品设计方面的创新主要体现在收益率上，产品预期年化收益率将房地产实际售价引入收益率计算，具体预期年化收益率如下：

优先Ⅰ级年化收益率＝6.5%＋（实际售价－基准价格）/基准价格×10%，预期收益率区间为11.2%－16.8%；

优先Ⅱ级年化收益率＝8.0%＋（实际售价－基准价格）/基准价格×10%，预期收益率区间为12.4%－20.4%。

这一产品将实际售价引入收益率计算，投资者能够分享房地产价格上涨带来的收益，大大提高了产品的吸引力。优先Ⅰ级年化收益率预期区间上限高达16.8%，优先Ⅱ级年化收益率预期区间上限高达20.4%，高收益率是超大规模项目发行成功的重要保证。

（四）公益信托业务

2008年，四川“5·12”大地震发生之后，为支援灾区重建，中国银监会迅速下发了《中国银监会办公厅关于鼓励信托公司开展公益信托业务支持灾后重建工作的通知》，鼓励信托公司开展公益信托业务。各家信托公司积极准备，迅速推出了多种公益信托业务。在2009年报中，重庆信托、百瑞信托、中信信托等信托公司披露了公益信托业务实施情况。

有的公益信托计划捐赠的仅仅是信托运作收益，信托本金最后要归还委托人。有的公益信托则是本金和运作收益都捐赠给慈善事业，并引入了有关慈善协会作为信托监察人，如百瑞信托推出的公益信托，成为相对完善的公益信托计划。信托公司开展公益信托业务，从目前情况来看，大多是着眼于四川大地震本身，而且是不收取任何信托报酬，最终导致信托业务本身的盈利性不够。对于信托公司来说，需要借此大力拓展公益信托业务。

当前的捐赠资金大多是一次性的，由于慈善捐赠还没有成为我国富裕群体重要的资产分配方式，公益信托存量资金受限，只能是本金和收益几乎全部作为当期支出。在慈善事业得到社会广泛认可和推动以后，公益信托在将来应有更加广阔的发展空间。信托存量资金规模大幅攀升，当期支出占信托本金的比例大幅降低，最终降至个位数，信托资金运作收益有望弥补当期支出，由此，公益信托成为长期可持续发展的信托业务，慈善事业同时得到了长期可持续的资金支持。信托作为基金会之外的捐赠资产的另一种重要存在方式，未来有望成为信托公司重要的资金来源，成为信托资产的重要组成部分。

（五）证券投资信托业务创新

自深国投创新阳光私募的信托模式以来，证券投资信托业务得到了飞速的发展，并成为信托公司重要的一项收入来源，华润信托、云南信托、平安信托等一批公司积极拓展了证券投资信托业务。证券投资信托业务具有长期性，其信托收费模式符合信托公司可持续发展的要求。

2009年，证券投资信托业务诞生了多项创新。由于2009年中信信托公司开立证券投资账户受限，TOT信托业务得到突破，其中以华润信托推出的托付宝TOF为代表，平安信托、山东信托等信托公司推出了TOT信托业务。拥有大量现存阳光私募资源的大型信托公司成为TOT业务最大的受益者。TOT信托业务充分利用现有的证券投资信托账户和投资顾问资源，将投资人的资金归集以后，由信托公司进行自主管理，根据业绩情况把资金分配给现存的证券投资信托计划。TOT信托可以成为一个无限期的开发性的信托计划，有利于信托公司加强主动管理，做大信托产品规模。

华润信托托付宝 TOF 产品结构如图 2-8。

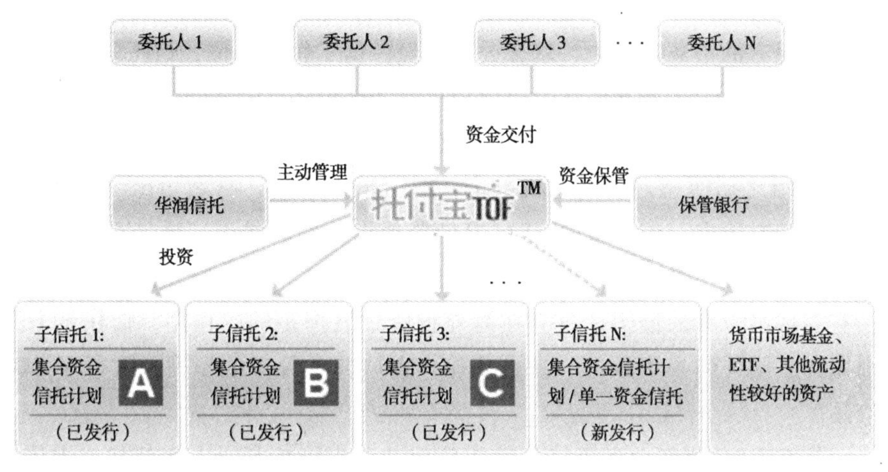

图 2-8　华润信托 TOF 产品结构

上述 TOT 信托业务实质上是一种 FOF（Fund of Funds）基金，不同的子信托资产管理人具有基本相同的资产配置范围。与此不同，MOM（Manager of Managers）基金中不同的资产管理人具有不同的资产配置要求，收益比较基准亦不相同。上海信托推出了创新的伞型资产配置信托计划，母信托的投资对象为金融板块、资源板块、制造板块、消费板块等子信托。在母信托层面，通过自主决策，动态调配信托财产在不同子信托之间的分配，跨市场、跨行业配置资产，获得理想的投资收益。在子信托层面，挑选专业的基金公司、基金经理作为子信托的投资顾问，持续跟踪、评估，获取较好的超额收益。与 TOT 相同，伞形资产配置信托在期限上可以做成长期存在的，有利于构建可持续发展模式。

云南信托则在低风险证券套利产品上取得突破。继云信·壁虎 1 号后，云南信托与建设银行、国泰君安证券合作，成功推出了云信·套利通 1 号集合资金信托计划，该项目投资于证券套利产品，包括 ETF 套利、正股 + 认沽权证保本组合套利、认购权证折价套利、可转债折价套利、可转债回售套利、封闭式基金、LOF 基金折价套利、事件性套利等多种套利投资品种。中性套利产品的成功发行，从而与云南信托“中国龙”系列股票型私募基金产品形成互补，进一步完善了云南信托的证券投资信托产品线。

（六）QDII和企业年金管理

QDII和企业年金管理都是标准的资产管理业务，信托公司大有可为。但是在现有的市场格局中，基金公司已经占据了领先地位，信托公司必须做出自己的特色，才能在市场竞争中获得有利地位。

2009年，信托公司QDII业务实现了零的突破。银行系QDII和基金系QDII起航之初便遭遇金融危机打击，净值损失惨重，与之相比，如今的金融环境相对稳定，信托系QDII可以借鉴他们的经验教训，推出更好的金融产品。比如，在投资顾问选聘方面，QDII运作几年来，国外的投资顾问并没有表现出应有的能力，没有在海外投资中发挥足够的作用，信托系QDII则抛弃了国外的投资顾问，独自掌舵，遵循自主管理的原则，发行了QDII产品。

具有QDII创新业务资格的信托公司共有中海信托、上海信托、中信信托和中诚信托等四家公司。2009年，中海信托和上海信托推出了QDII产品，中诚信托已经完成QDII产品筹备。中海信托2009年发行的QDII产品“中海稳健收益组合”，成为首支获得监管部门认可的信托系QDII产品，首批获得外管局QDII外汇额度批复。信托公司目标客户主要是高净值的私人银行客户和机构投资者，中海信托QDII产品投资门槛高达1000万元人民币，实质上成为“专户理财”，为客户量身打造的特征十分明显。上海信托公司设计开发的首款QDII产品于2009年10月获得中国银监会核准，并在12月成功发行。从信托功能上看，投资管理能力对于信托公司有着举足轻重的作用，海外投资是整体资产组合中不可或缺的一个投资领域，QDII业务的推出和逐步完善，有利于信托公司培育自主管理能力，提高专业人才投资经验和水平，对于行业发展有着积极的意义。

在企业年金市场深耕的信托公司主要是上海信托和华宝信托。2009年，上海信托与新华保险、农业银行、博时基金共同成立了国内第一个由“银行、信托、保险、基金”进行全面协作的至诚新华企业年金计划，实现了企业年金业务的新突破。对于信托公司而言，由于证券投资能力和客户资源限制等原因，在企业年金拓展上“起个大早，赶个晚集”，收益水平亟待提升。

（七）另类投资信托业务

另类投资（Alternative Investment）泛指股票、债券以外的投资品种，鉴于房地产是信托业务重要的投资领域，且在信托资产运用与分布表中单列，因此，这里的另类投资着重指黄金投资、商品投资、艺术品投资等实物投资信托计划。

在另类投资信托中，品类最多的是国投信托，分别将普洱茶、红酒、白酒收益权、艺术品收益权以及黄金收益权为投资标的，将优质企业的优质产品金融化，突破了投资范围，成为一家另类投资品牌鲜明的信托公司。2009年，国投信托共新增特色信托业务5笔。2009年1月，设立“国投信托·品藏至善”龙润普洱茶立方壹号单一财产系列信托和“国投信托·神秘之酿”云南红葡萄酒单一财产系列信托。2009年6月，设立“国投信托·盛世宝藏1号”保利艺术品投资集合资金信托，该信托计划是国内第一只艺术品投资信托产品。2009年10月，设立“国投民生国窖1573高端定制白酒收益权资金信托”和“金满堂4号单一资金信托”。金满堂4号是由该公司自主管理投资运作的黄金投资产品。

业界大牌中信信托推出了中信钰道翡翠投资基金信托计划，与国投信托的单一信托计划不同，中信信托推出的是集合资金信托计划，反映了中信强大的销售能力。该信托以基金形式进入翡翠原材料购销及加工产业的实物投资领域，开创了行业先河。

（八）中小企业信托业务

在信托公司创新业务中，中投信托、国元信托、建信信托、北京信托等信托公司提到了中小企业信托业务。在我国，中小企业融资一直是一个难题，困扰了中小企业的良性成长。在破解融资难的诸多求证中，信托公司同样做出了努力。

中投信托在中小企业信托业务中做出了特色，先后设立了中投·杭州市文化创意产业小企业债权投资之宝石流霞集合资金信托计划、中投·余杭区中小企业债权信托基金（美丽洲1期）、中投·萧山区中小企业债权信托基金（第1期）、中投·江干区中小企业债权投资之日出钱江集合资金信托计划、中投·绍兴小企业债权投资集合资金信托计划等产品。中投信托中小企业信托产品采用了担保公司担保、国有资产经营公司最高额担保、财政贴息等多种模式，文化创意产业小企业信托计划中还引入了风险投资机构作为该信托的劣后受益人，丰富了信托业务模式。

国元信托设计了“合蚌芜·自主创新”科技型中小企业发展系列信托

计划方案。建信信托推出了“滨湖·春晓”和“乾元理财”系列中小企业信托计划。北京信托则联合北京中小企业信用再担保有限公司推出了中小企业信托产品，采取滚动发行方式，拓宽了中小企业融资渠道。

与其他创新业务相比，中小企业信托更多的是贷款模式。依照信托公司资产管理、高端理财的业务定位，信托公司开展中小企业信托业务，应该和PE投资业务相结合，着重扶持潜在PE投资对象。

（九）银信合作业务新思路

传统的银信合作业务，包括信贷资产转让、对接理财资金等等，银行在合作中居于主动地位，银行在合作中既掌握资金来源，又掌握资金运用，信托公司仅仅起到“通道”的作用，因此信托报酬非常低，一般在1‰—3‰的水平。

由于分业管理的缘故，银信合作业务具有广阔的发展前景，但是国内银行业拥有大量的客户和资金资源，在金融竞争中处于优势地位。信托公司要在银信合作中获得对等地位，必须逐步积累自身的优势。从2009年年报中看，部分信托公司在个别项目资源、项目设计方面已经取得相对优势地位，在银信合作中取得了较好的效果。上海信托则总结出了“资金池管理、信贷资产转让、债券产品投资”三类银信合作业务模式。

除了上海信托以外，江西信托同样推出了资金池类信托业务“建行乾元开放型资产组合投资理财信托”。资金池类信托计划主要投资于低风险的安全性收益产品，包括同业存款、货币市场基金、低风险债权型投资等。

中投信托则重点披露了其银信租业务。2007年以来，中投信托、浙商银行与相关租赁公司开展银信租业务合作，该业务以三方共同筛选的优质融资租赁资产作为信托财产，以稳定的租金现金流作为信托利益来源，以银行发行系列理财计划购买融资租赁租金收益权信托项下的优先受益权，并由相关租赁公司承诺进行租金现金流补足的交易结构设计和增信方式为投资者提供优质的理财产品。截至2009年12月31日，方信理财系列融资租赁租金收益权信托三个，余额为37290万元，中联系列融资租赁租金收益权信托2个，信托余额14148万元，中联中国系列融资租赁租金收益权信托2个，信托余额32062万元。

（十）各家信托公司披露创新业务概要

各信托公司披露创新业务、特色业务概览（见表2－21）。

表 2－21　　2009年信托公司年报披露创新业务、特色业务概览

信托公司	披露创新业务、特色业务
国元信托	中小企业信托
百瑞信托	PE、公益信托、银信政合作，有披露研究成果
北京信托	“低碳财富”信托、房地产组合投资（基金化）产品、中小企业信托
国投信托	另类投资信托业务，分别将普洱茶、红酒、白酒收益权、艺术品收益权以及黄金为投资标的，将优质企业的优质产品金融化，突破了投资范围
华宝信托	企业年金管理业务、资产证券化业务
华润信托	主动管理的组合证券投资信托（托付宝）
吉林信托	上市公司股权质押类信托计划，有披露研究成果
建信信托	中小企业发展信托计划
江西信托	准PE信托“建银财富医疗保健行业股权投资信托”，资金池类信托“建行乾元开放型资产组合投资理财信托”，应收账款类信托“南通建筑工程承包公司应收账款资金信托”
交银信托	融资租赁应收账款信托产品
平安信托	个人分红型信托产品，私人财富管理IT系统建设
厦门信托	PE（厦门资本一号股权投资集合信托计划）
山西信托	山西省中小企业发展基金集合资金信托计划
上海信托	股权收益权投资信托、可转换债权投资信托、伞型资产配置信托等新型主动管理证券投资信托、“资金池管理、信贷资产转让、债券产品投资”三类银信合作业务模式、至诚新华企业年金计划、员工股权激励专项信托基金、首款QDII产品试水海外市场
天津信托	PE（渤海银行股权投资集合资金信托计划）
新华信托	与战略股东巴克莱银行在房地产信托基金、结构性融资、高净值人士个性化理财产品等方面开展合作
云南信托	证券套利产品（云信套利通、云信壁虎）
中诚信托	QDII产品筹备就绪
中海信托	准REITs中海绿城1号，银团贷款、PE，资产管理业务创新QDII产品“中海稳健收益组合”
中投信托	中小企业债权信托基金，银信租业务合作
中信信托	中信锦绣系列PE投资、房托基金中信凯德科技园区股权投资信托、不动产投资基金、乾景－汇联产权交易市场投资基金集合资金信托、中信钰道翡翠投资基金集合资金信托计划、公益信托
中原信托	PE，中原理财－宏业系列房地产信托产品
重庆信托	PE，公益信托（重庆警察救助信托）、信政合作、银信合作业务
山东信托	产业投资信托标准化、规范化改进，TOT、开放式结构化证券信托，济南市房地产互助信托计划
粤财信托	广东节能减排促进项目单一资金信托计划（亚行资金多批次融资模式）

2009年信托公司年报分析之三：

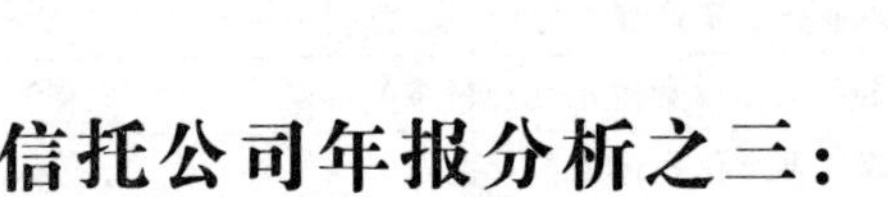

自营业务篇

百瑞观点：

- 2009年信托行业自营业务收入保持良好的上升态势；
- 信托公司两极分化严重，但分布更加趋于合理；
- 自营业务收入集中度有所下降，但仍处于较高水平；
- 自营业务呈现较大的波动性，与监管部门所呼吁稳健发展的理念仍有差距；
- 自营业务盈利能力与证券市场波动呈现高度相关性；
- 自营业务盈利能力与净资产规模有着一定的相关性；
- 自营业务盈利能力与信托公司地域分布及股东背景有着较大的相关性；
- 自营业务人数并非越多越好，合理性有待探讨；
- 长期股权投资基本保持稳定，建议关注保险机构和创投公司股权；
- 股权投资需抓住有利时机介入；
- 净资本管理办法实施后将对自营资产分布产生重大影响。

在资本市场稳步回暖趋势的引领下，2009年信托行业自营业务取得了骄人的业绩，自营业务收入和自营业务收益率较2008年均有所增长。在成绩单的背后，我们能够看到信托公司已逐渐形成不同特色的经营模式，在长期股权投资方面也面临着重要抉择，同时，自营业务较大的波动性反映了信托公司较监管部门提倡的稳健经营理念仍有较大差距。

一、行业自营业务收入较上年度有所攀升，但呈现较大波动性

（一）2009年信托行业自营业务收入保持良好的上升态势

根据公开披露年报的54家信托公司数据统计，2009年信托行业共实现自营业务收入116.11亿元，较2008年增长35%；平均每家信托公司2.15亿元，较2008年增长27.22%；行业平均自营业务收益率为12.83%，较2008年增长2.13个百分点；自营业务收入占比从2008年的49%增长至56%，增加了7个百分点。从上述数字可以看到，2009年信托公司自营业务各项指标较2008年均有所上升，反映了信托行业自营业务盈利模式的建立已初见成效（见表3－1、图3－1）。

表3－1　2008—2009年自营业务经营状况对比表

年份	自营业务收入（亿元）			自营业务收益率（%）		自营业务收入占比（%）
	行业合计	行业平均	行业中位数	行业平均	行业中位数	
2007	180.34	3.54	1.67	29.83	23.73	69.19
2008	86	1.69	0.76	10.7	9.83	48.95
2009	116.11	2.15	1.32	12.83	9.76	56.16

注：1. 本文采用的均为母公司财务数据；2. 为了规避资本金规模的差异对自营业务收入的影响，本文通过自营业务收益率指标对信托公司盈利能力进行分析，自营业务收益率＝自营业务收入/平均净资产。

（二）信托公司两极分化严重，但分布更加趋于合理

从具体信托公司来看，2009年自营业务收入最高的是华润信托，达13.48亿元，最低的是安信信托，亏损757万元，也是2009年唯一自营业务出现亏损的信托公司。从表3－2、表3－3中可以看到，自营业务收入排名前10位的信托公司自营业务收入合计达到65.14亿元，平均每家信托公司实现6.5亿元；而排名后10位的信托公司自营业务收入合计仅为2.07亿

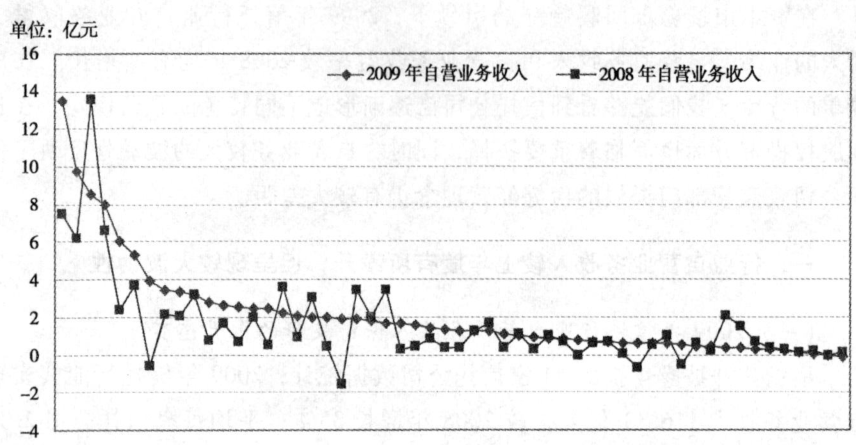

图3-1　2008—2009年各信托公司自营业务收入对比图

元，平均每家信托公司仅0.21亿元。

表3-2　　2009年自营业务收入排名前10位

排名	公司名称	自营业务收入（万元）
1	华润信托	134777
2	中信信托	97722
3	平安信托	85616
4	中诚信托	79715
5	上海信托	60555
6	重庆信托	53512
7	华宝信托	39224
8	厦门信托	34660
9	江苏信托	33320
10	北京信托	32275
	合　计	651376
	平　均	65138

表3－3　　2009年自营业务收入排名后10位

排名	公司名称	自营业务收入（万元）
45	渤海信托	4801
46	西部信托	4092
47	英大信托	3791
48	江信国际	2942
49	西安信托	2665
50	湖南信托	1884
51	爱建信托	964
52	西藏信托	297
53	海协信托	1
54	安信信托	－757
	合　计	20680
	平　均	2068

考虑到自营资产规模的影响，我们再通过计算自营业务收益率的方式对信托公司自营业务的盈利能力进行分析。经过计算，自营业务收益率最高的是中融信托，达38.96%；最低的是安信信托的－3.62%。从表3－4、表3－5可以看到，自营业务盈利能力最强的10家信托公司自营业务收益率平均为23.98%，而排名后10位的信托公司平均仅为3.34%。可见，信托公司不仅在自营业务收入的绝对值上存在极大差异，而且从盈利能力角度也相差悬殊。

表3－4　　2009年自营业务收益率排名前10位

排名	公司名称	自营业务收益率（%）
1	中融信托	38.96
2	甘肃信托	30.84
3	新时代信托	30.13
4	中信信托	26.60
5	厦门信托	26.06
6	华润信托	22.98
7	中诚信托	22.11
8	中泰信托	21.92
9	华宝信托	21.24
10	北方信托	18.92
	合　计	23.98
	平　均	23.98

表 3－5　　2009 年自营业务收益率排名后 10 位

排名	公司名称	自营业务收益率（%）
46	西部信托	5.34
40	交银国际信托	5.04
43	山西信托	4.34
48	江信国际	4.28
50	湖南信托	3.17
51	爱建信托	2.75
47	英大信托	2.26
52	西藏信托	0.64
53	海协信托	0.01
54	安信信托	-3.62
	合　计	3.34
	平　均	3.34

尽管信托公司自营业务收入和自营业务收益率都有着明显的两极分化特征，但是从信托业发展趋势上来看，两极分化具有一定的必然性，为了分析这种两极分化的合理性，我们对近三年信托公司自营业务盈利能力进行了分析。经统计，2007—2009 年，信托公司中自营业务收益率分布在 30% 以上、20%—30%、10%—20%、0—10%、低于 0 五个区间的信托公司数量如表 3－6、图 3－2 所示，从图 3－2 中可以清楚看到自营业务收益率的分布情况越来越趋向于正态分布，由此可以认为信托行业自营业务收益率的分布情况较为合理，并且从发展趋势上看，信托行业自营业务的盈利能力有进一步提升的迹象。

表 3－6　　近三年信托公司自营业务收益率分布情况表

年份	超过 30%	20%—30%	10%—20%	0—10%	低于 0
2007 年	18	8	13	10	0
2008 年	2	4	17	24	3
2009 年	3	6	18	26	1

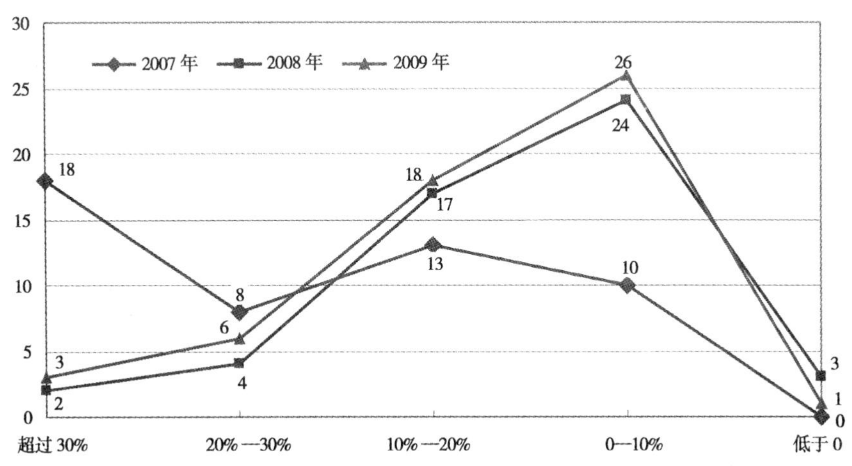

图3-2　2007—2009年自营业务收益率分布图

（三）自营业务收入集中度有所下降，但仍处于较高水平

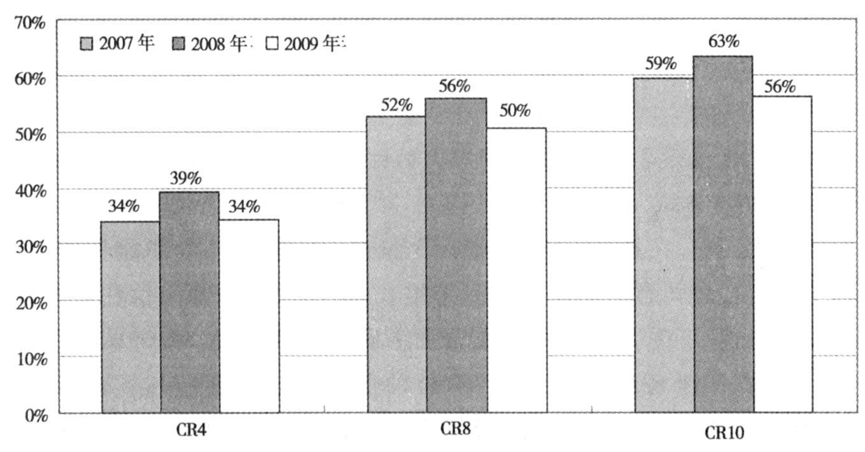

图3-3　2007—2009年自营业务收入集中度对比图

从图3-3可以看到，2009年自营业务收入集中度较2008年有所下降，但相比信托公司数量占比CR4=7.4%、CR8=14.8%、CR10=18.52%而言，自营业务收入集中度仍处于较高水平。

结合2007—2009年连续三年资本市场情况对比自营业务收入集中度，可以看到在资本市场最为低迷的2008年，信托公司自营业务收入普遍大幅下降的情况下，自营业务收入集中度反而最高，反映了自营业务收入排名靠前的信托公司抗风险能力明显优于其他信托公司（见表3-7）。

表3-7　2007—2009年净资产集中度与自营业务集中度对比表

	净资产集中度（%）			自营业务收入集中度（%）		
	CR4	CR8	CR10	CR4	CR8	CR10
2007年	32.43	45.68	51.34	33.98	52.31	59.21
2008年	30.86	44.55	49.50	39.32	55.85	63.11
2009年	27.73	44.12	50.59	34.26	50.45	56.10

注：CRn表示前*n*家信托公司占行业整体规模的比例。

由于自营业务收入与净资产规模的高低有着密切关系，为了规避净资产规模的差异的影响，进一步对比净资产集中度和自营业务收入集中度之间的相互关系，可以发现三个年度自营业务收入集中度普遍高于净资产集中度，反映了排名靠前的信托公司自营业务盈利能力超过其他信托公司。

（四）信托公司自营业务呈现较大的波动性，与监管部门所呼吁稳健发展的理念仍有差距

动态来看，在具有可比数据的53家信托公司（不含华能贵诚）中，有33家信托公司自营业务收入呈正增长态势，另外20家信托公司自营业务收入出现下降，行业平均自营业务收入增长率达36.09%。自营业务收入增长率排名前10位和后10位的信托公司如表3-8、表3-9所示。其中，增长幅度最大的是新华信托，较2008年增幅达1275%，其次是华宝信托达777%，有19家信托公司增幅超过100%，超过50%的有25家信托公司，超过10%的有31家信托公司。可见2009年，绝大多数信托公司自营业务取得了不错的经营业绩，并且保持着良好的增长势头。与此同时，2009年自营业务收入下降幅度最大的是安信信托，降幅达152.44%，其次是西藏信托86.39%，降幅在50%以上的信托公司有6家。

表3－8　　自营业务收入增长率排名前10位

排名	信托公司	自营业务收入增长率（%）
1	新华信托	1275.11
2	华宝信托	777.09
3	建信信托	465.87
4	昆仑信托	334.75
5	中融信托	319.38
6	华融信托	280.46
7	国联信托	270.94
8	苏州信托	266.53
9	中原信托	263.54
10	华信信托	252.28

表3－9　　自营业务收入增长率排名后10位

排名	信托公司	自营业务收入增长率（%）
45	平安信托	-36.77
46	中泰信托	-38.18
40	联华信托	-41.14
43	国投信托	-45.26
48	天津信托	-51.50
50	江信国际	-55.80
51	英大信托	-75.42
47	西部信托	-79.96
52	西藏信托	-86.39
53	安信信托	-152.44

不管是正增长还是负增长，总体来看，信托公司自营业务收入呈现出了较大的波动性。具有可比数据的53家信托公司中，波动幅度超过100%的信托公司有20家，占比接近四成；超过50%的信托公司有31家，占比近六成；超过20%的信托公司有45家，占比达85%；波动幅度在20%之内的信托公司仅占比15%。具体如表3－10所示。

表 3－10　　信托公司自营业务收入波动幅度情况表

自营业务收入波动幅度	信托公司数量	占比（%）
超过 100%	20	38
50%—100%	11	21
20%—50%	14	26
20% 以内	8	15

从盈利能力变化角度，具有可比数据的 50 家信托公司（不含华能贵诚、新时代信托、爱建信托和海协信托）中，有 28 家信托公司的 2009 年自营业务收益率高于 2008 年，占比 56%，反映了这些信托公司自营业务盈利能力得以提升，其中增长最为突出的是中融信托，从 2008 年的 12.12% 增长至 2009 年的 38.96%，增长了 27 个百分点；另有 22 家信托公司自营业务收益率有所下降，占比 44%，其中最为显著的是西部信托，从 2008 年的 30.83% 降至 2009 年的 5.34%，减少了 25 个百分点。

对比盈利能力波动幅度可以看到，与自营业务收入较大的波幅相比，大部分信托公司自营业务收益率指标也出现了大幅波动。近两年，自营业务收益率波动幅度不超过 20% 的信托公司仅有 10 家，占比尚不足两成；波幅在 20% 以上的有 41 家信托公司，占比 81%；50% 以上的信托公司有 24 家，占比近五成；超过 100% 的仍有 15 家信托公司，占比近三成（见表 3－11）。

表 3－11　　信托公司自营业务收益率波动幅度情况表

自营业务收益率波动幅度	信托公司数量	占比（%）
超过 100%	15	29.41
50%—100%	9	17.65
20%—50%	17	33.33
20% 以内	10	19.61

二、自营业务盈利能力相关性因素分析

2007—2009 年间，信托行业自营业务收入呈现出了较大的波动性，主要原因在于自营业务收益率的波动，经过分析，本文认为自营业务盈利能力与证券市场、信托公司所处地域分布及股东背景、净资产规模等因素有着一定的相关性。

（一）自营业务盈利能力与证券市场波动呈现高度相关性

表3－12　　2007—2009年自营业务收入与上证指数变化情况表

年份	自营业务收入（亿元）	行业平均自营业务收入（亿元）	自营业务收益率（%）	上证指数
2007	180.34	3.54	29.83	2728－5261
2008	86	1.69	10.70	5265－1820
2009	116.11	2.15	12.83	1849－3277

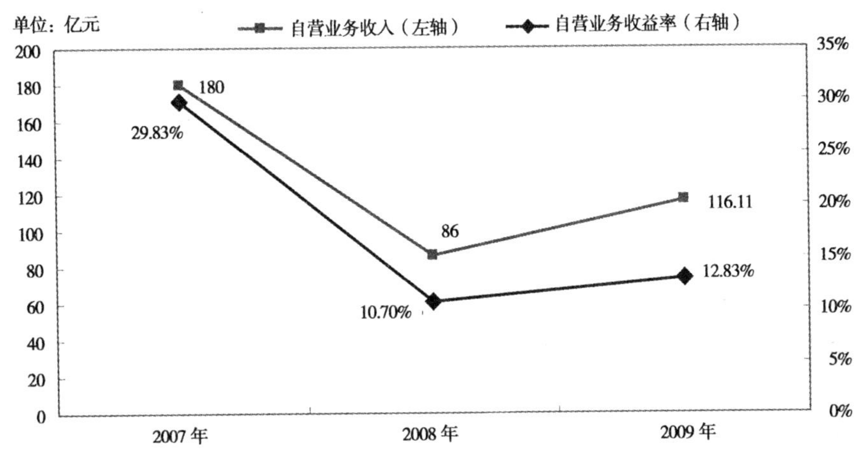

图3－4　2007—2009年自营业务收入及收益率情况

由图3－4、图3－5、表3－12可以看到，自营业务收入、自营业务收益率在三年间的变化情况与上证指数变化图的走势非常一致。2007年，上证指数从2728点一路上扬，年末收于5261点时，信托行业自营业务收入高达180亿元，自营业务收益率达29.83%；随着2008年上证指数的持续下跌，信托行业自营业务收入降至86亿元，自营业务收益率也仅10.7%；2009年股市从底部反弹，上证指数从年初的1849点逐步上升，年末收于3277点，信托行业自营业务收入也升至116.11亿元，自营业务收益率升至12.83%。经过相关系数的计算，自营业务收入与上证指数的相关系数为0.9931，自营业务收益率与上证指数的相关系数为0.9449。

尽管证券投资在信托公司自营资产分布中尚不足三成，但是为何股市波动对自营业务盈利能力的影响如此大呢？我们从自营资金的运用方式来进行

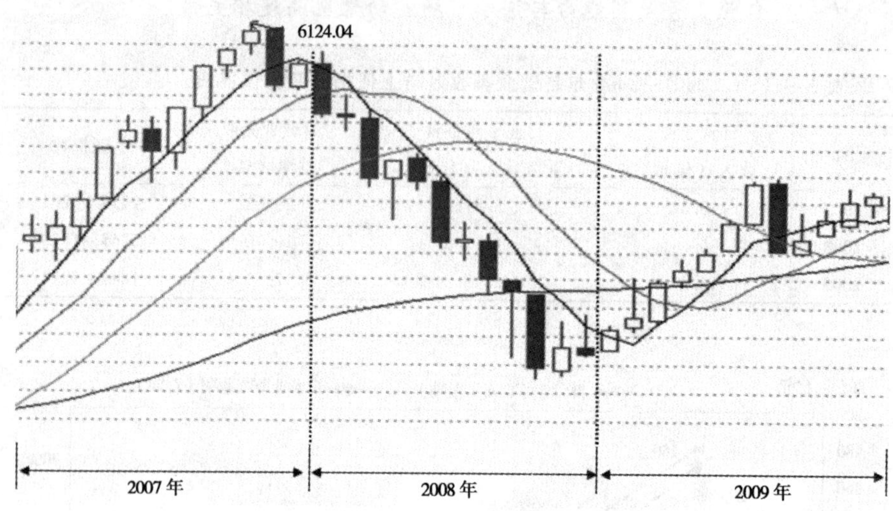

图 3-5　2007—2009 年三年间上证指数月线图

分析，股权投资、证券投资、贷款作为自营资金的主要运用方式，其中股权投资占比最大，并且以证券公司和基金公司股权投资为主，其投资收益与证券市场波动有着很强的相关性，即便是其他企业的股权投资，也可能因为被投资企业存在证券投资而与证券市场存在间接相关性；贷款看似与证券市场不相干，但是在实际业务中，当证券市场趋好的情况下，企业融资愿望将大大增加，反之当证券市场持续下跌时，企业的资金大多仅用于经营，融资愿望也将降低。因此，不管是股权投资、证券投资，还是贷款业务，都与证券市场的变化有着直接或间接的相关性，最终导致了自营业务盈利能力与证券市场呈现高度相关性。

（二）自营业务盈利能力与信托公司地域分布及股东背景有着较大的相关性

为了了解信托公司自营业务的持续盈利能力，对 2008 年、2009 年信托公司自营业务收益率进行了对比分析，统计结果如下：

连续两年自营业务收益率保持在 20% 以上的信托公司有 3 家，分别是：中信信托、中诚信托、中泰信托。

连续两年自营业务收益率保持在 10% 以上的信托公司有 14 家，分别是：中融信托、中信信托、华润信托、厦门信托、北方信托、陕国投、中诚信托、东莞信托、重庆信托、北京信托、华宸信托、外贸信托、国投信托、中泰信托。

连续两年自营业务收益率低于10%的信托公司有15家，分别是：交银国际信托、山西信托、新华信托、中原信托、华融信托、渤海信托、建信信托、中铁信托、吉林信托、云南信托、湖南信托、百瑞信托、西藏信托、英大信托、安信信托。

上述统计结果反映了信托公司的持续盈利能力，从三大类信托公司来看，持续盈利能力较高的信托公司大多地处北京、上海及沿海发达城市；连续两年自营业务收益率低于10%的信托公司即持续盈利能力较差的信托公司，除了重组或即将重组的信托公司外，大多为中西部等内地城市，且大股东一般为地方政府或地方政府背景的国企。

分析原因，大概包括以下几个方面：第一，地域环境的差异对人才分布的影响，相对而言，沿海等发达城市经济环境更为成熟，聚集着更多的优秀人才，对于高端金融人才而言，其他内陆等二线城市的吸引力先天性不足，人才的流动造成信托公司人才结构的差异，进一步决定了信托公司投资能力的高低；第二，证券投资作为自营业务的重要方面，北京、上海、深圳三地作为银行、证券和基金公司的聚集地，信息渠道更加广泛，在证券投资方面有着天然的优势；第三，股东背景对信托公司长期股权投资战略布局有着一定的影响，相对股东背景为500强企业或金融控股集团的信托公司而言，地方政府背景的信托公司长期股权投资大多为本地企业，缺乏全国性的战略布局，收益性也相对较弱。

（三）自营业务盈利能力与净资产规模有着一定的相关性

自营业务收益率超过10%的信托公司净资产排名情况如表3－13所示：

表3－13　自营业务收益率超过10%的信托公司净资产排名情况

信托公司净资产排名	自营业务收益率超过10%的信托公司数量	占比（%）
前10位	8	80
10—20位	5	50
20—30位	5	50
30—40位	4	40
40—50位	5	50
50—54位	0	0

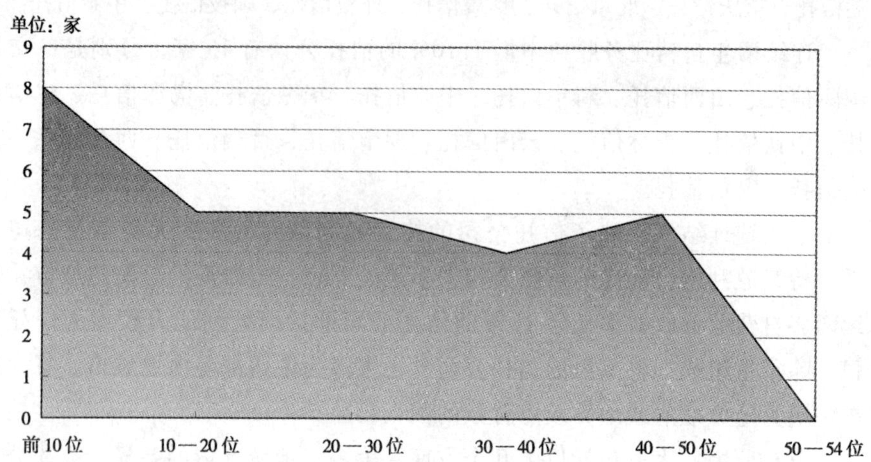

图3-6　自营业务收益率超过10%的信托公司净资产排名情况分布图

从图3-6可以看出，信托公司的净资产规模对自营业务盈利能力有着一定的影响，尤其是排名处于两端的信托公司反映更加明显。净资产规模排名前10位的信托公司中，有8家自营业务收益率超过10%；而排名最后5位的信托公司全部低于10%。这个结论有些类似于规模效应，原因可以归纳为以下几点：

1. 净资产规模排名靠前的大型信托公司对人才的吸引力更强，人才的聚集推动其自营业务盈利能力的提升。

2. 金融股权投资的门槛效应。从近几年情况来看，金融股权作为信托公司长期股权投资的重要方面，为信托公司带来了不菲的投资收益，但是金融股权投资对信托公司的资本实力也有着较高的要求，资本实力雄厚的信托公司可以同时在基金、证券、银行等获利能力较强的金融领域进行战略投资，并获取一定的话语权；而资本实力较弱的信托公司难以实施金融领域的战略投资，从净资本低于10亿元的22家信托公司来看，有6家尚未进行长期股权投资，有5家开展了长期股权投资，但均非金融股权，另外11家信托公司持有本地的证券公司或地方性商业银行等金融股权，持股比例较低，投资收益也普遍偏小。

3. 信托公司不同发展阶段而造成的差异。从战略投资布局和投资管理能力角度而言，净资产规模较大的信托公司发展已步入成熟期，战略布局已基本完成，盈利能力相对较为稳定；而净资产规模偏低的信托公司则处于发展期，尚未摆脱有一单做一单的局面，并且偶然的投资机会和市场波动对其盈利能力的影响更为突出。

三、自营资产运用效率分析

（一）自营资产运用及分布状况

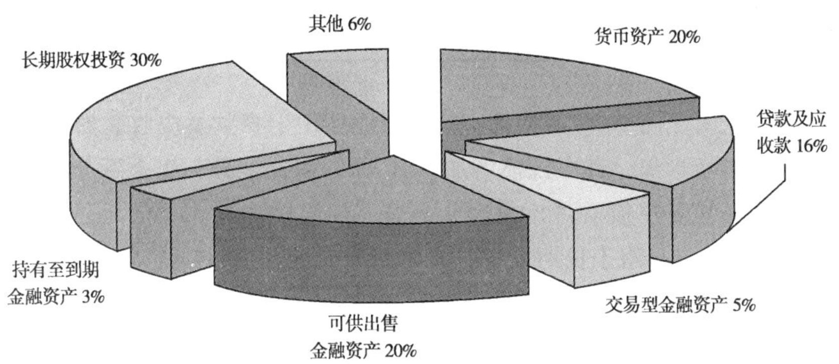

图3－7　2009年年末信托行业自营资产运用情况

静态来看，2009年年末，信托行业运用于长期股权投资的自营资产占比最大，达30%；若将交易性金融资产、可供出售金融资产、持有至到期金融资产合并为证券及金融产品投资，则其占比达28%，位居第二位；货币资产占比20%，排第3位；随后是贷款及应收款16%。可见，信托行业自营资产主要运用于长期股权投资、证券投资和金融产品投资，符合“新两规”的监管导向（见图3－7、表3－14）。

表3－14　　2008—2009年信托行业自营资产运用情况表

资产运用	2009年		2008年	
	金额（亿元）	占比（%）	金额（亿元）	占比（%）
货币资产	227.35	19.99	214.78	24.23
贷款及应收款	184.85	16.25	124.34	14.03
交易性金融资产	61.53	5.41	76.20	8.60
可供出售金融资产	230.85	20.30	60.19	6.79

续表

资产运用	2009年		2008年	
	金额（亿元）	占比（%）	金额（亿元）	占比（%）
持有至到期投资	38.40	3.38	3.26	0.37
长期股权投资	324.24	28.51	290.12	32.73
其他	70.00	6.16	117.54	13.26
资产总计	1137.21	100.00	886.44	100.00

动态来看，与2008年相比，信托行业运用于贷款及应收款的资产规模及占比均有所增加，其中规模增加60亿元，占比上升2.2个百分点；证券及金融产品投资规模及占比也大幅上升，规模增加近331亿元，占比上升13.34个百分点；用于长期股权投资的资产规模增加34亿元，但占比却下降了4.2个百分点（见图3-8、表3-15）。

由于上述数据均为年末时点数据，可能与信托公司资产运用情况有所出入，但是长期股权投资相对较为稳定，不易在短期内发生较大变化，因此，长期股权投资金额及占比的变化能够反映信托行业的真实状况。

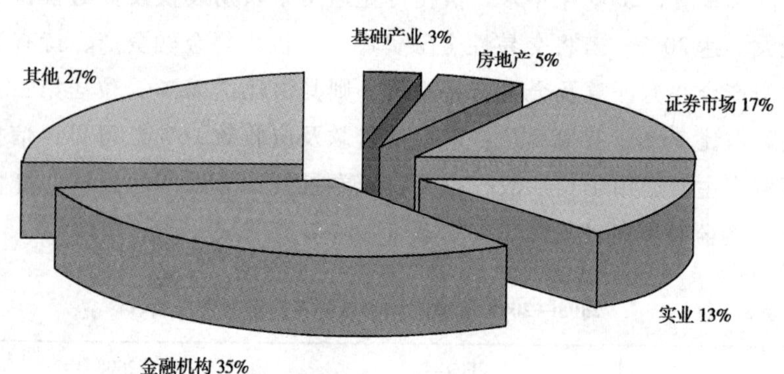

图3-8　2009年年末信托行业自营资产分布情况

从52家信托公司公布的自营资产分布表来看，证券市场、实业领域及金融机构是信托行业自营资产最主要的三大投向领域。由于2008年年报格式中未要求披露投向金融机构的资产规模，仅有个别信托公司自行进行了披露，因此，投向金融机构的资产规模不具有可比性。且该表格中的数据为年末时点数据，不具有很强的分析价值，因此，此处不再过多分析。

表3-15　　2008—2009年信托行业自营资产分布情况表

资产分布	2009年		2008年	
	金额（亿元）	占比（%）	金额（亿元）	占比（%）
基础产业	38.41	3.46	37.49	4.23
房地产业	56.31	5.07	50.18	5.66
证券市场	187.80	16.92	194.32	21.92
实业	144.73	13.04	140.21	15.82
金融机构	387.16	34.89	32.65	3.68
其他	295.40	26.62	431.60	48.69
资产总计	1109.81	100.00	886.45	100.00

注：由于吉林信托、安信信托未披露自营资产分布表，因此本表仅为52家信托公司数据，资产总额略小于自营资产运用情况表。

（二）自营业务收入结构分析

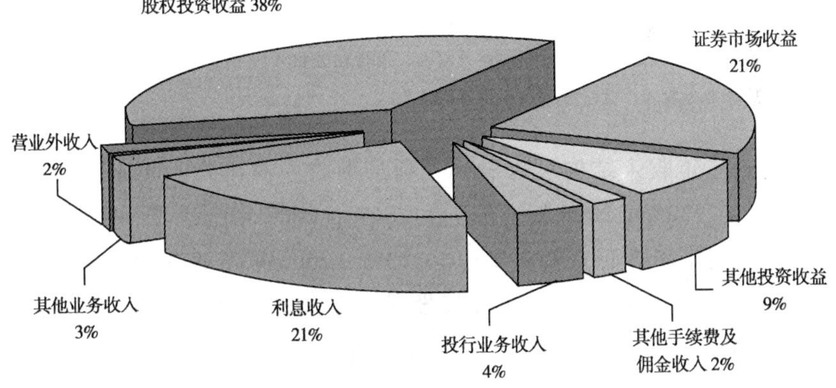

注：证券市场收益包括证券投资收益和公允价值变动收益。

图3-9　信托行业自营业务收入来源情况

由于公允价值损益主要来源于证券投资，因此将证券投资收益、公允价值变动收益合并为证券市场收益，则2009年行业内54家信托公司自营业务收入中，占比最大的三类收入来源分别是：股权投资收益占比38%，证券市场收益占比21%，利息收入占比21%，三类收入来源占比合计达80%（见图3-9）。

表3-16　　2007—2009年自营业务收入来源表

收入类型	2007年		2008年		收入类型	2009年	
	金额（亿元）	占比（%）	金额（亿元）	占比（%）		金额（亿元）	占比（%）
利息类收入	12.99	7.22	12.59	14.64	利息类收入	24.98	21.40
股权投资收入	79.26	44.04	44.39	51.64	股权投资收益	44.78	38.37
证券投资收入	66.82	37.13	24.96	29.03	证券投资收益	15.82	13.56
					公允价值变动收益	8.45	7.24
租赁业务收入	0.79	0.44	0.28	0.33	其他投资收益	10.00	8.56
其他收入	20.11	11.17	3.6	4.19	手续费及佣金收入	2.74	2.35
					其他业务收入	3.29	2.82
					投行业务收入	4.58	3.92
					营业外收入	2.07	1.77
合计	179.97	100	85.97	100	合计	116.71	100

注：本文中的手续费及佣金收入是指计入信托业务收入之外的手续费及佣金收入；其他业务收入指计入信托业务收入之外的那部分其他业务收入；投行业务收入中部分信托公司标注为信托业务收入的计入信托业务收入，其余部分归入投行业务收入。

对比近三年收入结构可以看到，利息类收入占比处于不断上升趋势，2007年仅为7.22%，2008年增长至14.64%，2009年已达21.4%；证券投资收入占比则不断降低，2007年达36.13%，2008年降至29.03%，2009年进一步降低至20.8%；2008年股权投资收入占比较2007年有所上升，但2009年又有所下降，从绝对值上看，2007年股权投资收入最高，近两年则相对稳定（见表3-16）。

（三）自营业务人数并非越多越好，合理性有待探讨

2009年年度报告中，有45家信托公司披露了员工部门分布情况，其中自营业务人员最多的信托公司是平安信托55人，最少的是安信信托仅1人。行业自营业务人员合计468人，平均每家信托公司10.4人。

表 3-17　　不同区间自营业务人员数量的盈利能力情况

自营业务人员数量	信托公司家数	人均管理资产（万元）	人均收入（万元）	平均自营业务收益率（%）
20 人以上	5	12421	1045	8.80
10—19 人	14	17601	2766	17.62
5—9 人	12	31280	2871	11.91
1—4 人	14	33838	3539	11.20

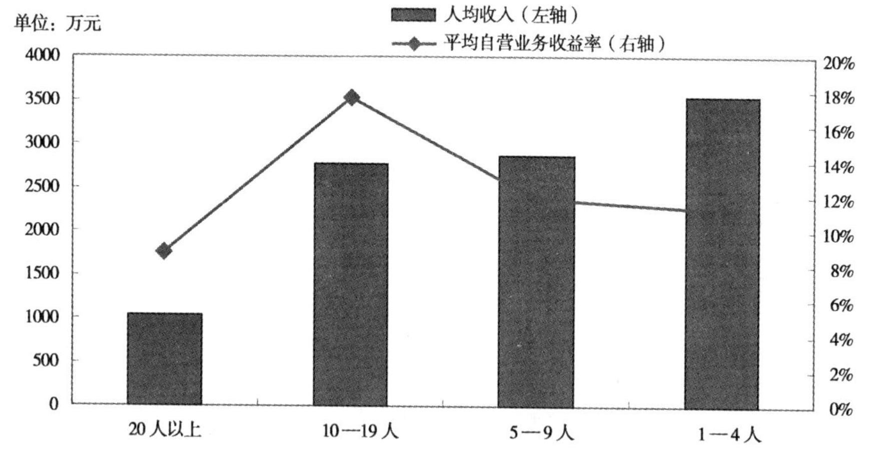

图 3-10　不同区间自营业务人员数量的盈利能力对比图

对比自营业务人数与人均收入和自营业务收益率可以看到，自营业务人均收入与自营业务人数之间呈反向相关关系，即自营业务人数越多，人均收入越低；而自营业务收益率与自营业务人数之间则呈现出了更为复杂的关系，自营业务人数多于 20 人的 5 家信托公司平均自营业务收益率处于最低水平，10 人以下的 26 家信托公司平均自营业务收益率则略高，自营业务人数处于 10—19 人之间的 14 家信托公司反而盈利能力最强（见表 3-17、图 3-10）。

再从人均管理净资产规模的角度，从表 3-18 和图 3-11 可以看到，人均管理净资产规模最小的 11 家信托公司盈利能力最低，而人均管理净资产规模处于 3 亿—4 亿元之间的 3 家信托公司平均自营业务收益率最高，达 21.54%，其次为人均管理净资产规模在 6 亿元以上的信托公司，平均自营业务收益率为 15.58%。

表 3－18　　不同人均管理净资产规模的盈利能力情况

人均管理净资产	信托公司家数	人均收入	平均自营业务收益率（%）
6亿元以上	3	8032	15.58
5亿—6亿元	4	5093	11.55
4亿—5亿元	5	4310	11.11
3亿—4亿元	3	6177	21.54
2亿—3亿元	10	2300	10.60
1亿—2亿元	9	1769	14.89
1亿元以下	11	419	7.88

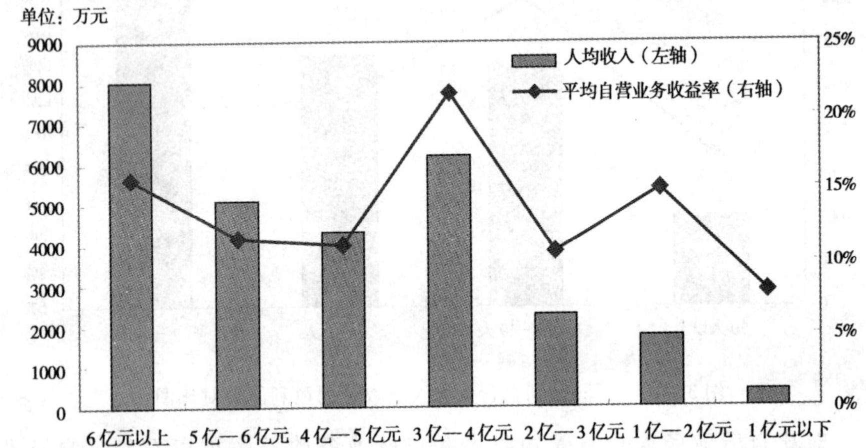

图 3－11　不同人均管理净资产规模的盈利能力对比图

由此可以看出，自营业务人员并非越多越好，自营业务人员的增加不仅会增加公司整体的运营成本，降低人均收入，而且更重要的是可能会对自营业务的盈利能力产生相反的作用，即在某种条件下，自营业务人员增加的边际效用不仅递减，而且可能为负。究竟多少个自营业务人员最合理？不同信托公司可根据自身资产规模及业务发展战略，通过定性和定量相结合的方式进行衡量，提升自营资产的管理效率，最终实现帕累托最优。

四、审视信托公司长期股权投资

（一）2009年信托公司长期股权投资情况概览

从54家信托公司年报中所披露的前三名长期股权投资情况来看，2009

年信托公司长期股权投资依然是以金融股权投资为主，包括证券公司、基金公司、存款性金融机构、期货公司、保险公司五大类金融机构的股权投资，除了金融股权外，部分信托公司在创新投资方面也做好了战略部署。

由于2008年信托公司年报分析中已详细列举了各家信托公司参股证券公司、基金公司、存款性金融机构及期货公司情况，所以本文仅从上述金融股权持股变化情况进行分析，并重点对保险公司及创投公司的持股情况进行分析。

1. 证券公司股权投资仍是信托公司最重要的收入来源。从信托公司年报披露的前三名长期股权投资情况来看，截至2009年年末，共有31家信托公司参股32家证券公司，2009年为信托公司带来股权投资收入合计19.63亿元，较2008年的17.65亿元增长近2亿元，占股权投资收益的44%，证券公司股票投资仍是信托公司最为重要的收入来源。

对比近两年信托公司持有的证券公司股权情况发现，2009年有5家信托公司将其持有的证券公司股权转出，从2008年投资收益情况看，这5家证券公司中有4家没有分红；有1家信托公司——江西信托增持了国盛证券股权，持股比例从2008年末的25.55%增长至53.36%；国元信托持有的国元证券的股权比例出现了下降，原因是国元证券成功增发，增发后国元信托增加资本公积12.27亿元，且2009年实现投资收益2.07亿元，占国元信托自营业务收入的78.3%（见表3-19）。

表3-19　　　　信托公司参股证券公司情况变动表

信托公司	企业名称	持股比例（%）	备　注
华融信托	国泰君安	0.04	新进
江西信托	国盛证券	53.36	增持，2008年末持股比例为25.55%
国元信托	国元证券	15.69	国元证券增发，总股本由146410万股增至196410万股，国元信托持股比例由21.04%下降到15.69%，增发后国元信托按权益法核算增加资本公积122720.72万元
中融信托	江海证券	2.1	减持，2008年末持股比例为8.9%
中原信托	新时代证券	2.11	减持，2008年末持股比例为4.21%
中泰信托	华泰证券	0.7	以其持有的联合证券股权作为支付方式认购华泰证券股份

续表

信托公司	企业名称	持股比例（%）	备注
建信信托	华安证券		转出，将其持有1.36%的股权转让给时代传媒
	国元证券		转出，2008年末持股比例为0.55%
东莞信托	东莞证券		转出，2008年末持股比例为4.6%
新华信托	华夏证券		转出，2008年末持股比例为0.4%
渤海信托	招商证券		转出，2008年末持股比例为0.66%
爱建信托	申银万国证券	352万股	未收集到其2008年年报
新时代信托	新时代证券	12.97	未收集到其2008年年报

2. 信托公司参股基金公司情况较为稳定。从信托公司前3名长期股权投资情况来看，截至2009年年末，共有18家信托公司持有17家基金公司股权，并实现11.19亿元的投资收益，较2008年的13.3亿元下降2.11亿元，占信托行业股权投资收益的25%。

2009年，信托公司参股基金公司情况较为稳定，仅有两家信托公司出现变化。新华信托2008年年报中披露持有新世纪基金48%的股权，但2009年年报中显示无自营长期股权投资，经查，为了与其大股东新华信托统一名讳，新世纪基金与2009年10月更名为新华基金，并未显示大股东出现变更事宜，新华信托年报中未披露的原因不得而知。另一家信托公司是重庆信托，根据年报中所披露的持股比例，重庆信托2009年增持了益民基金股权，持股比例从30%增加至49%（见表3－20）。

表3－20　信托公司参股基金公司情况变动表

信托公司	企业名称	持股比例（%）	备　注
新华信托	新世纪基金		2008年末持股比例为48%
重庆信托	益民基金	49	增持，2008年末持股比例为30%

3. 信托公司参股存款性金融机构情况变化显著，城商行、村镇银行受青睐。相对于信托公司参股证券公司和基金公司而言，信托公司参股存款性金融机构情况变化较大。截至2009年年末，共有19家信托公司持有25家存款性金融机构股权，其中有15家为城商行、7家为村镇银行（农村合作银行或农村商业银行），另外3家为全国性股份制银行。2009年共实现投资收益4.93亿元，较2008年增加1.17亿元。

动态来看，2009年有6家信托公司新进8家存款性金融机构股权，参股对象主要以城商行和村镇银行为主；另有5家信托公司持有的5家银行股权较2008年有所下降，经分析应为银行增资所致；建信信托持有的徽商银行股权略有增加。

从投资收益上看，信托公司参股的8家存款性金融机构中仅有少数大银行或发达地区的地方性商业银行产生了较高的投资收益，如上海信托持有上海浦东发展银行6.54%的股权取得了9487万元的投资收益，重庆信托持有重庆三峡银行34.79%的股权取得了5130万元的投资收益，江苏信托持有江苏银行10.83%的股权取得了29851万元的投资收益，其他一般地区的地方性商业银行、村镇银行、农村合作银行均未产生或仅产生极其微薄的投资收益（见表3－21）。

表3－21　　信托公司参股存款性金融机构情况变动表

信托公司	企业名称	持股比例（%）	备　注
国元信托	淮南通商农村合作银行	20	新进
	徽商银行	0.15	新进
中原信托	焦作市商业银行	9.95	新进
	光大银行	0.02	新进
陕国投	长安银行	100万元	新进
西部信托	长安银行	4.38	新进
东莞信托	开县泰业村镇银行	10	新进
百瑞信托	巩义浦发村镇银行	5	新进
江苏信托	江苏银行	10.83	2008年末持股比例为11.59%
平安信托	台州市商行	5.33	2008年末持股比例为9.9%
上海信托	上海浦东发展银行	6.54	2008年末持股比例为7.29%
华信信托	大连银行	4.88	2008年末持股比例为5.06%
建信信托	徽商银行	2.76	增持，2008年末持股比例为2.56%
苏州信托	江苏银行	0.54	2008年末持股比例为0.58%
山西信托	晋商银行	0.02	银行重组，2008年末持有太原市商业银行0.56%的股权
华宸信托	内蒙古银行	0.04	银行重组，2008年末持有呼和浩特商业银行0.14%的股权

4. 信托公司参股期货公司收益水平较低。截至2009年末，信托公司参

股期货公司情况与2008年年末基本一致，仅有粤财信托对其持有的河南万达期货股权进行了减持，其他5家信托公司参股期货公司情况未出现变化。从投资收益上看，6家信托公司共实现938万元，虽然较2008年的256.67万元有所上升，但仍处于较低水平（见表3－22）。

表3－22　　信托公司参股期货公司情况变动表

信托公司	企业名称	持股比例（%）	备　注
粤财信托	河南万达期货	10.5	减持，2008年末持股比例为20%

5. 信托公司战略参股保险公司引关注。截至2009年年末，共有6家信托公司参股保险公司，详见表3－23，除国民信托参股汇丰人寿保险为2009年新增投资外，中信信托参股泰康人寿、华信信托参股百年人寿、陕国投参股永安财险、昆仑信托参股上海大众保险均为2008年所进行的长期股权投资（见表3－23）。

表3－23　　信托公司参股保险公司情况统计表

信托公司	企业名称	持股比例（%）	备注	参股时间
中信信托	泰康人寿	8.08	2010年投资收益2250万元	2008年
爱建信托	天安保险	0.67		不详
昆仑信托	上海大众保险	0.24		2008年
国民信托	汇丰人寿保险	50.00	新进	2009年
华信信托	百年人寿保险	9.01		2008年
陕国投	永安财险	3.67		1998年投资1100万元，2007年末增资8200万元

与其他金融股权投资相比，信托公司参股保险公司的优势在于：第一，保险公司有着大量的资金来源；第二，保险与信托之间存在一定的互补性；第三，参股保险公司对资本金的要求比证券、基金和银行低。劣势则在于保险公司前几年通常是亏损的，前期基本不能取得投资收益，就近两年年报数据来看，除了中信信托参股泰康人寿在2009年取得2250万元投资收益外，其他几家近两年中均未取得投资收益。

6. 创新投资公司，背靠大树好乘凉。截至2009年年末，共有11家信托公司参股14家创投公司，2009年共实现投资收益2.37亿元，较2008年的8678万元增长173%。其中，投资收益最高的是平安信托参股的深圳平安创新资本投资公司，2009年为平安信托创造了2亿元的投资收益；对比近两年投资收益比较稳定的是上海信托参股的香港申联投资发展公司和中信信托参股的中信锦绣资本管理公司，2008年和2009年香港申联投资发展公司分别为上海信托带来3547万元和2565万元的投资收益，中信锦绣资本管理公司分别为中信信托带来789万元和1000万元的投资收益。从收益角度来看，背靠金融控股集团或地处沿海发达地区的的创新投资公司有着更加明显的优势（见表3-24）。

表3-24　信托公司参股创投公司情况统计表

信托公司	企业名称	持股比例（%）	2009年投资收益	2008年投资收益	参股时间
东莞信托	国投创新投资基金公司	7.69			2009年
北方信托	泰达科技风险投资公司	6.09			2007年
湖南信托	湖南财信创业投资公司	40	111	-1129	2007年
华宸信托	九州天昱投资管理公司			179	2008年
江苏信托	高投名力成长创投公司	11.8		-153	2007年
	常州国信现代创业投资中心	33.3	-2.45	-5	2008年
联华信托	上海联信筑成投资管理公司	100		5438	2006年
平安信托	深圳平安创新资本投资公司	100	20000	0	2008年
上海信托	香港申联投资发展有限公司	16.5	2565	3547	2004年以前
英大信托	山东英大投资顾问公司	100			2009年
中原信托	河南创投	14.29	45		2007年
中信信托	中信锦绣资本管理公司	40	1000	789.6	2007年
	中信凯德（北京）管理咨询公司	50	14	11.76	2008年
	中电资产管理公司	50			2009年

还应引起关注的是，2008年中信信托与新加坡嘉德置地集团合作推出中信凯德科技园1号基金，并成立中信凯德（北京）管理咨询有限公司进行专业管理，这是国内第一支按照国际私募基金模式设计和管理的投资于中国科技园区写字楼物业的房地产股权投资基金。尽管中信凯德（北京）管理咨询公司不是真正意义上的创投公司，但是其管理了国内第一支房地产股权投资基金，因此本文也将其一同列于上表。

（二）面对长期股权投资的抉择

1. 投与不投的抉择。通过近三年信托公司收入结构分析，可以看到长期股权投资和证券投资是信托公司自营业务收入的两大主要来源。对于信托公司而言，持有优良的长期股权投资资产将坐享丰厚的投资收益，并且，相对于证券投资易受证券市场波动性影响而言，长期股权投资与资本市场之间属于间接的相关关系，而且由于股权分红的滞后性，长期股权投资对信托公司自营业务的发展可以起到稳定器的作用。尽管这个道理大家都明白，但是真正去实现却很难，2009 年，信托行业长期股权投资资产规模的增长幅度远低于贷款和证券及金融产品投资，甚至占比不升反降，原因主要包括以下两个方面：

（1）金融股权溢价过高。长期股权投资主要是以银行、基金公司、证券公司等金融股权为主，随着近几年资本市场的快速发展，金融股权的内在价值得以快速提升，尤其是证券公司、基金公司股权溢价过高，除了之前已经做好金融股权战略布局的信托公司外，其他信托公司若想再增持金融股权，必须付出高昂的成本，且并非所有的金融股权都赚钱，因此，现在花大价钱购买金融股权不一定合适。

（2）考核机制对于长期收益与短期收益的选择。对于新设或开设不久的公司（含金融机构）来说，前几年通常为亏损，即便有充足证据论证该股权能够升值，并且在未来 5 年后开始盈利，对于信托公司而言，受当期考核指标的压力所迫，可能不得不放弃该笔长期股权投资，而选择能够在当期实现收益的资产运用方式，即更加倾向于追求当期收益，而错过未来几年后长期受益的机会。

2. 股权投资需要抓住有利时机介入。2007 年，监管部门出台的《信托公司管理办法》中明确规定：“信托公司固有业务项下可以开展存放同业、拆放同业、贷款、租赁、投资等业务。投资业务限定为金融类公司股权投资、金融产品投资和自用固定资产投资。信托公司不得以固有财产进行实业投资，但中国银行业监督管理委员会另有规定的除外。”《信托公司管理办法》的出台，使信托公司不得不转变自营业务经营理念，对原有的实业投资进行清理，并制定下一步的发展方向。

总的来看，《信托公司管理办法》对自营业务有放有压，充分体现了监管部门鼓励信托公司开展金融股权投资和金融产品投资的监管导向，尽管禁止了以固有财产进行实业投资，但是，又为 PE 业务留下了空间，一时间金融股权投资和 PE 投资成为了信托公司关注的热点。虽然大部分信托公司已持有金融股权，但一些信托公司在经过对监管政策的详细解读后，仍大力推进了金融股权投资和 PE 投资的步伐，并取得了很好的效果。例如，华润深国投于2007年参股国信证券，持股比例30%，当年即实现投资收益21.3亿元，2008年和2009年分别实现投资收益5.9亿元和12.5亿元；中信信托于2007年顺应监管导向，通过参股设立中信锦绣资本管理有限公司的方式，与中信集团公司、中信资本公司合作发展私人股权投资业务。

随着2007年资本市场的完美落幕，持有金融股权的信托公司纷纷获得了极其丰厚的投资收益，金融股权也随之身价大涨，尤其是证券公司、基金公司和全国性银行的股权迅速溢价，此时，其他信托公司方大梦初醒，拟推进金融股权投资，但面对高昂的股权价格又不得不却步观望，部分信托公司只得把目光转向保险公司、地方性商业银行或村镇银行（农村合作银行），但从投资收益上看，除了排名比较靠前的大型保险公司和地处发达地区的地方性商业银行外，效果并不理想。

从长期投资的角度，除了证券公司、基金公司和银行股权外，保险公司和创投公司也是不错的选择，虽然两者均很难在短期内实现较好的收益，甚至前几年还要承受亏损，但是从长期来看，仍有着巨大的发展空间。随着国民生活质量的不断提升，对风险的理解也逐渐深刻，在有着13亿人口的中国，保险公司未来发展前景极其乐观；创投公司也是如此，尽管目前我国创投业已经在迅速起步，但是累计在投金额与巨大的创投需求量相比尚不足10%，说明创投业仍有着很大的发展空间。因此，长期股权投资可关注保险公司和创投公司，但前提是需耐得住寂寞。

3. 近两年较为成功的股权投资案例。从中信信托2008年和2009年年报上看，其2008年与中信集团公司、中信华东（集团）有限公司、中信通信项目管理有限责任公司签订了关于泰康人寿的股权转让协议，共从上述三家公司受让泰康人寿股份7500万股，先后两次共支付股权受让价款4.5亿元，平均每股6元。泰康人寿在国内寿险市场连续三年排名第四，2009年实现净利润约25亿元，同比增长47%，中信信托所持有8.08%的股权，可分得2.02亿元的投资收益。

2008年3月，平安信托以9.6亿元拍得许继集团100%股权，从而间接持有许继电气29.90%股权，同时也间接成为中原证券第二大股东，持股比例为40.63%。根据中国平安2009年年报显示，其所持有的8.26亿股中原证券股份在2009年底账面价值飙升到21.5亿元，约合2.6元/股。据相关媒体报道，平安信托拟以5元/股的价格转让其持有的8.29亿股中原证券股份，转让总价超过41

亿元。如果平安信托转让中原证券股份成功，即可获利30亿元。

五、净资本管理办法实施后将对自营资产分布产生重大影响

（一）信托公司应建立比较收益的观念

2009年末，中国银监会下发《净资本管理办法（征求意见稿）》，虽然尚未最后定稿，但从中不难揣摩监管动向，净资本管理办法鼓励信托公司做大做强信托业务，并进一步强调了自有业务稳定发展的监管理念，符合"新两规"导向，对信托公司健康发展有着重要的意义，同时净资本管理办法的实施将对信托公司自营资产分布产生重大影响。

根据净资本管理办法规定，自营业务不仅要扣减净资本，而且还要计算风险资本，为了综合考虑其对于净资本的占用程度，我们可通过在不等式中移项的方式，将净资本扣减比例和风险资本的计算进行合并，详见表3-25，从中可以看到自营资产不同的运用方式占用净资本的程度相差迥异。

表3-25　　净资本管理办法下比较收益测算表

业务类型		扣减净资本比例（%）	计算风险资本（%）	合计	收益假设1（%）	收益假设2（%）	收益假设3（%）
自营业务							
债券	国债、金融债、央票	1	5	6	3.00	4.00	4.50
	短融、中票	2	5	7	3.50	4.67	5.25
	可转债、有担保的企业债	3	5	8	4.00	5.33	6.00
	无担保的企业债	4	5	9	4.50	6.00	6.75
基金	货币市场基金	1	5	6	3.00	4.00	4.50
	债券型基金	2	5	7	3.50	4.67	5.25
	股票型基金	3	15	18	9.00	12.00	13.50
股票	上海180指数、深圳100指数、沪深300指数成分股	3	15	18	9.00	12.00	13.50
	一般上市股票	5	15	20	10.00	13.33	15.00
	限制流通的股票、未上市流通的股票	10	15	25	12.50	16.67	18.75
	ST股票	30	15	45	22.50	30.00	33.75

续表

	业务类型	扣减净资本比例（%）	计算风险资本（%）	合计	收益假设1（%）	收益假设2（%）	收益假设3（%）
自营业务							
股票	＊ST股票	50	15	65	32.50	43.33	48.75
	持有一种股票的市值与该股票市值的比例超过5%的	50	15	65	32.50	43.33	48.75
	已退市	100	15	115	57.50	76.67	86.25
其他金融产品投资	资产支持证券	10	5	15	7.50	10.00	11.25
	衍生金融产品投资	50	50	100	50.00	66.67	75.00
	信托产品投资（优先）、其他公司集合资产管理投资	30	20	50	25.00	33.33	37.50
	信托产品投资（劣后）	100	20	120	60.00	80.00	90.00
非上市公司股权投资	对金融企业股权投资（银行、基金公司、证券公司、期货公司、保险公司）	10	15	25	12.50	16.67	18.75
	对其他企业股权投资（包括PE投资）	30	20	50	25.00	33.33	37.50
	其他股权投资（未经批准或认可）	100	20	120	60.00	80.00	90.00
贷款（含投资附加回购和买入返售资产）	3个月以内（含3个月）到期贷款	10	10	20	10.00	13.33	15.00
	3个月至1年（含1年）到期贷款	20	10	30	15.00	20.00	22.50
	担　保	100		100	50.00	66.67	75.00
信托业务							
投资类信托业务	有公开市场价格的金融产品投资		0.3	0.3	0.15	0.20	0.23
	其他金融产品投资		1.0	1.0	0.50	0.67	0.75
	股权投资类业务（非上市公司股权投资，包括PE）		1.0	1.0	0.50	0.67	0.75
	其他投资类业务		1.0	1.0	0.50	0.67	0.75
融资类信托业务	房地产开发贷款		2.0	2.0	1.00	1.33	1.50
	其他融资类业务		1.5	1.5	0.75	1.00	1.13
其他	被动管理类信托业务		0.1	0.1	0.05	0.07	0.08

从表3－25可以看到，在占用同样净资本的情况下，以自营资金投资国债为基准，若自营资金投资国债实现3%的收益率，则投资有担保的企业债需实现4%的收益率、投资一般上市股票需实现10%的收益率、投资信托产品（优先受益权）需实现25%的收益率、投资金融股权需实现12.5%的收益率、对其他企业股权投资（包括PE投资）需实现25%的收益率、3个月至1年（含1年）到期贷款需实现15%的收益率，担保业务则需实现50%的收益率，而信托业务仅需实现0.05%—1%不等的信托报酬率即可。再假定投资国债的收益率分别为4%、4.5%，可以依次得出其他类投资和信托业务需要的收益率。

当信托公司净资本额度比较紧张时，从占用同样净资本情况下，各类业务所需实现收益率的难易程度上来讲，相对于自营业务而言，信托业务对信托报酬率的要求更容易实现，并且开展信托业务无需信托公司真正投入资金，仅占用虚拟的净资本，不会造成自营资产的减少。因此，信托公司应根据自身信托业务的发展预期，合理安排自营资产的运用，从目前资本结构上看主要是债券和证券投资，尽可能使信托业务的开展有足够的净资本支持，但是信托业务规模不可能一蹴而就，通过建立动态的净资本额度分配体系可以使有限的净资本规模得到最大限度的运用，从而实现收益最大化。最重要的是，在净资本管理办法正式实施后，信托公司应在投资决策时运用比较收益的观念，而非绝对收益。

（二）2009年年末信托公司的净资本占用情况

根据信托公司2009年年报中所披露的自营资产分布状况，主要包括货币资产（X1）、贷款及应收款（X2）、股票投资（X3）、基金投资（X4）、债券投资（X5）、长期股权投资（X6）及其他投资（X7），部分信托公司还开展有担保业务（X8），结合净资本管理办法中净资本扣减及风险资本的计算所规定的比例，对净资本及自营业务风险资本计算如下：

$$净资本=净资产-20\%\times X2-5\%\times X3-2\%\times X4-2\%\times X5-30\%\times X6-50\%\times X7-100\%\times X8$$

$$自营业务风险资本=10\%\times X2+15\%\times X3+10\%\times X4+5\%\times X5+20\%\times X6+20\%\times X7$$

且需要满足：$净资本\geqslant 40\%\times净资产$

$净资本\geqslant各项风险资本之和$

注：由于从年报中不能进一步了解其各类投资的具体内容，因此本文在净资本扣减

和风险资本计算的比例确定上，采用了大概率事件假定和折中的方法。

经过对各家信托公司数据的计算，截至2009年年末，安信信托净资本小于其净资产的40%，且仅自营业务风险资本已超过其净资本，因此安信信托需尽快调整其自营业务布局，或者增加资本金，否则其信托业务将受到极大影响。

结合年报中所披露的信托业务数据，将存续信托业务分为主动管理（Y）和被动管理（Z）两大类，其中主动管理类信托业务又分为证券投资（Y1）、股权投资（Y2）、房地产类融资（Y3）、其他融资（Y4）、事务管理（Y5）五类，根据征求意见稿中的信托业务风险资本计算比例，各家信托公司信托业务风险资本如下：

$$信托业务风险资本=0.3\%\times Y1+1\%\times Y2+2\%\times Y3+1.5\%\times Y4+1\%\times Y5+0.1\%\times Z$$

注：1. 由于年报中未披露房地产融资信托规模，则本文假定投向房地产领域的信托均为融资类业务，其他融资规模则为融资业务规模减去投向房地产领域的信托规模；2. 事物管理类信托按照1%的比例计算风险资本。

将各家信托公司信托业务风险资本数据加上自营业务风险资本后发现，除了安信信托外，中融信托的风险资本也超过了其净资本，需尽快增加资本金或者调整业务结构。

按照上述方法粗略计算，从目前仍可用的净资本额度来看，可用净资本额度最大的是平安信托，达60亿元，还有6家信托公司可用净资本额度超过20亿元，分别为重庆信托、昆仑信托、建信信托、华润信托、上海信托和江苏信托，可用资本为10亿—20亿元的信托公司有9家、6亿—10亿元的信托公司有11家、3亿—6亿元的信托公司有15家、0—3亿元的信托公司有10家，小于0的信托公司有2家，如图3－12所示。

由于可用净资本额度决定了信托公司未来的业务规模，同时也将决定信托公司未来的业务收入，因此，部分信托公司将不得不通过增加资本金的方式提高可用净资本额度，预计2010年将继续会有一些信托公司增资扩股。

为了对比信托业务和自营业务对净资本的占用情况，我们将自营业务扣减的净资本和计算的风险资本合并，其合计值即为自营业务占用净资本的额度。经过对比发现，54家信托公司中有50家信托公司自营业务占用净资

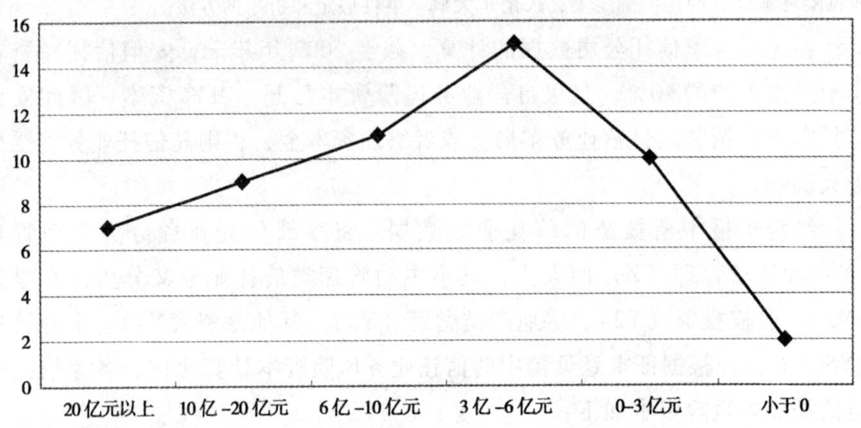

图3-12　2009年年末信托公司可用净资本额度分布图

本/信托业务占用净资本大于1，具体分布如图3-13所示：

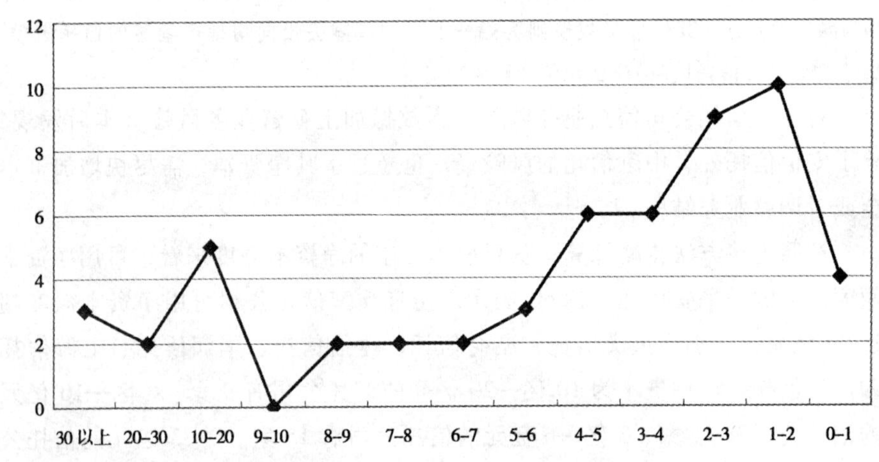

图3-13　自营业务占用净资本与信托业务占用净资本比值不同分布区间的信托公司数量

从图3-13可以看到，自营业务占用净资本与信托业务占用净资本的比值分布在1—2之间的信托公司数量最多，有10家信托公司，其次是2—3区间，有9家信托公司。当然，并非一定达到哪个区间为最佳，信托公司应根据自身信托业务和自营业务盈利能力，通过最大收益的测算，来调整自营业务和信托业务具体的净资本额度。

（三）信托公司将进一步退出担保业务

截至2009年年末，54家信托公司中有14家有存续担保业务，合计担保余额为18.3亿元，较2008年年末的20.1亿元降低1.8亿元。其中，担保余额最大的是山东信托，达3.77亿元，占其净资产的24%，且全部为2009年新增；其次为华润信托担保金额为3.75亿元，占其净资产的5.6%，且较2008年降低5.3亿元；担保余额排名前5位的信托公司共对外担保14.52亿元，占行业担保额的79%（见表3-26）。

表3-26　担保余额情况统计表

序号	信托公司	2009年年末担保余额（万元）	占净资产比例（%）	较上年增减（万元）
1	山东国托	37688.5	24.01	37688.5
2	华润信托	37500	5.62	-53183.3
3	北方信托	33086	24.05	21000
4	吉林信托	22060	11.37	13560
5	百瑞信托	14900	15.86	5900
6	中信信托	13500	3.11	500
7	中诚信托	8000	2.06	2000
8	厦门信托	6008	4.20	-600
9	山西信托	5300	4.36	0
10	苏州信托	2000	2.29	-5000
11	东莞信托	1800	2.10	-200
12	湖南信托	290	0.50	0
13	华宝信托	243	0.13	0
14	中投信托	188.29	0.16	-4.77
15	华宸信托	0		-77.2541
16	江苏信托	0		-2913.16
17	海协信托	0		-8000
18	重庆信托	0		-29000

从具体信托公司来看，有6家信托公司担保余额较2008年有所上升，有9家信托公司压缩担保业务。有36家信托公司连续两年未开展担保业务，有3家信托公司担保余额未发生变化。担保余额占净资产比例最高的两家信托公司是山东国托和北方信托，占比分别为24.01%和24.05%。

结合净资本管理办法，信托公司开展担保业务净资本扣减比例为

100%，经过比较收益的测算，在占用同等净资本的情况下，担保业务需达到的收益水平在实际操作中为不可能实现的任务，在净资本管理办法正式实施后，信托公司若仍有存续担保业务，将对其他业务的开展产生不利影响。因此，就目前情况来看，信托公司应进一步退出担保业务。

六、结论

从信托公司年报数据来看，2009年信托行业自营业务收入较上年度有所提升，但对比近三年的自营业务收入及盈利能力变化情况，呈现出了较大的波动性，主要原因在于自营业务盈利能力与证券市场波动有着高度的相关性。从收入结构角度，2009年，利息类收入较往年也有所增长，但长期股权投资和证券投资依然是信托公司自营业务最为重要的收入来源。经过对2007年以来信托公司长期股权投资情况的总结，发现部分信托公司在“新两规”出台后，积极顺应政策导向，持有并新增金融股权投资，而不少信托公司在错过这样的投资时机后，面临长期股权投资的抉择，归根到底则是当期收益还是长期收益的选择。

2009年年末，监管部门下发《信托公司净资本管理办法（征求意见稿）》，信托公司的业务规模不再像以前那样可以随意扩张，而是有多少净资本做多大的事情，经过粗略计算，个别信托公司目前的净资本已不足以维持当前业务规模，净资本管理办法的出台是一件具有里程碑意义的事情，促使信托公司不得不精打细算，对自营业务未来的发展战略也将产生重大影响。

2009年信托公司年报分析之四：

风险控制篇

百瑞观点：

- 完善治理结构提升风控层次；
- 战略风险是信托公司面临的最大风险；
- 政府平台公司贷款是当前信用风险管理的重点；
- 自我风险评估是落实各项风控制度的重要措施；
- 投资者教育是信托行业的一项长期工作；
- 固有业务信托化有利于风险控制；
- 信托赔偿准备金规模还难以起到保障作用；
- 关联交易总量螺旋式上升；
- 关联交易集中在央企所属信托公司。

2007年，信托"新两规"出台以后，信托行业立足于服务高端客户，获得了快速发展，信托资产规模由2006年年末的不足4000亿元发展到2009年年末的20417亿元。难能可贵的是，其间经历了世界性金融危机带来的金融市场的巨大波动，但信托行业依然表现出了稳健的发展态势，当然，信托行业取得的成绩离不开一系列风险控制措施的落实。

作者通过对2009年信托公司年报中风险管理相关部分的分析，分别从公司治理结构、风险管理策略、风险管理理念、重大诉讼事项、信托赔偿金提取情况和关联交易分析六个部分进行阐述。

一、公司治理结构

风险控制水平的高低首先取决于公司治理结构的完善程度。完善的公司治理结构，会推动信托公司加强风险管理工作，设置风险管理委员会、首席风险官等风控岗位，切实落实各项风险管理制度和措施。在现阶段，信托行业正处在快速发展之中，而且公司股东背景不同、业务类型多变，信托公司治理结构还难以设定统一的标准，需要在实践中不断探索。

（一）完善治理结构，提升风控层次

由于股东背景、业务类型等具有较大差异，我国信托公司呈现出多样化发展的特点，尽管如此，信托公司在治理结构方面的特点还是有一致的地方。相对而言，信托公司股东数量较少，员工数量较少，管理资产规模庞大，由此，风险管理的任务更重。

1. 加强董事会、监事会建设。在信托公司监管评级等一系列文件和通知中，对于董事会、监事会和管理层等共同构成的公司治理机制提出了详细的要求。各家信托公司在日常工作中认真贯彻实施，对于促进信托行业公司治理机制水平的提升起到了非常大的作用。

现有信托公司大多有一家股东处于绝对控股地位，多家信托公司股东只有两三个。股东总数比较少，一方面，可以降低股东之间沟通的难度，但是同时，也有可能弱化股东会的作用，沟通事项在日常活动中得以解决。要加强董事会、监事会的作用，建立小股东在董事会、监事会的话语权和恰当的沟通机制，防止一股独大带来的风险。

2. 利用各级委员会提高公司治理水平。信托公司整体上人员较少，大型信托公司人员在200—300人，多数信托公司的人数在100人以内。因此，信托公司必须发挥各级委员会的作用，利用内外部资源提高公司治理水平。各级委员会可以采取外聘人员和公司人员相结合的方式，外聘人员加入各级委员会，可以有效吸引高层次人才，借用外脑为公司发展服务，公司人员加入各级委员会，则有利于把委员会工作落到实处，在执行层面上得到加强。

相比银行而言，信托公司规模要小许多，在业务审批方面不适用专职审批人制度，通过信托（审批）委员会来完善业务决策、提高风控水平具有更高的可行性。

3. 独立董事背景应进一步优化。独立董事制度是优化治理结构，提高信托公司透明度的一项重要举措。从2009年度报告来看，除西藏信托以外，都建立了独立董事制度，引入了至少一名独立董事。但是从工作经历角度来看，独立董事背景还可以进一步优化。对于信托公司来说，根据可持续发展的需要，具有金融、营销、法律等方面背景的人才尤其重要。再者，独立董事顾名思义要具有独立性，有的信托公司的独立董事是公司高管退休以后兼任，有的是来源于大股东的关联企业，这样的独立董事难以起到独立董事应有的作用。为了更好的发挥独立董事的作用，健全独立董事制度，还有许多工作可以做。

4. 利用董事会专业委员会直接加强风控管理。董事会通过专业委员会可以加强相关职权的管理，在风险控制方面，一般会设立风险管理（控制）委员会。信托公司基本上都设立了相应的董事会专门委员会来加强风险管理（见图4－1）。

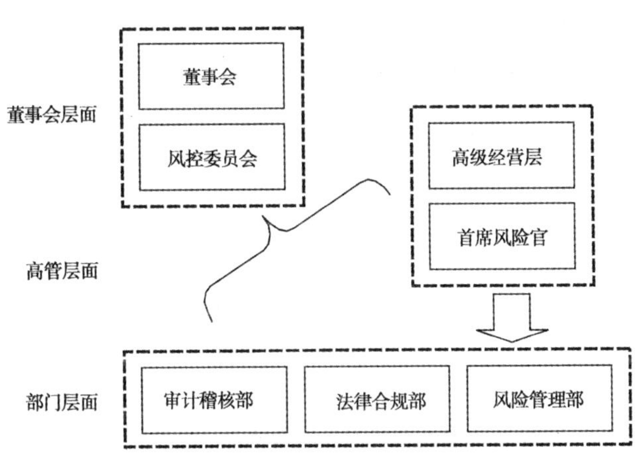

图4－1　信托公司风控模式示意图

在风险管理的内设部门方面，鉴于信托公司人员精炼的实际情况，稽核审计部门直接归属董事会领导是加强风险管理的一个重要措施。董事会下设/直接管理内审稽核部门的有爱建信托、百瑞信托、甘肃信托、西安信托、中诚信托、重庆信托等。有的信托公司风险管理部门是从向经营层报告改为向董事会负责，如国民信托、华信信托、天津信托等。此外，内审稽核部门归属监事会领导的有北方信托等。亦有信托公司根据自身情况，将风险控制部门从董事会调整到经营层的，如中原信托由总经理负责制改为总裁负责制，董事会直接管理的内部审计部、风险与合规管理部改为向高级管理层负责。

5. 加强风控岗位设置。在经营层面，设立首席风险官是信托公司加强风险管理的一个重要措施。截至2009年年底，在公司层面设立副总级别首席风险官的只有苏州信托，负责公司风险控制部、法律事务部、合规管理部三个部门的工作。

近几年，信托业务发展迅速，信托公司业务人员比例不断得到提升。在此背景下，信托公司并没有放松风险管理，而是继续加强了风控部门建设和风控人员管理。

多数信托公司设立了专门的风险管理部门，风险管理职能从原来分散在各个部门统一到风险管理部，有利于公司集中管理、控制各项风险，提高风险管理的专业化水平。2009年，设立风险管理部的有粤财信托、中融信托、华润信托等，有效加强了风险管理。

（二）信托公司2009年组织结构变化要点

对比2008年和2009年信托公司年报中公司组织架构方面的描述，参考信托公司网站信息，对于信托公司2009年组织结构方面的变化进行了总结，侧重于风险控制和业务发展方面。组织结构的变化能够从一个侧面反映公司治理情况，尤其是关于董事会下设委员会等方面的组织结构情况。信托公司组织结构方面的变化一般都能在公司年报中得到反映，与之相比，有些信托公司网站更新比较慢，本应是随时更新的网站信息却比年报还要来得慢（见表4－1）。

表4－1　　2009年信托公司组织结构变化（风控）列表

信托公司	2009年组织结构变化（风控）
爱建信托	稽核审计部和风控合规总部接受风控审计委员会监管。
安信信托	与普通信托公司年报相比，安信信托作为上市公司，其年报中的组织结构图反映的是股权控制关系，而不像普通信托公司年报更侧重于公司本身的组织结构。
百瑞信托	2009年增加了信托业务四部和五部，资产管理二部撤销。
北方信托	审计稽核部归属监事会领导。
渤海信托	撤销资产处置办公室、托管部、固有业务部，增设财富中心、研究发展部、投资部，信托业务部一分为三。

续表

信托公司	2009年组织结构变化（风控）
重庆信托	审计稽核部向董事会下设审计委员会负责。
东莞信托	增加信托业务三部、研发部，撤销行政部。
甘肃信托	董事会增设审计委员会，下设审计稽核部。
国民信托	审计部由隶属经营层改为向董事会下设的审计委员会负责。
湖南信托	增加信托业务四部。
华能贵诚	审计稽核部归监事会和经营层双重领导。
华润信托	华润入主后，有比较大的组织结构改变。撤销信托业务本部、证券信托部、股权信托部、发展研究部，新增结构融资部、证券投资部、基建金融部、信托运营部、战略发展部，法律审计部分设为审计部和风险管理部。
华信信托	审计部划归董事会下设的审计委员会。增设信息技术部。
吉林信托	合规部和审计部合并为合规部（审计部），信托部细化为信托一部至信托八部。
建信信托	增设法律合规部，信托业务部细分为信托一部至信托三部。
昆仑信托	公司被中石油收购改为昆仑信托。稽核审计部由管理层控制改为董事会审计监督委员会和管理层双重领导。
平安信托	业务部门划分为财富管理事业部和非资本市场投资两大系列。
厦门信托	至年度报告披露时，公司已新设立内设机构包括法务合规部、风险管理部、资产运营部、投资发展部、投资信托总部、融资信托总部等，同时撤销研究发展部、合规管理部、自有资产管理部、委托资产管理部、信托一部至信托四部。
山西信托	除了董事会层面以外，经营层增设固有业务风险控制委、信托业务风险控制委和考核委员会。增设人力资源部、研究发展部、合规风控部、营销服心、投资管理部、资本运营部等，信托业务部门从三个扩展到六个。撤销资金管理部、国际金融部、证券交易部、创新业务部。
陕国投	增设信托七部和北京业务部。
上海信托	依照信托产品性质设立证券信托总部、股权信托总部、固定收益总部、不动产信托总部、金融机构总部，与投资银行总部、企业年金总部、理财服务中心共同构成业务核心部门。
天津信托	稽核部改为向董事会负责，设立创新业务部。
西安信托	同2008年，审计部向董事会负责。
新华信托	内审稽核部同时向审计委员会和总经理汇报。设立首席运营官，负责风险管理部、合规法律部和信息技术部，有点像首席风险官。

续表

信托公司	2009年组织结构变化（风控）
新时代信托	稽核部更名为审计部，依然归属审计委员会管理，但是审计委员会从监事会调整到对董事会负责。
粤财信托	设立风险管理部，审计部向董事会负责。
云南信托	成立财富管理中心，下设北京、上海和昆明三个财富管理部。
中诚信托	新增市场营销部，党委办公室、信息技术部、信托管理部。
中融信托	信托业务部从两个扩展到四个，新设四个财富管理中心，多达25个内设机构。2009年下半年组织筹划并设置了风险管理部。
中泰信托	稽核审计部归董事会管理。
中信信托	稽核审计部向董事会审计与风险管理委员会和高级管理层负责。新设信托业务八部和九部，加上信托业务天津部、西安部、深圳部共设立12个信托业务部门，两个投资银行部门。
中原信托	由总经理负责制改为总裁负责制，董事会下设项目审查委员会撤销，直接管理的内部审计部和风险与合规管理部归属高级管理层。

二、风险管理策略

信托公司年报中主要分析了信用风险、市场风险、操作风险等风险类型。良好的风险管理，除了需要正确的风控理念和健全的风控机构以外，还需要根据各类风险的特性制定相应的风险管理策略和应对措施。信托公司各项业务的健康发展离不开各项风控措施的保障，一旦业务发展中暴露出了问题就说明风险管理系统出现了偏差。

（一）战略风险是信托公司最大的风险

发展战略定位与风险控制息息相关，战略风险是信托公司面临的最大风险。战略风险，简言之，就是由于战略行为不当而使企业遭受巨大损失的不确定性。信托行业虽然最近几年发展较快，但是其核心业务、盈利模式、客户群、战略定位等都处在变化之中，强调战略风险不是一种口号，而是整个信托行业都要思考的一个现实问题。

在发展战略定位方面，当前信托公司尤其需要制定明确的发展战略。信托行业正处在快速发展的阶段，越是在业务快速发展中，越是在模式变革过程中，越要加强思考，积极探索信托公司可持续发展的道路。没有明确、清晰的发展模式，没有经过认真的、积极的、痛苦的思考，难以确保整个行业持续快速的发展。试错也是快速发展的一部分。

信托公司在业务的快速发展中，暴露出了主动管理能力不够、创新业务量较少等问题。从战略层面看，部分信托公司表现出两个不良倾向，一是重产品甚于重客户；二是部门化发展忽略独立价值。信托公司重产品甚于重客户是一种工业化时代的思维模式，必须转向"以客户为中心"的思维模式，才能建立有效的高端客户群。

部门化倾向表现为在一个大的金融或者实业集团内，信托公司侧重于集团内业务，重点为集团发展服务，而信托公司独立开展的业务较少。部门化倾向不利于信托公司和行业的发展。从整个行业的角度来看，个别信托公司侧重于集团内业务尚不至于影响行业特征，但是现在央企控制的信托公司越来越多，值得关注"部门化"倾向的不良影响。

强势央企、金融机构入股信托公司以后，往往能在资金、业务方面给予大力扶持。央企控制的信托公司在资本金等方面能够得到股东的大力支持，央企大股东具有清晰的金融业务发展战略，就能够很好地促进信托公司的发展，如中海油旗下的中海信托、宝钢集团旗下的华宝信托，两家信托公司的信托业务和固有业务发展良好，跨入业界领先的行列。但是在另一方面，央企、金融机构绝对控制的信托公司也有可能在发展战略上受到制约，成为所属集团的一个"部门"。"部门化"严重的信托公司，有可能沦落为集团调整资产负债的一种工具，如银行系信托公司侧重信贷资产转让，单一产业股东控制的信托公司向大股东及其关联企业迂回提供资金支持等。

（二）政府平台公司贷款是当前信用风险管理的重点

信用风险，是指交易对手不能履行合约义务而带来的风险，一般来说，信用风险主要体现为信托贷款不能按时偿还而带来的风险。针对信用风险，做好事前尽职调查是非常重要的，有了细致扎实的尽职调查，有了深度的了解，可以避免卷入高风险信托业务。在融资类业务审批方面，审贷分离，建立专职审批人制度是商业银行进行风险控制的重要措施。信托公司受到业务规模和人员数量限制，需要充分利用公司既有各类人力资源，采用委员会制度进行审批是比较适合的。充分利用委员会制度，可以利用多方智力资源，提高业务审批和风险管理能力。此外，还要在事后管理中加强检查，定期跟踪，动态管理，及时加强风控措施，保障信托资产安全。

在信用风险方面，当前信托公司防范的重点是政府平台公司贷款业务。2009年，中央政府启动了4万亿元经济刺激计划，各级地方政府纷纷响应，加大了财政政策力度，增加了政府投资额度，而一个重要的资金来源就是各类金融机构融资。金融机构在2009年年初降低了政府融资平台贷款的要求，最终导致政府融资平台贷款激增。信托由于机制灵活，在各类政府融资平台业务中参与比较多，成为当前信托公司信用风险最大的一类业务。

2010年，信托业监管思路主旨是“两抓一建”防风险，通过“抓重点、抓专项、建机制”促进风险管理水平的提高，其中“抓重点”指的是抓银信合作、政府融资平台等重点业务，实际上重点指向了信托公司信用风险管理。

2009年，银监会对中融信托青岛广厦项目下发了监管提示书，中融信托立即对该项目展开了详尽的调查，认真分析相关财务数据。经调查，认为该项目具有潜在业务风险，果断采取措施立即终止该信托计划的发行，并妥善做好投资人退款工作。该信托计划资金专项用于开发建设青岛市某经济适用房项目，年化收益率为4%，经济适用房项目利润空间相对有限，更多的应该是由政府出资进行开发建设，集合资金信托计划介入的风险较大。

在信托资产运用与分布表中，可以查阅到基础产业的分布情况。基础产业不局限于基础设施，但是从信托公司业务实践来看，隐含政府信用的市政基础设施业务是基础产业信托资产的重要组成部分。从表4－2中可以看出，华能贵诚信托、英大信托位居前两名，两家公司大股东背景都是电力系统，可以推测是大股东支持信托公司的业务发展。平安信托基础产业信托资产分布比例居第三位，和代持平安系相关资产有较大关系。而后的百瑞信托、国元信托、重庆信托、华信信托和山西信托，都是地方国资主导的信托公司，和地方政府具有比较紧密的联系，其基础产业信托资产分布比例较高，在政府信用风险方面值得关注。

表4－2　　2009年基础产业信托资产规模占比　　单位：万元

序号	公司名称	信托规模	基础产业资产分布	基础产业分布比例（%）
1	华能贵诚信托	2261016	2126409	94.0
2	英大信托	14767908	12565757	85.1
3	平安信托	13081466	10420608	79.7
4	百瑞信托	1854281	1413358	76.2
5	国元信托	1672417	1119264	66.9
6	重庆信托	3027972	1969457	65.0

续表

序号	公司名称	信托规模	基础产业资产分布	基础产业分布比例（%）
7	新华信托	4040995	2626330	65.0
8	华信信托	5272210	3372328	64.0
9	山西信托	2575139	1551965	60.3
10	中铁信托	4179263	2464404	59.0

与政信合作业务一样，银信合作业务同样是2010年信托行业监管的重点业务类型。现有银信合作业务以信贷资产转让和信托贷款为主，依照信托公司加强主动管理的要求，信托公司要在项目调查、贷款过程中，做到自主管理，承担项目风险。通常情况下，银信合作中的信托贷款客户都是银行的优质客户，有些是采取下浮利率的优质客户，违约的可能性很小。但是在特别情况下，不排除借款人违约的可能性，而信托公司都有按时向银行兑付资金的义务，因此，银信合作中的信托贷款是一项潜在的信用风险，虽是小概率事件，一旦违约，金额巨大。

2009年7—8月，上海银监局委托会计师事务所对于中海信托2008年1月至2009年6月的银信理财合作业务的风险状况和内部控制情况进行了专项审计，认为基本遵循了相关法律法规的规定，业务流程和风控措施也比较有效。针对不足，中海信托从制度完善、项目后期检查、风险参数设置等七个方面提出了进一步完善措施。

广东银监局在粤财信托现场检查过程中，提出了建立银信业务协作机制的要求，粤财信托进一步明确了银信合作业务流程，建立了产品研发、营销管理、风险管理各部门的分工协作机制，有利于控制银信合作业务风险。

（三）提高投资顾问选择能力是管理市场风险的根本措施

市场风险主要是指由于股票和债券市场价格、利率、汇率变化等原因导致的风险或者损失。对于固有业务市场风险，主要是加强头寸管理，侧重投资质量。对于信托业务市场风险，防范措施主要是强调投资顾问选择，控制投资组合的净值、仓位和集中度，设置预警点和止损点，运用自动交易进行辅助决策等。

以证券投资信托业务为例，止损点和平仓交易仅仅是保证措施，投资顾问选择能力才是信托公司核心竞争力建设的重要因素，只有高水平的投资顾问，才能体现出更高的市场风险管理水准。

在证券投资信托中，信托公司不仅要协调、提供交易设施，还要加强主动管理，根据委托人的情况选择合适的证券投资顾问，从而收取一定的信托管理费。个别公司认为在证券投资信托业务中，信托公司收取手续费，委托人承担市场风险，从道理上讲，似乎也没有错，但是客户在承担市场风险的同时，如果是证券投资信托计划投资水准严重低于平均水平或者投资基准，则会对信托公司声誉形成不良影响。信托公司对于投资顾问的选择能力，对于产品的选择能力，从客户自身情况出发选择合适的产品，本身就是一种客户服务能力和水平的体现，是信托公司核心竞争力的一种表现。

在面临证券市场大幅下跌的过程中，大部分信托公司和投资顾问都能够果断处理，为委托人降低了损失，保住了证券市场上升期获得的成果。但是，亦有个别产品，在证券市场下跌中未能及时处理，净值下降非常快，给投资人造成了较大的损失，投资顾问的投资能力受到严重质疑，甚至在一定程度上还会影响信托公司的声誉。

案例一　鑫鹏1期

深国投·鑫鹏1期成立于2007年12月20日，6个月封闭期过后，深国投·鑫鹏1期的净值已经从100跌至45.84，而到了2008年11月20日，深国投·鑫鹏1期的信托单位净值已经跌至31.72。更让投资者难以忍受的是，在2008年11月20日至2009年11月20日期间，深国投·鑫鹏1期的净值仅仅由31.72微涨至38.39，涨幅为21%，而同期，上证指数的涨幅达到了67%。

四川的三位投资者搜集了上百页证据，起诉信托公司要求撤销合同，返还本金及利息。委托人投资了二级市场投资产品，在享有潜在收益的同时自然应当承担相应的风险。但是，从相关资料看，该期信托计划存在满仓操作、高买低卖的现象，没有把握住2009年的反弹行情，而且具有关联交易的嫌疑。信托公司在单一股票比例控制上做得不够到位，未能很好地尽到信托责任成为投资者起诉的一个关键点。

证券投资信托直接面临股票二级市场风险。从上述案例中可以看到，控制单一股票仓位、止损点等措施是信托公司尽职尽责的一种表现，但是更重要的是，遴选业绩优良、具有良好职业道德和素养的投资顾问。

案例二　滨 江 信 托

2010年4月，面对快速上涨的房价，国务院部署了新一轮严厉的房地产调控措施，遏制了房价上涨的势头，与此同时，房地产股票价格迅速下落。滨江集团4月初最高股价16.10元，到5月7日最低收盘价只有9.32元，降幅高达42%，重仓该股票的滨江优得、优享、优利三款“滨江信托产品”损失严重，从2009年6、7月份购买时算起已经损失过半。2010年5月10日、5月11日，中诚信托在网站发布《优先受益人信托资金返还及预期净收益分配公告》，宣布受托人遵照《资金信托合同》之规定，根据信托账户中信托净收益的实际情况，一次性向滨江项目的优先受益人返还全部优先受益权信托资金。

此款产品仅仅重仓滨江集团一只股票，并不是一般意义上的证券投资信托产品，因此其净值受到该只股票二级市场价格的极大影响。该项目采取结构化设计，优先劣后比例高达1:1，成为优先受益人利益的有效保障。信托产品的优先级投资人即使在股市大幅调整的情况下信托本金仍得到保障，并且成功实现了既定最高预期收益。中诚信托在整个过程中，极大地保障了优先级委托人的利益，体现了较强的风险控制能力（见表4－3）。

表4－3　　滨江集团截至2009年年底十大流通股东

股东名称	持股数（万股）	占流通股比（%）	股东性质	增减情况（万股）
中诚信托有限责任公司－2009年中诚滨江优利证券投资集合信托	1799.99	4.57 A股	私募基金	未变
朱慧明	1670.76	4.24 A股	个人	未变
莫建华	1670.76	4.24 A股	个人	未变
中诚信托有限责任公司－2009年中诚滨江优享证券投资集合信托	1661.79	4.22 A股	私募基金	未变
中诚信托有限责任公司－2009年中诚滨江优得证券投资集合信托	1611.39	4.09 A股	私募基金	未变
中国农业银行－国泰金牛创新成长股票型证券投资基金	645.78	1.64 A股	基金	－192.53

续表

股东名称	持股数（万股）	占流通股比（%）	股东性质	增减情况（万股）
中国银行－招商行业领先股票型证券投资基金	523.97	1.33 A股	基金	－164.02
中国银行－工银瑞信核心价值股票型证券投资基金	499.99	1.27 A股	基金	新进
江苏新业科技投资发展有限公司	491.19	1.25 A股	公司	－290.41
中国工商银行－国投瑞银核心企业股票型证券投资基金	433.09	1.10 A股	基金	未变

（四）操作风险管理的重点是业务流程

操作风险涵盖了交易系统不完善、管理失误、控制缺失、误操作等导致的损失。加强流程管理是减少操作风险的有效措施，业务流程要覆盖公司经营的每一个环节，减少制度真空和制度缺陷，避免在超越授权和缺少规范的情况下进行经营操作，努力提高各种制度和各项流程的执行效果和效率。

操作风险管理还要注重具体业务中重点环节的操作风险，例如，积极落实面签制度，切实落实各项抵押担保措施，账户监控措施，落实项目后期风险管理。当前，尤其是对于房地产信托业务，要在业务操作中，落实各项制度和担保措施，防止因为操作不慎引起的业务风险。

为了防范操作风险，中海信托公司已经建立了以SAP系统为核心的业务系统平台，所有业务实施和后台管理均通过系统完成，减少了手工操作失误可能导致的损失。

平安信托已经开始着手建立公司操作风险数据库，并将在该数据库基础上设计公司的关键风险指标（KRI），对公司实际面临的操作风险给予趋势性的跟踪，并最终量化公司所承担的操作风险。

三、风险管理理念

通过品味各家信托公司年报，认为以下几点风险管理理念有利于信托公司切实提升风控水平，有利于信托行业的长期健康发展。

（一）自我风险评估是落实各项风控制度的重要措施

近年来，信托行业取得了快速、平稳的发展，违规经营、案件频发得以遏制，风控能力有效提高，得益于监管层为信托行业树立了高端理财、发展信托本源业务的定位，得益于银监会及其派出机构对于信托公司的检查、监管和严格要求。

相比银行、保险和证券公司，信托公司机构更加精简高效，一般没有分支机构。大型商业银行和保险公司中，总部对于下级机构的检查指导、同级机构之间的业务交流是比较多的，检查和交流成为提升企业管理能力的重要环节。而在信托行业，固然每年信托公司间都有同业交流，但是和大型银行、保险公司那种同一公司内部的交流相比，在深度上难以比拟。我们发现，银监会派出机构的现场检查、监管对于信托公司提升风险管理水平具有重要作用，其指导意义和作用要远大于对于银行类分支机构的作用。

按照要求，银监会及其派出机构每年要对信托公司进行监管评级和现场检查，并下发现场检查意见书。信托公司高度重视监管部门检查意见，能够动员公司力量，制定相关整改措施并认真加以落实。

2009年报中，多家信托公司披露了监管层现场检查以及公司的整改情况，可以看到，监管意见对于提升信托公司水平和信托行业地位起到了积极作用。

在业务层面上，监管层通过现场检查往往能发现一些非现场监管难以发现的问题，并督促整改落实。如信托业务档案材料完备性、内控执行的有效性等。四川银监局对于中铁信托提出了进一步增强合规尽职经营意识、修订完善内部管理制度的要求。中融信托根据监管层要求，对于汇信系列产品进行了认真细致的整改，确保信托期限符合《集合资金信托管理办法》的规定。东莞银监局对于东莞信托的证券投资业务和房地产业务进行了后续检查，针对发现的问题提出了整改意见和要求，东莞信托在整改过程中同时强化了各类风险管理。

在公司治理层面，信托公司根据监管要求逐步完善三会治理结构。中融信托根据监管要求，增设了独立董事和董事会秘书，健全了三会治理结构。厦门信托根据监管意见，聘任了独立董事，加快制定公司发展战略规划。湖南信托根据监管要求，设立了信托委员会等董事会专门委员会，逐步完善了风险控制体系。

从年报披露的监管层检查情况看，监管层检查对于提升信托公司风险管理水平起到了重要的作用。从另一个侧面说明，信托公司风险管理还有许多工作要做。监管不能替代风险管理，信托公司进行自我审视，强化定期的自我风险评估是落实各项风控制度、提升风控能力的有效措施。

（二）加强投资者教育是信托行业的一项长期工作

从资金运用角度，信托公司风险管理侧重于信用风险、市场风险、操作风险等项风险控制和管理。而从资金来源角度，信托公司还应该重视客户风险，加强投资者教育，让客户认识到自身应当承担的风险，更好的认识集合资金信托计划产品和信托行业。投资者教育是整个行业长期稳健发展必须的一项基础性工作。

证券、基金和期货行业一直强调投资者教育，挖掘、培养本行业的合格投资人。那么，对于信托行业而言，具有100万元或者300万元以上的购买能力的投资者，是不是就是信托行业的合格投资者呢？从金额上看，当然是，但是站在风险控制的角度看，又不尽然。只有投资者切实认识了信托，才能算是信托的合格投资者。在信托行业，投资者教育同样是一项不可忽视的、必须身体力行的长期工作。信托业务强调“受人之托，代人理财”，理财就离不开投资，委托人在一定程度上又是投资人。纯粹的民事信托业务，信托公司在其中的主动管理空间比较小，信托管理费率也比较低，难以成为信托公司的主要收入来源。

在银信合作业务中，呈现出一种合成谬误。增加信贷资产转让或者信托贷款类银信合作业务，可以快速提升信托业务规模，增加业务收入，因此，对于每一家信托公司而言，拓展银信合作业务都是正确的。但是从整个行业来看，增加信贷资产转让类银信合作，不利于信托行业提高自主管理能力，不利于国家精确调控信贷规模。对于个体公司有利，而对于行业不利的事情就这样发生了，并因此受到监管层强力调控和管制。

而投资者教育，呈现出的恰好相反，是一种“累积效应”。一家信托公司注重客户教育和客户识别，开始收到的成效不大，但是随着一点一滴的积累，随着更多信托公司注重投资者教育，就会有越来越多的客户能够认识信托、理解信托，而到了一定的临界点，客户之间的传播成为一种重要的渠道，信托行业有效客户数量会呈现出爆发式增长，“累积效应”强调努力的后半期效果会加速显现。由此，对于单个公司来说一件非常困难的事情是在全行业努力下可以起到事半功倍的效果，更多的客户可以更好的运用信托、投资信托产品。

广州“口罩男”事件是市民呼声“累积效应”的体现，成功让广州政府部门停止了道路的花岗岩改造项目。重视“累积效应”，做正确的事，做该做的事，不要看现在收益小，将来“累积效应”非常可观。

（三）固有业务信托化有利于风险控制

在发展初期，信托公司依托固有业务解决了生存问题。“新两规”实施以来，信托业务取得了快速发展。如今，部分固有业务出现了信托化发展的趋势。

固有业务信托化，本质上看，是因为固有资金存在规模瓶颈，在既定的规模下无法享有规模收益，有限的自有资金难以配置更多的研究和业务人员；而信托业务没有规模上限，存在规模效应，可以配置更多的研究和业务人员。固有业务信托化，还可以增加业务透明度，有利于加强风险控制。同时，固有业务信托化，能够为信托业务提供业务量支持，尤其是有利于创新型信托业务在初期的推广。当然，在自有资金加入信托计划的同时，要避免自有业务和信托业务之间的关联交易，避免自有资金认购信托计划的次级受益权，保证自有资金与其他资金处在平等的位置上共同认购集合资金信托计划。

通过阅读2009年度信托公司年报，在此举出固有业务信托化的两个案例，主要是信托公司限制自营股票投资业务，转而通过证券投资信托产品进行投资。第一个例子是华润信托，华润信托2009年原则上不开展自营股票投资业务、金融衍生品投资业务及外汇交易业务，固有资金主要用于投资中高流动性、低风险的金融产品（含信托产品），具有较高的安全性。第二个例子是中铁信托，中铁信托在2009年暂停了固有资金投资股票二级市场业务，取而代之的采用了利用少量固有资金认购公司管理的证券投资信托产品，因此证券市场的股价变动对公司的盈利和财务状况的影响有限。中铁信托大多数证券信托业务的市场风险由受益人承担，公司依靠收取受托人固定报酬作为盈利主要渠道，减缓了股价变动对于业务收入的影响。

四、重大诉讼事项

对于重大诉讼事项，2009年度报告提高了披露要求，需要按照固有业务和信托业务分别披露，按照起诉和被诉分别披露诉讼个数、标的金额、发生时间、诉讼对象等事项。

（一）报告期内重大诉讼事项统计

在54家披露年报的信托公司中，有17家涉及重大诉讼事项，占信托公司总数的31.5%；不计算往年已审结但是尚有执行中案件的3家信托公司，则有14家涉及重大诉讼事项，占信托公司总数的25.9%，虽然低于2008年的比例，但是涉及诉讼的公司面依然比较高。2009年度，共有51项重大诉讼案件，其中，24项未审结或待审，9项已审结或和解，17项披露的是过去年度审结但是尚在执行中的案件（见表4-4）。

表4-4　信托公司2009年度报告披露重大诉讼事项　单位：项

信托公司	重大诉讼	未审结或待审	已审结或和解	执行中	诉讼类别
中投信托	5	2	3		固有3，信托2
中铁信托	2	2			信托1，固有1
西部信托	3	3			信托1，固有2
上海信托	1	1			
山东信托	3			3	3个执行中
湖南信托	1				固有1
百瑞信托	2		2		固有2
甘肃信托	2			2	2个执行中
海协信托	3	1		2	信托1
吉林信托	1		1		1992年委托业务
昆仑信托	2	1	1		信托2
天津信托	1	1			固有1
西安信托	10			10	以前年度
中诚信托	1	1			固有1
中泰信托	6	5	1		固有5，信托1
重庆信托	5	4	1		固有2，信托3
安信信托	3	3			信托3
小计	51	24	9	17	固有18，信托14

在未决诉讼和当年审结案件中，明确披露诉讼类型的共有32项，其中，固有业务18项，信托业务14项。信托诉讼占比为43.8%，结合2008年报中借款合同和信托合同诉讼占比42.9%来看，信托业务诉讼比例要小于固

有业务诉讼。可以说，近年来，信托业务逐步走上了依法稳健发展的道路，相比固有业务而言，其对于交易对手的甄别、对于交易的保障措施、对于产品方案的设计都表现出更加优异的一面。

（二）2009年发生的典型诉讼案例

1. 中投信托被诉不当得利案。浙江教育学院提起诉讼，中投信托作为被告之一，案件标的金额1373万元，中投信托被诉不当得利。

事情还要回溯到2002年8月，中投信托的前身，原浙江省国际信托投资有限责任公司，与浙江通用科技公司签订《资金信托合同》，其中约定通用公司将其合法所有资金1200万元委托中投信托进行投资运作。2002年12月，中投信托出资1200万元，占注册资本80%，成立浙江国信求是科教有限公司，同时委派通用公司法定代表人高峰实际经营求是公司。通用公司在完成注册后抽逃注册资金。在后来求是公司合作办学中，求是学院最终因运作困难，终止办学，合作方浙江教育学院认为中投信托没有尽到受托责任，致使出资被抽逃，因此提起诉讼。2009年12月17日，法院一审判决中投信托败诉，判定被告承担连带责任。2009年12月，中投信托因不服一审法院《民事判决书》，提起上诉，将教育学院、求是公司、通用公司列为被告，上诉请求驳回一审原告所有诉讼请求。

对于信托公司和行业而言，声誉是极其重要的，委托人正是基于对受托人的信任才将资金委托给信托公司。信托公司需要站在委托人和受益人的立场上秉公处理受托事务。此案中，中投信托被诉不当得利，无论判决结果如何，对于信托公司的声誉都是有损害的。如果二审维持原判，对于信托公司而言将是一个警告，大大加强了信托公司的受托责任。对于事务管理类信托，信托公司本来就没有多少收益，管理到什么程度才能算做尽到管理责任？本例提示，信托公司在后续业务开展中，要注重信托条款的可执行性，在切实维护委托人和受益人利益的同时，通过合同条款恰当界定受托责任。

2. 湖南信托诉万博港企业超市案。2009年10月，湖南信托因自有业务起诉万博港企业超市，标的金额1620万元。此前，湖南信托曾经在2005年6月发行一款"万博港企业超市销售收入所有权信托受益权转让产品"，发行规模5000万元，预期收益5.2%，期限两年。万博港企业超市号称国内首家大型工业品物流超市，美林（中国）控股集团有限公司和政府共同合作，美林控股集团公司的业务涉及房地产、零售、高新产业开发、建筑装饰、能源、机械、餐饮娱乐等行业，资产曾达23亿元。

工业品采购并不是消费者逛超市，而此美林亦非彼美林。从结果上看，该民营企业最终陷入了多元化陷阱，貌似强大实质虚弱，难以偿还债务进而引发诉讼。在业务拓展过程中，要重视交易对手的战略风险，对于看似强大的多元化发展企业，尤其要做足保障措施。

3. 海协信托信托财产冻结推迟划付案。2004年，海协信托和青岛澳柯玛股份有限公司签订《即墨市基础设施建设集合资金信托合同》受托管理信托资金，到期日2007年2月13日。由于澳柯玛涉及诉讼，信托合同尚未到期信托资金及其收益权便被冻结，解冻后因涉诉再次遭到冻结。澳柯玛以未能及时划付信托资金为由进行起诉，要求支付相关利息19万元。2009年8月，法院判决海协信托承担利息7.7万元。海协信托在2010年1月已经支付相关利息和案件受理费。

此案提示信托公司要充分注意信托财产涉诉问题，信托财产具有独立性。第一，信托财产与受托人的固有财产相互独立；第二，委托人的信托财产与委托人的其他财产相互独立，能保障受益人不因委托人破产或发生债务而失去享有其对该信托财产的权利；第三，不同委托人的信托财产或同一委托人的不同类别的信托财产相互独立。具有相对独立性的信托财产在什么条件下可以被冻结？因冻结而延期支付时信托公司是否有义务支付相关利息？

五、信托赔偿准备金规模还难以起到保障作用

信托赔偿准备金是信托公司风险管理体系的重要组成部分。根据“受人之托，代人理财”的理念，受托管理信托事务是由委托人承担投资风险的，信托公司承担信托管理事务风险，但是在实践中，部分投资或者信托贷款含有隐含的预期收益，在一定程度上强化了委托人的收益预期刚性。信托公司赔偿金的计提及其管理，对于信托公司增强抗风险能力，保障委托人、受益人利益是有很大好处的。但是信托公司风险管理文化的另一个重要层面，就是强化投资者教育，让委托人更好地认识信托，承担自身应当承担的风险。

根据《信托公司管理办法》，信托公司每年应当从税后利润中提取5%作为信托赔偿准备金，但该赔偿准备金累计总额达到公司注册资本的20%

时，可不再提取。从命名本身来看，信托赔偿准备金，应该和信托资产规模相关联，比如达到信托资产规模的一定比例。

（一）信托赔偿准备金提取情况

2009年，信托公司共计提信托赔偿准备金达到8.37亿元，累计达到31.5亿元[①]，占行业注册资本604.4亿元的5.2%。按照2009年计提数值进行估算，全行业还需要10.7年信托赔偿准备金才能达到注册资本的20%。

2009年，信托赔偿金准备金计提金额最大的公司是北京信托，2009年新增信托赔偿准备金1.2亿元，占比高达全行业计提金额的14.3%。2009年，信托行业只有海协信托是亏损的，该公司无须计提信托赔偿准备金。另外，处于盈利状态的爱建信托和西藏信托也没有计提信托赔偿准备金（见表4－5）。

表4－5　　2009年信托赔偿金新增前5名的公司

序号	公司名称	信托赔偿金新增（万元）	计提比例（%）
1	北京信托	12031	35
2	江苏信托	7381	17
3	华润信托	7217	5
4	上海信托	5459	10
5	中信信托	4796	5

2009年，行业中有9家公司信托赔偿准备金计提超过了5%，其中，北京信托计提比例高达34.7%，江苏信托和英大信托的计提比例分别是16.7%和16.2%，是最低比例5%的3倍以上。西安信托是按照弥补以前年度亏损3817.62万元以后的剩余税后利润来计提信托赔偿准备金的，按照未弥补的税后利润计算，计提比例只有1.3%（见表4－6）。

① 在54家信托公司中，有10家公司资产负债表没有明确列明信托赔偿金，这里采用了风险准备金数值进行替代。风险准备金科目核算的内容，有的就是信托赔偿金，有的公司还包含有一般风险准备金，用风险准备金数据进行计算会高估信托赔偿金总量，但是整体误差不会太大。

表4-6　　信托赔偿金计提比例超过5%的公司

序号	公司名称	信托赔偿金新增（万元）	净利润（万元）	计提比例（%）
1	北京信托	12031	34668	34.7
2	江苏信托	7381	44295	16.7
3	英大信托	2091	12939	16.2
4	云南信托	1265	12195	10.4
5	上海信托	5459	54590	10.0
6	平安信托	3802.5	41798	9.1
7	中泰信托	1618	19872	8.1
8	吉林信托	598	10437	5.7
9	华融信托	1018	18849	5.4

（二）信托赔偿准备金占注册资本比例情况

2009年年底，信托赔偿准备金余额占注册资本比例最高的是上海信托，达到了19.7%，已经十分接近20%的比例。2009年年底，信托赔偿准备金余额占注册资本比例超过10%的共有7家公司，在5%—10%的有11家，在1%—5%的有25家，在1%以下的有11家。最近两年重组的信托公司，包括华能贵诚信托、昆仑信托、建信信托、华融信托和交银信托，信托赔偿准备金余额占比都在1%以下，基本上是最近两年才开始计提信托赔偿准备金，以前年度积累少（见表4-7）。

表4-7　　2009年年底信托赔偿准备金存量占比最高的10家公司

序号	公司名称	信托赔偿金（万元）	注册资本（亿元）	占注册资本比例（%）
1	上海信托	49334	25	19.7
2	北京信托	23735	14	17.0
3	中信信托*	19634	12	16.4
4	华宝信托*	12948	10	12.9
5	中诚信托*	13836	12	11.5
6	华润信托	28887	26.3	11.0
7	中融信托*	3346	3.25	10.3
8	山西信托*	9022	10	9.0
9	粤财信托*	4228	5.655	7.5
10	中海信托	8638.55	12	7.2

*取自风险准备金数值，含一般风险准备金和信托赔偿准备金。

（三）信托赔偿准备金占信托业务规模比例

西藏信托因近年来业务不断萎缩，信托赔偿准备金占信托业务规模的比例达到了13.6%。除此之外，全行业只有上海信托的赔偿准备金比例达到了1%，其他的都在1%以下，而且有14家信托公司的信托赔偿准备金在信托资产规模的1‰以下。从这一点来说，现有信托赔偿准备金规模对于信托计划风险保障来说还是不够的（见表4－8）。

表4－8　2009年年底信托赔偿准备金占信托业务规模的比例

序号	公司名称	信托赔偿金（万元）	信托业务规模（万元）	占比（%）
1	西藏信托	1020	7509	13.6
2	上海信托	49334	4893123	1.0
3	国联信托	6493	926047	0.7
4	江苏信托	11166	1603046	0.7
5	华润信托	28887	5811723	0.5
6	厦门信托	4237	926175	0.5
7	北京信托	23735	5691490	0.4
8	杭工商信托	2149	520002	0.4
9	西部信托	1779	477831	0.4
10	山西信托	9022*	2575139	0.4

*取自风险准备金数值，含一般风险准备金和信托赔偿准备金。

六、关联交易分析

关联交易对于信托公司控制风险具有重要意义。信托公司大股东为信托公司提供资金支持而形成的关联交易，有利于信托公司积累实力、发展壮大。而信托公司为大股东提供信贷资金支持，则有违信托行业有关办法的规定。信托公司关联交易较多，一方面说明大股东的支持力度比较大；另一方面也说明公司的自主管理能力有可能偏弱。

（一）关联交易金额披露情况

在关联方关系及其交易披露信息中，第一个问题就是关联交易方数量、关联交易金额和定价政策。而对于关联交易金额，并没有一个明确的界定。有的信托公司仅仅认定与关联方之间的交易，即：

关联交易金额 = 固有与关联方交易 + 信托与关联方交易

采用此类标准的有中投信托、中海信托、华宝信托等。

有的信托公司，如重庆信托、新华信托，认为关联交易金额项包含所有关联交易，即：

关联交易金额 = 固有与关联方交易 + 信托与关联方交易 + 固有财产与信托财产交易 + 信托财产与信托财产交易

还有公司认为关联交易金额仅仅包含固有财产与关联方交易，如交银国际信托。

第二个问题是关联交易金额认定时是按照发生额还是按照期末数来进行统计。按照发生额（借方发生额）来进行统计的公司有中投信托、重庆信托、国民信托和华信信托等，按照期末数来进行统计的有中铁信托、东莞信托、华润信托等，还有的公司按照借贷方发生额合计来统计关联交易金额，如西藏信托、上海信托。

信托公司公布数据的口径并不是按照最小原则来选择的，如中泰信托按照期末数公布关联交易金额，几乎是发生额的10倍。

本文中按照发生额来计算关联交易金额，并且包括固有与关联方交易、信托与关联方交易、固有财产与信托财产交易、信托财产与信托财产交易四项。

依照各信托公司年报中关联交易金额直接汇总，则2009年54家信托公司关联交易总计2493亿元，而按照发生额来计算，2009年行业关联交易总计2440亿元。两者在数值上极其接近。

（二）关联交易总量螺旋式上升

按照发生额计算，2009年54家信托公司关联交易总计2440亿元，比2008年49家公司的1035亿元上升1405亿元，呈现出快速上升的趋势。从平均数来看，2009年，信托公司平均关联交易为45亿元，比2008年的平均数21亿元上升114%。

而从过去4年来的情况看，信托行业关联交易总量呈现出螺旋式上升的态势，2006年和2008年处在低位，2007年和2009年处在高位（见图4－2）。

在关联交易总量呈现上升趋势的过程中，关联交易的风险防范亦应当加以注意。截至2009年年底，有3家信托公司出现关联方逾期未偿还贷款或者信托公司为关联方担保垫款的情形，总金额1.4亿元，分别是中泰信托7000万元、海协信托5750万元、西安信托1519万元。尽管关联交易逾期

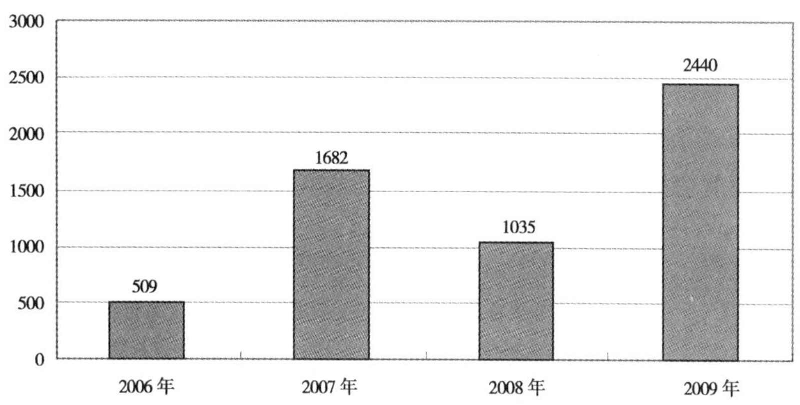

图4－2　2006—2009年信托行业关联交易发生额对比图

或垫款金额较小，比例也低，但是关联交易的风险防范依然不容忽视，尤其是信托公司为大股东及其关联企业提供融资支持的，必须坚决加以回避。

（三）关联交易集中在央企所属信托公司

2009年关联交易发生额最大的公司是英大信托，达到1069亿元，突破千亿元。关联交易超过百亿的公司达到5家，除英大信托以外，还有建信信托、华能贵诚信托、中铁信托和交银信托。前10家信托公司关联交易发生额合计2051亿元，占全行业关联交易发生额的84.1%（见表4－9）。

表4－9　　2009年关联交易发生额排名前10位的公司　　单位：亿元

序号	公司名称	2009年关联交易发生额	信托公司	2008年关联交易发生额
1	英大信托	1069	英大信托	648
2	建信信托	262	中海信托	86
3	华能贵诚信托	145	上海信托	62
4	中铁信托	121	中铁信托	39
5	交银信托	114	重庆信托	28
6	华宝信托	79	平安信托	28
7	平安信托	77	华融信托	21
8	上海信托	65	国投信托	18
9	中海信托	61	江苏信托	14
10	渤海信托	57	中诚信托	11
	小计	2051	合计	955
	CR10	84.1%	CR10	92.2%

与2008年关联排名相比，英大信托继续居于前列。新近重组成功的建信信托和华能贵诚信托则依托大股东建设银行和华能集团开展了大量业务，其关联交易额急剧上升，跃升到行业第2和第3位。

2009年关联交易前十名的集中度是84.1%，比2008年的92.22%有所下降，说明信托公司关联交易普遍有所增加（见表4-10）。

表4-10　2009年信托与关联方交易占新增信托规模比例

序号	公司名称	信托与关联方（借方发生额/万元）	2009年新增规模（万元）	信托与关联方交易额占新增规模比例（%）
1	英大信托	10693435	12135047	88.1
2	建信信托	2609072	3046475	85.6
3	华能贵诚信托	1390000	2281016	60.9
4	中铁信托	1168585	3605786	32.4
5	东莞信托	281640	921459	30.6
6	北方信托	536810	1810107	29.7
7	厦门信托	217989	795165	27.4
8	交银信托	1098517	4514601	24.3
9	渤海信托	570935	3425066	16.7
10	国投信托	340163	2348426	14.5

从2009年信托与关联方交易占新增信托规模的比例来看，前四名分别是英大信托、建信信托、华能贵诚信托和中铁信托，与2009年关联交易发生额排名一致。前四名，还有后面的交银信托和国投信托，其大股东均是央企。

由此可见，不论是从关联交易绝对额来看，还是从关联交易发生额占新增信托业务规模的比例来看，英大信托、建信信托、华能贵诚信托和中铁信托都是排名靠前的信托公司。信托行业关联交易集中在央企，部分信托公司集团外业务较少，集团"部门化"倾向比较明显。

从股东背景来看，英大信托、华能贵诚信托、中铁信托、华宝信托和中海信托都是央企控制企业，代表着产业资本对于金融领域的入侵和金融平台建设。建信信托、交银信托和平安信托都是金融集团所属的信托公司，在信贷资产转让等领域具有先天优势。

2009 年，有 12 家信托公司没有发生关联交易，其中，当年没有发生关联交易而且没有关联交易余额的有甘肃信托、吉林信托、苏州信托、天津信托、粤财信托和中融信托六家公司。

（四）信托与关联方交易是主流，固有与关联方交易下降

在信托公司关联交易中，信托资产与关联方交易一直居于主流地位。2009 年，信托资产与关联方交易额达到 2198 亿元，占关联交易发生额的 90%。2008 年，信托资产与关联方交易额 855 亿元，占关联交易发生额的 83%（见图 4－3）。

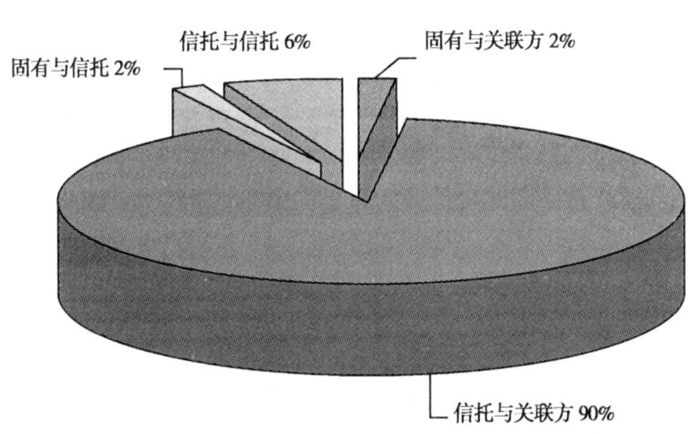

图 4－3　2009 年关联交易构成情况示意图

从 2008—2009 年关联交易的构成情况来看，信托与关联方交易大幅增加，固有与信托关联交易、信托与信托关联交易的发生额在上升，只有固有资产与关联方交易的发生额在下降（见表 4－11）。

表 4－11　　2008—2009 年关联交易构成　　单位：亿元

年份	固有与关联方	信托与关联方	固有与信托	信托与信托	合计
2008	50	855	34	96	1035
2009	43	2198	59	140	2440

固有资产与关联方交易发生额呈现出下降趋势，是一个好现象，反映了信托公司关联交易风险防范意识的增强。

七、小结

稳健求发展。金融与生俱来就是一个管理风险的行业，过于追求利润，往往导致风险管理意识薄弱，难免走向崩溃的边缘。席卷世界的次贷危机中，多家银行倒闭，根源就是过分追求衍生品交易利润，刀口嗜血，酿成惨剧。

对于信托业而言更是如此，信托以其灵活著称，对于风险管理能力也随之有着更高的要求。国内信托行业在发展过程中，曾被资金拆借所困，曾被证券风险绑架，30 多年来经历了 6 次行业整顿，上千家信托公司消亡，以往的教训告诉我们，没有风控的发展只能算是数字的疯长。为了能走得更远，走得更健康，每一个信托人都应将风控理念充实到工作中的每一个细节，避免走形式主义，避免抱侥幸心理，从自己做起，从现在做起。

2009年信托公司年报分析之五：

人力资源篇

百瑞观点：

- 信托行业员工队伍不断壮大，但其增长呈现较高的集中度；
- 行业从业人员整体趋向于年轻化；
- 东部沿海城市信托公司员工更加年轻化，且员工年龄分布与其经营业绩之间有着一定的相关性；
- 随着各信托公司人才引进力度的加大，信托行业硕博学历员工人数及占比持续上升；
- 东部沿海地区人才聚集优势明显；
- 信托公司人才引进与经营业绩有着相互促进的作用；
- 自营业务部门员工数量有所减少，信托业务部门员工数量快速增加；
- 信托行业引进的人才主要流向了信托业务部门；
- 2009年数据显示，各岗位分布中信托业务人员数量与收入指标有着更强的相关性；
- 业务的快速扩张对职能部门工作效率提出了更高的要求。

信托作为金融服务业的重要分支，具有服务行业的典型特征，即人力成本在信托行业成本结构中占有较高的比重。随着产品创新在竞争力构成中重要性的日益提升，人力资源作为信托行业最重要的生产力，对信托行业的发展发挥着越来越重要的作用。近两年来，信托行业加大了人才引进措施，并取得了一定成效，人力资源在信托行业发展中的作用进一步显现。

一、信托行业员工队伍不断壮大，但其增长呈现较高的集中度

近几年来，随着信托业的快速发展，信托行业员工队伍也得到了不断扩充。根据信托公司年报披露，2006—2009年信托行业员工人数不断增加，从2006年的3736人增加至2009年的5575人，复合增长率达14.3%。2006—2009年信托行业员工数量增长情况如图5－1所示。

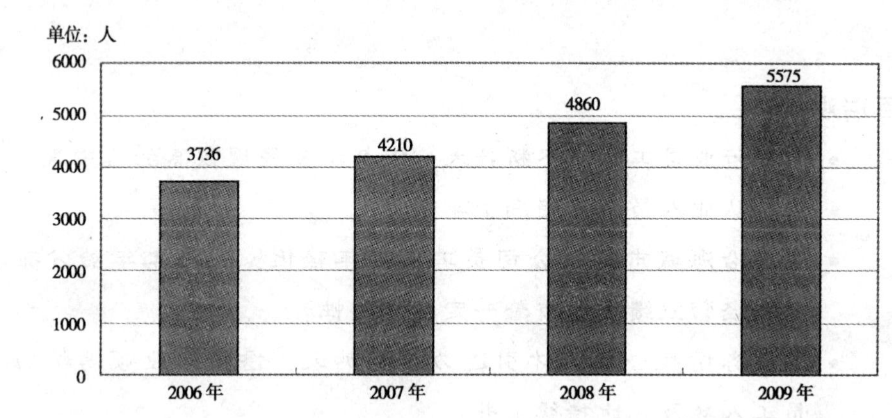

图5－1　2006—2009年信托行业员工数量增长情况

需要注意的是，行业员工队伍的扩充不代表所有信托公司员工人数均有所增长，相反，据年报数据统计，信托行业员工数量的增长具有极高的集中度。

与2008年相比，2009年员工人数增长排名前4位的信托公司平安信托、中融信托、中信信托、新时代信托共增加员工372人，占行业54家信托公司员工增加人数715人的52%，前8家信托公司共增加470人，占比66%，前10家信托公司增加511人，占比71%。

与“新两规”实施前2006年年末数据相比亦是如此，员工人数增加最多的4家信托公司平安信托、中融信托、中信信托、新时代信托共增加843人，占比64%，增加最多的8家信托公司共增加1040人，占比79%，增加

最多的10家信托公司共增加1123人，占比85%，详见表5-1。由此可见，行业员工队伍的扩充具有极高的集中度。

表5-1　信托行业员工数量增长集中度

	CR4（%）	CR8（%）	CR10（%）
2009年员工人数增长	52.03	65.73	71.47
2009年较2006年员工人数增长	63.67	78.55	84.82

2009年年末，员工数量排名前10位和后10位的信托公司如表5-2和表5-3所示，可以发现信托公司员工数量的多寡与其业务开展有着密切的关系。一方面，人力资源高昂的成本决定了当信托公司业务量和业务收入上不去时，很难支撑庞大的员工队伍；另一方面，充足的人力资源对业务开展也将起到重要作用，人力资源与业务开展之间的相互关系进一步拉大了信托公司之间的差距。

表5-2　员工数量排名前10位的信托公司

序号	信托公司	员工数量
1	平安信托	589
2	中融信托	247
3	中信信托	229
4	新华信托	173
5	上海信托	156
6	华宝信托	152
7	山西信托	151
8	天津信托	144
9	陕国投	138
10	华信信托	126

表5-3　员工数量排名后10位的信托公司

序号	信托公司	员工数量
45	东莞信托	60
46	国投信托	57
47	江苏信托	57
48	爱建信托	57
49	渤海信托	54
50	甘肃信托	50
51	国联信托	44
52	安信信托	37
53	海协信托	29
54	西藏信托	19

动态来看，2009年有43家信托公司员工人数较2008年有不同程度的增长，其中员工人数增加最多的3家信托公司分别是平安信托、中融信托和中信信托，分别增加了166人、126人和43人；国联信托、海协信托和山东信托3家信托公司员工数量与2008年持平；另有8家信托公司员工数量

有所下降，其中减少最多信托公司是陕国投，较2008年减少了18人，其次是云南信托和联华信托，分别减少9人。2009年员工数量变化分布情况详见表5-4。

表5-4　　2009年员工数量增减变化分布情况表

员工数量增减情况	信托公司数量	信托公司名称
增加20人及以上	11	平安信托、中融信托、中信信托、新时代信托、西安信托、江信国际、昆仑信托、建信信托、华能贵诚信托、杭工商信托、中诚信托
增加10—19人	10	百瑞信托、华宝信托、新华信托、吉林信托、中泰信托、苏州信托、粤财信托、湖南信托、外贸信托、中海信托
增加1—9人	22	华宸信托、山西信托、北京信托、华润信托、华信信托、英大信托、渤海信托、东莞信托、江苏信托、上海信托、中投信托、中原信托、中铁信托、国投信托、厦门信托、甘肃信托、国元信托、华融信托、交银国际信托、西部信托、爱建信托、北方信托
不变	3	国联信托、海协信托、山东国托
减少1—9人	7	安信信托、国民信托、重庆信托、天津信托、西藏信托、联华信托、云南信托
减少10人及以上	1	陕国投

以"新两规"为界，与2006年年末数据相比，在具有可比数据的48家信托公司中，33家信托公司员工人数有所增长，15家信托公司有所下降。3年来，员工人数增加最多的3家信托公司分别是平安信托、中融信托和中信信托，增幅也均超过100%；员工人数减少最多的3家信托公司分别是吉林信托、国元信托和陕国投（见表5-5、表5-6）。

表5-5　　近3年员工人数增幅前10位的信托公司

序号	信托公司	2009年较2006年人数增减	增幅（%）
1	平安信托	463	367.46
2	中融信托	193	357.41
3	中信信托	129	129.00

续表

序号	信托公司	2009年较2006年人数增减	增幅（%）
4	新时代信托	58	105.45
5	西安信托	55	96.49
6	昆仑信托	49	83.05
7	交银国际信托	48	123.08
8	中诚信托	45	59.21
9	云南信托	43	72.88
10	华润信托	40	64.52

表5-6　　近3年员工人数增幅后10位的信托公司

序号	信托公司	2009年较2006年人数增减	增幅（%）
39	西部信托	-7	-7.95
40	西藏信托	-7	-26.92
41	海协信托	-8	-21.62
42	天津信托	-11	-7.10
43	安信信托	-11	-22.92
44	江信国际	-12	-13.19
45	重庆信托	-13	-16.25
46	陕国投	-15	-9.80
47	国元信托	-24	-16.78
48	吉林信托	-33	-26.61

二、员工年龄分布更加趋向于年轻化，且具有一定的地域化特征

（一）行业从业人员整体趋向于年轻化

从具有可比数据的47家信托公司来看，员工年龄结构逐渐年轻化，2008—2009年信托行业员工年龄分布情况如表5-7所示。

表5-7　　2008—2009年各年龄段员工数量及变化情况

年份	2009年	2008年	增加人数	增幅（%）
30岁以下	1582	1193	389	32.61
30—39岁	1887	1672	215	12.86
40岁及以上	1441	1333	108	8.10

从近两年信托行业各年龄段员工人数来看，尽管2009年每个年龄段员工人数较2008年均有所增加，但相对而言，不管是从人数增加的绝对数上还是从增幅上，2009年，30岁以下年龄段的员工增长明显超过其他年龄段，并且随着年龄段的逐渐上升，增长幅度逐渐下降。

从表5－7可以看出，2009年行业新增员工中，半数以上为30岁以下年龄段，截至2009年年末，30岁以下的员工人数已经超过40岁及以上员工人数。可见，随着近两年信托行业人才的引进，从业人员年轻化趋势显著。

（二）东部沿海城市信托公司员工更加年轻化，且员工年龄分布与其经营业绩之间有着一定的相关性

各年龄段员工数量排名前10位的信托公司如表5－8所示，从表5－8中可以看到，30岁以下及30—39岁两个年龄区间员工数量排名前10位的信托公司大多分布在北京、上海、深圳等东部沿海城市，而40岁及以上员工数量排名前10位的信托公司则大多分布在中西部地区。例如，30岁以下和30—39岁员工数量排名前10位的信托公司中均有7家位于东部沿海城市，另外，中融信托虽然注册地在哈尔滨，但是其人员及业务均聚集在北京；相反，40岁及以上员工数量排名前10位的信托公司中有6家位于中西部地区。由此可见，东部沿海城市信托公司员工较中西部地区而言更加年轻化。

表5－8 各年龄段员工数量排名前10位的信托公司及总收入排名情况

信托公司	30岁以下员工数量	总收入排名	信托公司	30—39岁员工数量	总收入排名	信托公司	40岁及以上员工数量	总收入排名
平安信托	339	3	平安信托	219	3	山西信托	84	43
中融信托	118	9	中信信托	95	1	国元信托	80	19
中信信托	95	1	中融信托	93	9	天津信托	77	23
华宝信托	76	7	上海信托	61	6	上海信托	67	6
华信信托	71	11	新华信托	55	22	新华信托	57	22
华润信托	62	2	中诚信托	55	4	中原信托	55	35
新华信托	61	22	新时代信托	53	26	厦门信托	52	34
外贸信托	43	17	华宝信托	51	7	华宸信托	52	16
昆仑信托	42	13	天津信托	51	23	英大信托	43	24
新时代信托	38	26	北方信托	49	18	西部信托	42	51

进一步从各年龄段员工占比进行分析，见表5－9所示，30岁以下员工占比排名前10位的信托公司除中融信托外，其他9家均位于东部沿海地区；30—39岁占比排名前10位的信托公司中，有6家位于东部沿海地区（含交银国际信托、华融信托），另4家位于中西部地区；40岁以上占比排名前10位的信托公司中有3家位于东部沿海地区，另外7家位于中西部地区。各年龄段信托公司的地域性差异更加印证了上述关于东部与中西部地区信托公司员工年龄结构差异化的结论。

表5－9　各年龄段员工占比前10位的信托公司及总收入排名情况

信托公司	30岁以下占比（%）	总收入排名	信托公司	30—39岁占比（%）	总收入排名	信托公司	40岁以上占比（%）	总收入排名
华润信托	60.78	2	西藏信托	73.68	53	国元信托	67.23	19
平安信托	57.56	3	联华信托	58.54	50	厦门信托	59.09	16
华信信托	56.35	11	中投信托	53.73	30	山西信托	55.63	43
华宝信托	50.00	7	北方信托	53.26	18	海协信托	55.17	54
中融信托	47.77	9	华融信托	49.33	20	天津信托	53.47	23
国民信托	45.59	40	中泰信托	49.30	25	西部信托	51.85	51
外贸信托	44.79	17	百瑞信托	48.78	29	中原信托	51.40	35
国联信托	43.18	14	交银国际信托	47.13	41	华宸信托	50.00	34
中信信托	41.48	1	新时代信托	46.90	26	建信信托	48.00	39
昆仑信托	38.89	13	湖南信托	46.38	48	江信国际	46.84	33

由上述内容可以看出，信托公司员工的年龄结构分布与所处地域有着一定的相关性，东部沿海城市信托公司员工更加年轻化，而中西部地区部分信托公司老龄化问题突出。不仅如此，从上述表5－8和表5－9中我们还可以看到，信托公司员工的年龄结构与其经营业绩之间也存在一定关系，年龄结构较轻的信托公司总收入排名更加靠前，与此相对，老龄化问题突出的信托公司总收入排名相对靠后。

为了详细分析员工年龄结构与经营业绩之间的相关性，本文根据信托公司年报统计数据进行了相关系数的计算，计算结果如表5－10所示。

表5－10　各年龄段员工数量与总收入和净利润之间的相关系数

	总收入	净利润
30岁以下员工数量	0.5914254	0.3294673
30—39岁员工数量	0.5587776	0.2422412
40岁及以上员工数量	0.0522338	－0.001578

从相关系数表格中可以得出以下两个结论：

1. 随着年龄段的增长，其与经营业绩之间的相关性逐渐降低。30岁以下员工数量与总收入的相关系数为0.59，30—39岁员工数量与总收入的相关系数为0.56，而40岁及以上员工数量与总收入之间的相关系数仅为0.05，年龄结构与净利润之间相关系数的变化也是如此。

2. 与净利润相比，员工结构与总收入之间的相关性更强。从数据的对比上可以看到，各年龄段员工数量与总收入的相关系数均高于与净利润的相关系数，一定程度上讲，人力资源对总收入的影响更加直接，而净利润还将受到信托公司成本费用控制的影响，即人力资源对净利润的影响相对间接，因此相关性降低。

三、信托公司纷纷加大了高端人才的引进力度，人才的引进与经营业绩之间相互促进

（一）随着各信托公司人才引进力度的加大，信托行业硕博学历员工人数及占比持续上升

截至2009年年末，信托行业从业人员中博士123人，占比2.2%；硕士1847人，占比33.13%；本科学历2655人，占比47.62%；专科及其他学历950人，占比17.04%。与2008年相比，博士、硕士及本科学历员工数量均有所增长，尤其是硕士学历员工数量较2008年增加424人，增幅达29.8%，而专科及其他学历的员工人数有所下降，尽管仅减少了36人，但是信托行业对人才重视程度的提升已经可见一斑（见表5－11）。

表 5－11　　2008—2009 年员工学历结构及变化情况

	2009 年	2008 年	增减变化	增减幅度（%）
博士	123	111	12	10.81
硕士	1847	1423	424	29.80
本科	2655	2340	315	13.46
专科及其他	950	986	－36	－3.65
合计	5575	4860	715	14.71

从近几年情况来看，随着各信托公司人才引进力度的加大，信托行业硕博学历员工人数及占比均在持续上升，如图 5－2 所示。硕博学历员工人数从 2006 年年末的 897 人增长至 2009 年年末的 1970 人，增幅达 119.6%，硕博学历员工占比也从 2006 年的 24.01% 升至 2009 年的 35.34%，增加了 11 个百分点。

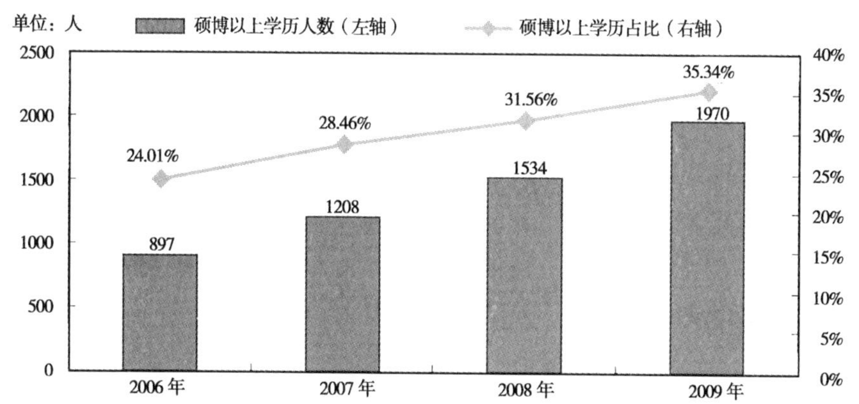

图 5－2　2006—2009 年硕博以上学历人数及占比情况图

（二）东部沿海地区人才聚集优势明显

根据 54 家信托公司披露的员工学历分布数据，硕博学历员工数量排名前 10 位的信托公司分别为平安信托、中信信托、中融信托、华宝信托、中诚信托、华信信托、上海信托、北京信托、新华信托、昆仑信托，除了中融信托和新华信托外，其他 8 家均处于东部沿海地区，且大多位于北京、上海、深圳三地，而中融信托尽管注册地位于哈尔滨，但实际经营地位于北京。

从硕博学历员工占比来看，排名前10位的信托公司分别为中海信托、中诚信托、北京信托、华信信托、中信信托、外贸信托、昆仑信托、国投信托、华宝信托、华融信托，其中，除了华融信托注册地为乌鲁木齐外，其他9家均处于东部沿海地区，且有7家位于北京、上海、深圳三地，并且华融信托的人员与业务也大多位于北京。

由此可见，东部沿海地区人才聚集优势明显，尤其是北京、上海、深圳三地更为突出。从表5-12可以看到，人才优势对总收入也产生了一定的影响，在硕博学历员工人数排名前10位的信托公司中，有7家总收入也位于前10位；同样，硕博学历员工占比排名前10位的信托公司总收入排名也较为靠前。

表5-12　硕博学历员工数量及占比排名前10位的信托公司及总收入排名情况

信托公司	硕博学历员工数量	总收入排名	信托公司	硕博学历员工占比（%）	总收入排名
平安信托	217	3	中海信托	64.79	8
中信信托	122	1	中诚信托	57.02	4
中融信托	91	9	北京信托	55.17	10
华宝信托	73	7	华信信托	53.97	11
中诚信托	69	4	中信信托	53.28	1
华信信托	68	11	外贸信托	52.08	17
上海信托	67	6	昆仑信托	50.00	13
北京信托	64	10	国投信托	49.12	31
新华信托	55	22	华宝信托	48.03	7
昆仑信托	54	13	华融信托	48.00	20

（三）信托公司人才引进与经营业绩有着相互促进的作用

静态来看，对比2009年年末员工人数和硕博学历人数排名前10位信托公司财务指标排名情况，可以看到，员工人数最多的10家信托公司，净利润和总收入排名差距较大，而硕博学历人数排名前10位的信托公司，净利润和总收入排名普遍较为靠前。表明信托公司经营业绩与员工总人数之间的相关性不大，但是与硕博学历员工人数之间存在一定相关性（见表5-13）。

表5－13　总人数前10位及硕博学历员工数量前10位信托公司财务指标排名情况

总人数前10位		财务指标排名		硕博学历员工数量前10位		财务指标排名	
信托公司	人数	净利润	总收入	信托公司	人数	净利润	总收入
平安信托	589	9	3	平安信托	217	9	3
中融信托	247	13	9	中信信托	122	2	1
中信信托	229	2	1	中融信托	91	13	9
新华信托	173	35	22	华宝信托	73	6	7
上海信托	156	4	6	中诚信托	69	3	4
华宝信托	152	6	7	华信信托	68	10	11
山西信托	151	46	43	上海信托	67	4	6
天津信托	144	23	23	北京信托	64	11	10
陕国投	138	44	46	新华信托	55	35	22
华信信托	126	10	11	昆仑信托	54	15	13

动态来看，以“新两规”为界，在2007—2009年三年间，在具有可比数据的48家信托公司中，硕博学历员工数量增加最多的10家信托公司共增加580人，增幅达216.4%，远高于行业平均增幅119.6%，详见表5－14。其中，最为突出的3家信托公司分别是平安信托、中融信托和中信信托，这3家信托公司共增加硕博学历员工348人，在行业硕博学历增加人数1073人中占比32.43%。

表5－14　2007—2009年间硕博学历员工增加人数前10位的信托公司及其总收入排名变化情况

信托公司	2007—2009年间硕博学历员工人数变化情况				经营业绩（总收入）排名	
	2009年年末	2006年年末	增加	增幅（%）	2009年	2006年
平安信托	217	41	176	429.27	3	9
中融信托	91	5	86	1720.00	9	33
中信信托	122	36	86	238.89	1	2
昆仑信托	54	14	40	285.71	13	28
交银国际信托	40	7	33	471.43	41	未披露
北京信托	64	34	30	88.24	10	11

续表

信托公司	2007—2009年间硕博学历员工人数变化情况				经营业绩（总收入）排名	
	2009年年末	2006年年末	增加	增幅（%）	2009年	2006年
华信信托	68	41	27	65.85	11	19
中诚信托	69	42	27	64.29	4	6
百瑞信托	39	14	25	178.57	29	26
西安信托	38	13	25	192.31	44	38
中海信托	46	21	25	119.05	8	5
合计	848	268	580	216.42		

结合上述10家信托公司的经营业绩，可以看到硕博学历员工增加较多的信托公司在经营业绩上也大多有着良好表现。除交银信托涉及重组外，硕博学历员工人数增加排名前8位的信托公司2009年总收入排名较2006年均有所提升。

为了对员工学历结构与经营业绩之间的相关性进行量化，本文对54家信托公司2009年年报中所披露的员工学历结构数据进行分析，计算出的各类学历员工人数与总收入和净利润之间的相关系数如表5-15所示。

表5-15　各类学历员工数量与总收入和净利润之间的相关系数

	总收入	净利润
博士数量	0.5895584	0.3918009
硕士数量	0.7173529	0.4570257
硕博学历数量	0.7255424	0.4633057
本科数量	0.4610345	0.1767081
专科及其他数量	0.2021168	0.0476773

从表5-15中可以看到，硕博学历员工数量与总收入和净利润之间的相关性明显高于本科、专科及其他学历。由于行业博士数量整体处于较低水平，所以不具有代表性。整体来看，随着员工学历的逐渐升高，其对总收入

和净利润的影响逐步加大。

综上所述，虽然人员增减和人才引进不会立即引起信托公司总收入和净利润的变化，但是从长远来看，人才引进和经营业绩有着极大的相互促进作用。一些经营业绩好的信托公司具备更加有利的条件引入人才，而人才的引入又将对经营业绩起到推动作用，两者的相互作用形成良性循环，推动信托公司快速发展；而反之亦是如此，如果信托公司不能重视人才的引入，很容易陷入恶性循环。

四、员工岗位分布符合“新两规”导向，信托业务部门员工数量快速增加

（一）自营业务部门员工数量有所减少，信托业务部门员工数量快速增加

根据公布员工岗位分布的46家信托公司年报数据，截至2009年年末，高管人员359人，自营业务人员479人，信托业务人员2379人，其他人员1497人，具体占比情况如图5－3所示。

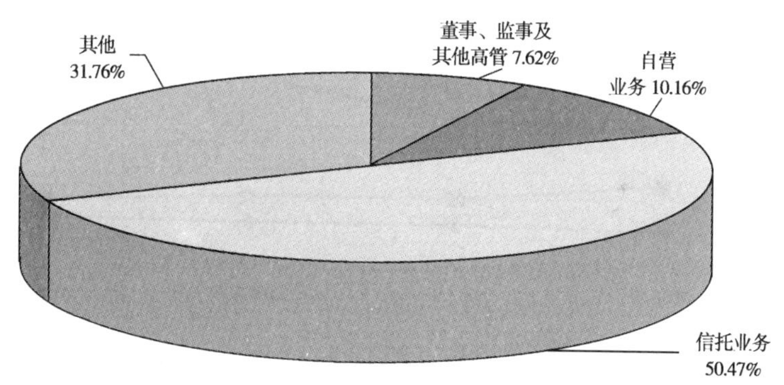

图5－3　2009年年末员工岗位分布结构图

动态来看，2006—2009年三年间，尽管信托行业员工人数保持着稳步增长，但是各岗位员工数量变化却不尽相同。例如，自营业务人员数量有所降低，从599人降至479人；信托业务人员则连续3年保持快速增加，从1155人增加至2379人；其他人员（职能部门）和高管人员均有小幅增长，但从2009年来看，基本保持不变。如表5－16所示。

表5-16　　2006—2009年不同岗位员工数量变化情况

	2006年年末	2007年年末	2008年年末	2009年年末
董事、监事及其他高管人员	284	314	331	359
自营业务人员	599	505	515	479
信托业务人员	1155	1261	1819	2379
其他人员	995	1054	1358	1497
合计	3033	3134	4023	4714

注：1. 重庆信托、中泰信托、吉林信托、东莞信托、国联信托5家信托公司岗位分布表中员工总数与年龄和学历情况的员工数量不一致，推测为其高管人员包含了部分不在公司任职的董事、监事，为了保持数据的一致性，本文对上述5家高管人员的数量进行了调整。

2. 陕国投年报中披露的为中高层管理人员数量，与其他信托公司口径不一致，本文未予以统计。

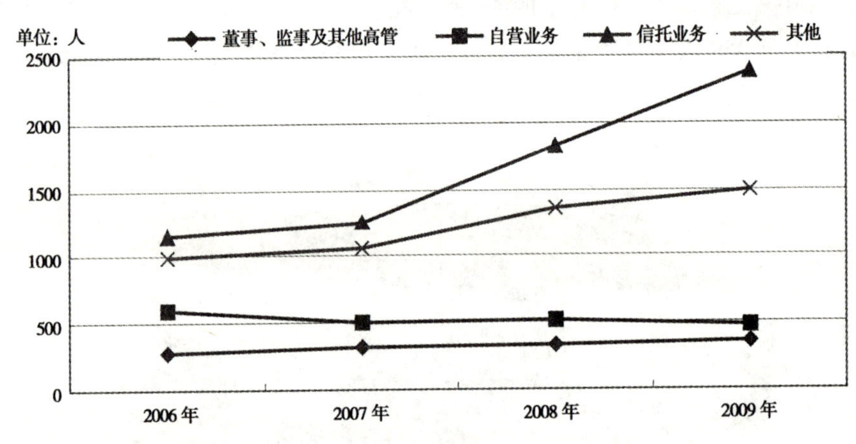

图5-4　2006—2009年不同岗位员工数量变化示意图

图5-4向我们展现了2006—2009年年末各岗位员工数量的变化图，从图中亦可以清楚看到：信托业务人员不但在绝对值上处于较高水平，而且其增长也最为显著；其次是其他人员（职能部门），2008年增长最为明显；自营业务人员则逐渐减少，绝对值仅略高于高管数量。

（二）信托行业引进的人才主要流向了信托业务部门

从增量上看，最近3年间，在46家信托公司增加的1681名从业人员中，有1224人流入信托业务部门，占比达72.81%，有484人流入职能部门，占比28.79%，可见信托行业引进的人才中七成以上流入了信托业务部门。2009年更为突出，行业增加从业人员仅394人，而信托业务部门增加达437人，超过了总人数的增加。上述变化表明信托行业一方面对自营业务部门人数进行了压缩；另一方面又极力扩张信托业务团队。

其中，以平安信托和中融信托最为突出，平安信托信托业务人员从2008年年末的277人增加至2009年年末的414人，增加了113人，职能部门人员从87人增加至113人，增加了26人；而中融信托的信托业务人员从2008年年末的65人一举增加至163人，增加了98人，职能部门人员也从31人增加至了71人，自营业务人员却从18人降至3人（见表5-17）。

表5-17　2006—2009年信托行业总人数及信托业务人数变化情况

	信托公司总人数	较上年增加人数	信托业务人数	较上年增加人数
2006年年末	3033		1155	
2007年年末	3134	101	1261	106
2008年年末	4023	889	1819	558
2009年年末	4714	691	2379	560

信托行业人才的流向反映了人力资源战略配合业务发展战略所做出的调整。2007年实施的“新两规”引导信托公司大力发展信托主业，要求信托公司剥离原有的实业投资，并鼓励信托公司自营资金进行金融股权投资和金融产品投资，在新的监管政策下，自营业务对人员的需求大大降低，而与此同时，为了支持信托业务的扩张必须相应的加大人才队伍建设，而随着信托业务规模的迅速增加，对职能部门人员的需求也逐步提升。

总的来看，近几年来信托行业不同岗位人员数量的变动情况符合监管政策对信托行业发展的定位，并对信托业务的快速发展起到了一定的推动作用。

（三）2009年数据显示，各岗位分布中信托业务人员数量与收入指标有着更强的相关性

为了了解不同岗位员工数量与收入指标之间的相关性，本文以2009年年报数据位基础，分别对各岗位员工数量与收入指标的相关系数进行了计算，结果如下（见表5-18）：

表 5 - 18　各岗位员工数量与收入指标之间的相关系数

	总收入	信托业务收入	自营业务收入
董事、监事及其他高管人数	0.1115068	0.2159841	0.0220100
信托业务部门人数	0.6329041	0.6403733	—
自营业务部门人数	0.3043756	—	0.3025941
其他（职能部门）人数	0.3203727	0.3789392	0.2275179

通过相关性分析，信托业务人员数量与信托业务收入之间的相关系数为0.64，与总收入之间的相关系数为0.63；而自营业务人员与自营业务收入之间的相关系数为0.3，与总收入之间的相关系数为0.3，可见，信托业务人数不仅与信托业务收入之间密切相关，而且与总收入也有着紧密联系。从高管及职能部门人数与各项业务指标的相关性来看，与信托业务收入的相关性均超过与自营业务收入的相关性。

由此可见，自营业务收入主要受其资产分布及布局影响，而与自营业务部门及其他人员的多寡相关性较小；相反，信托业务收入则与信托业务团队人数有着较大的相关关系，包括后台支持部门的支持都将对信托业务的发展起到较大的推动作用。

（四）业务的快速扩张对职能部门工作效率提出了更高的要求

随着信托业务的快速扩张，信托公司财务、风控、内控、研发等职能部门的工作量及工作难度也随之加大，但是由于职能部门不能直接带来业务收入，出于成本控制的考虑，信托公司职能部门员工数量的增长幅度将远低于业务的扩张速度，这就必然要求职能部门提高工作效率，为业务发展提供充足的支持和保障。

从具体信托公司来看，2009 年末业务人员与职能人员的比例排名前 10 位的信托公司如表 5 - 19 所示。其中，重庆信托该项比例最高，即平均 1 个职能人员支持 5 个业务人员，其次是江西信托、中信信托、平安信托和粤财信托。

表5-19　业务人员与职能人员的比例排名前10位的信托公司

信托公司	自营业务部门	信托业务部门	职能部门	业务人员/职能人员
重庆信托	10	40	10	5.00
江信国际	3	51	11	4.91
中信信托	13	166	37	4.84
平安信托	55	414	113	4.15
粤财信托	12	32	11	4.00
华润信托	11	66	21	3.67
甘肃信托	16	20	10	3.60
天津信托	41	61	34	3.00
海协信托	7	12	7	2.71
华信信托	11	75	32	2.69

根据近几年年报中披露的员工岗位分布情况，可以看到业务人员与职能人员的比例逐步提升，即平均每个职能人员所支持的业务人员数量在逐渐增加，2007年，业务人员与职能人员比例为1.56∶1，2008年为1.72∶1，2009年则进一步上升至1.91∶1，表明信托公司职能部门工作效率正在逐步提升。总的来看，超过行业平均值1.91∶1的信托公司有15家，低于平均值的有31家。

但是，需要注意的是，过犹不及，业务人员与职能人员的比例绝非越高越好，若该比例过高，超出了后台职能部门人员实际承受能力，则可能对业务开展带来不利影响。

五、结论

随着近几年信托行业的快速发展，信托公司对人力资源的关注度也在逐渐提升，纷纷加大了人才引进力度，员工年龄结构和学历结构都得以优化，但是受地域环境影响，不管是从员工年龄结构还是学历结构，东部沿海地区都明显优于中西部地区。通过对年报数据的统计分析，人力资源结构与经营业绩之间存在一定的相关性，信托公司在制定人力资源战略时应充分考虑其与业务发展战略的一致与协同，使有限的人力资本对业务发展起到更大的推动作用。

2009年信托公司年报分析之六：中部地区篇

百瑞观点：

- 注册资本金大多处于行业中游水平，股权结构相对稳定；
- 从业人员学历结构逐步优化，信托业务人员数量快速增加；
- 总收入整体呈上升态势，重组后的两家银行系信托公司增幅名列前茅；
- 资本利润率和人均净利润较2008年有所提升，但仍有较大提升空间；
- 信托资产规模大幅增加，与全国平均水平的差距逐渐缩小；
- 各家信托公司均由单一信托占据较大比重，而主动与被动管理信托的划分导致信托公司差异显著；
- 信托报酬率呈现两极分化，信托业务获利能力差距显著；
- 业务创新亮点频现，研发对业务的推动作用不可忽视；
- 收入结构呈现较大差异性，自营业务收益率整体偏低。

在本分析报告中，中部地区指湖南、湖北、河南、安徽、江西、山西6个相邻省份，包括8家信托公司，分别是河南省的百瑞信托、中原信托，湖北省的交银国际信托，湖南省的湖南信托，安徽省的国元信托、建信信托，江西省的江西信托，山西省的山西信托。

2009年信托公司年报分析之六：中部地区篇

截至2010年4月30日，上述8家信托公司年报均已公布，现将中部六省信托公司年报披露信息分析如下：

一、注册资本金大多处于行业中游水平，股权结构相对稳定

2009年，中部8家信托公司中，仅有建信信托（原兴泰信托）的注册资本金从5.04亿元增加至15.2727亿元，同时，中国建设银行以第一大股东的身份入主，持有67%的股份，使建信信托成为继2007年交通银行成功入主湖北信托后，中部地区第二家银行系信托公司。

从中部8家信托公司注册资本金情况来看，大多处于行业中游水平。其中，注册资本金最大的建信信托15.2727亿元，在全国信托公司中排名第8位；其次为中原信托的12.02亿元，排名第17位；最小的是湖南信托5亿元，排名第39位。全国平均数为11.4774亿元，中位数为10亿元，中部8家信托公司中有4家超过全国平均数，有5家超过全国中位数（见表6-1）。

表6-1　中部地区信托公司注册资本金及第一大股东持股情况表

公司名称	区域	注册资本金（亿元）	全国排名	第一大股东	占比（%）
建信信托	合肥	15.2727	8	中国建设银行	67.00
中原信托	郑州	12.02	17	河南投资集团有限公司	48.42
国元信托	合肥	12	18	安徽国元控股（集团）有限责任公司	49.6875
交银信托	武汉	12	18	交通银行股份有限公司	85
山西信托	太原	10	26	山西省国信投资（集团）公司	90.7
百瑞信托	郑州	6.05	30	郑州市财政局	22.05
江西信托	南昌	5.001	37	江西省财政厅	83.27
湖南信托	长沙	5	39	湖南财信投资控股有限责任公司	96
全国平均		11.4774			
全国中位数		10			

从第一大股东持股情况看，近几年进行过增资扩股的信托公司股权相对分散，如建信信托、中原信托、百瑞信托；其他几家信托公司股权较为集

中，尤其是湖南信托和山西信托，第一大股东持股比例超过 90%，一股独大情况较为突出。全国第一大股东持股比例平均为 66.09%，中位数为 66.33%，与全国相比，中部地区信托公司股权集中度较高的现象依然突出，超过 80% 的就有 4 家。

总体来看，2009 年，中部 8 家信托公司股权结构相对稳定，除建信信托外，其他 7 家信托公司股权结构均未发生变动。并且，通过战略投资者的引入，逐步改变了中部地区信托公司地方国企或地方政府一统天下的局面，交银信托和建信信托相继成为银行系成员。

二、从业人员学历结构逐步优化，信托业务人员数量快速增加

2009 年年末中部地区 8 家信托公司员工数量合计 769 人，较 2008 年年末的 679 人增加 90 人，增幅 13.25%（见表 6－2、图 6－1）。

表 6－2　　中部地区信托公司员工人数及学历结构情况表

信托公司	总人数		博士		硕士		硕博占比（%）	
	2009 年	2008 年	2009 年	2008 年	2009 年	2008 年	2009 年	2008 年
中原信托	107	102	1	0	27	23	26.20	22.50
交银信托	87	85	3	4	37	37	45.98	45.98
国元信托	119	117	0	0	32	28	26.89	23.93
江西信托	79	56	5	6	29	22	43.04	50
山西信托	151	142	0	1	32	21	21.19	15.49
湖南信托	69	59	0	0	11	8	15.94	13.56
百瑞信托	82	65	4	3	35	18	47.56	32.31
建信信托	75	53	1	0	15	7	21.33	13.21
合计	769	679	14	14	218	164	31.02	27.12
平均	96.125	84.875	1.75	1.75	27.25	20.5	31.02	27.12

从学历结构上看，硕博以上学历员工人数也有着显著增加。2008 年，8 家信托公司硕博以上学历员工人数仅为 178 人，而到 2009 年年末已增至 232 人，增加 54 人，增幅达 30.33%，在行业增加的从业人员数量中占到六成。

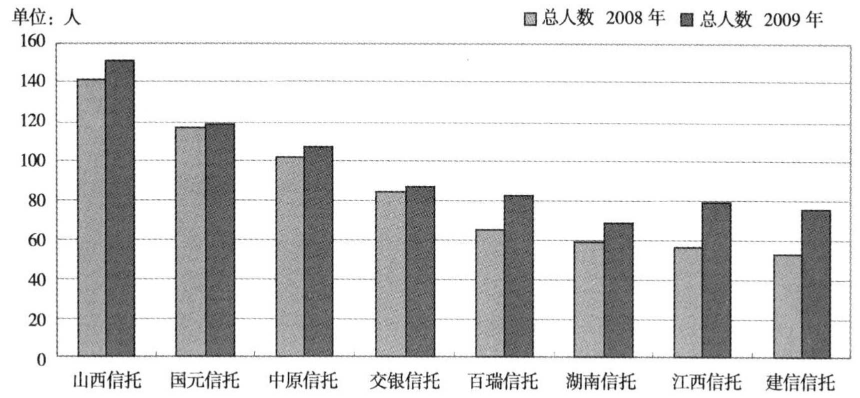

图6－1　中部地区信托公司近两年员工人数对比图

硕博以上学历员工人数增加最为明显的是百瑞信托，从21人增加至39人，增幅达85.71%；其次增加较为明显的是山西信托和建信信托，分别增加10人和9人。同时可以看到，百瑞信托、中原信托、国元信托和山西信托四家信托公司2009年新增加的员工全部为硕博以上学历，表明越来越多的信托公司认识到了高端人才对业务发展的重要作用，并提高了新员工的招聘门槛（见图6－2、图6－3、图6－4）。

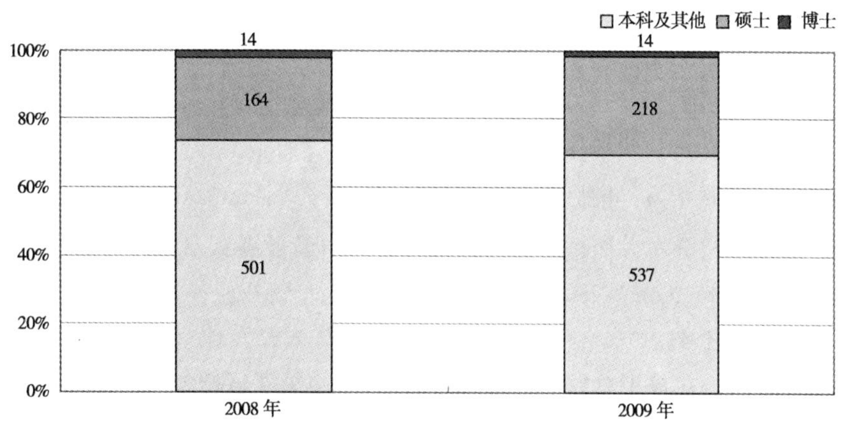

图6－2　中部地区信托公司总体员工学历结构分布图

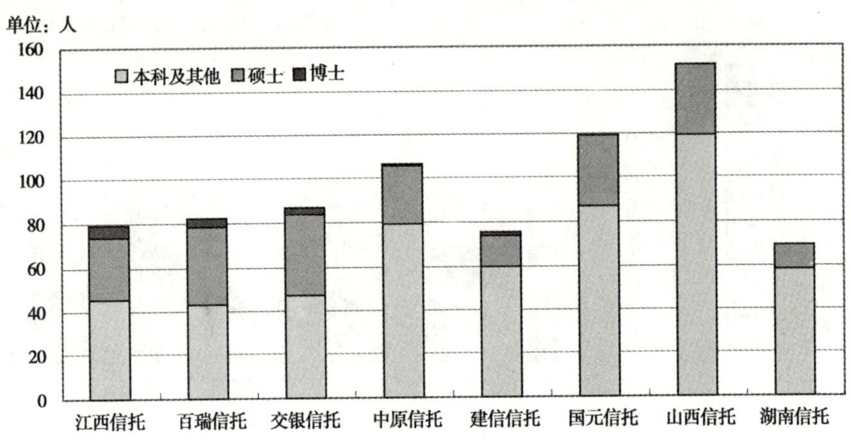

图6-3　中部地区各信托公司员工学历人数对比图

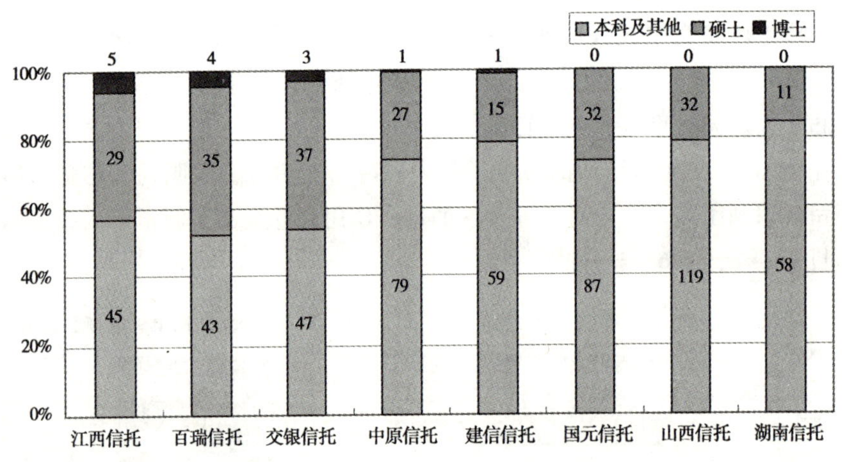

图6-4　中部地区各信托公司各类学历员工占比情况对比图

员工部门分布方面，中部8家信托公司自营业务人员共89人，在员工总数中占比11.57%，平均每家信托公司11人；信托业务人员332人，在员工总数中占比43.17%，平均每家信托公司42人；其他（职能部门）人员合计279人，在员工总数中占比36.28%，平均每家信托公司35人。静态来看，信托业务人员不管是数量还是占比上，都是信托公司人力资源分布的重要方面，平均每家信托公司达到42人，而自营业务人员则相对较少。动态来看，自营业务人员普遍呈减少趋势，而信托业务人员则快速增加，8家信

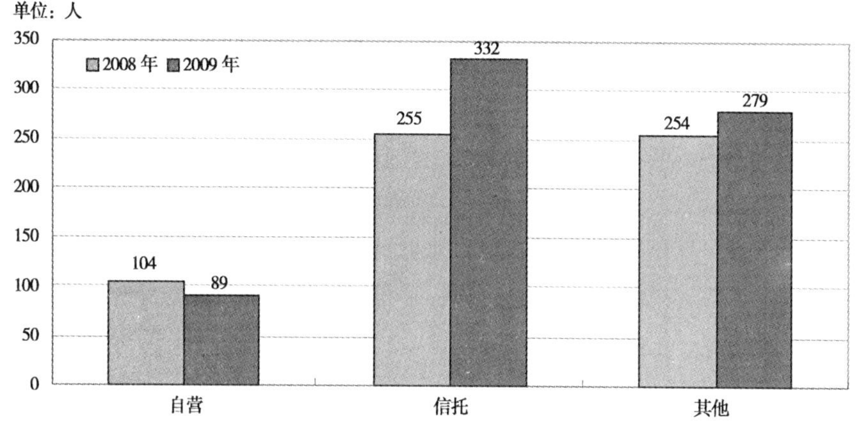

图6-5　中部地区信托公司总体员工分布情况对比图

托公司信托业务人员从2008年的255人增加至2009年的332人，增幅达30.2%，其中，增长最为迅速的建信信托和江西信托，增幅分别为146%和82%，从侧面反映了两家信托公司业务发展战略（见图6-5）。

业务人员与职能人员的比率反映了信托公司后台支持部门对业务部门的支持效率，从近两年年报上看，江西信托此比率出现显著增长，平均1个职能人员支持4.9个业务人员。中部地区8家信托公司此指标的平均值为1.51，即1个职能人员支持1.51个业务人员，较去年的1.41出现小幅增长（见表6-3、图6-6）。

表6-3　　中部地区信托公司员工分布情况表

信托公司	自营		信托		其他		业务人员/职能人员	
	2009年	2008年	2009年	2008年	2009年	2008年	2009年	2008年
中原信托	21	24	39	32	33	32	1.82	1.75
交银信托	3	5	30	31	48	43	0.69	0.84
国元信托	8	9	61	52	41	47	1.68	1.30
江西信托	3	3	51	28	11	11	4.91	2.82
山西信托	36	45	67	55	43	35	2.40	2.86
湖南信托	2	3	29	23	30	26	1.03	1.00
百瑞信托	10	11	28	23	38	26	1.00	1.31
建信信托	6	4	27	11	35	34	0.94	0.44
合计	89	104	332	255	279	254	1.51	1.41
平均	11.125	13	41.5	31.875	34.875	31.75	1.51	1.41

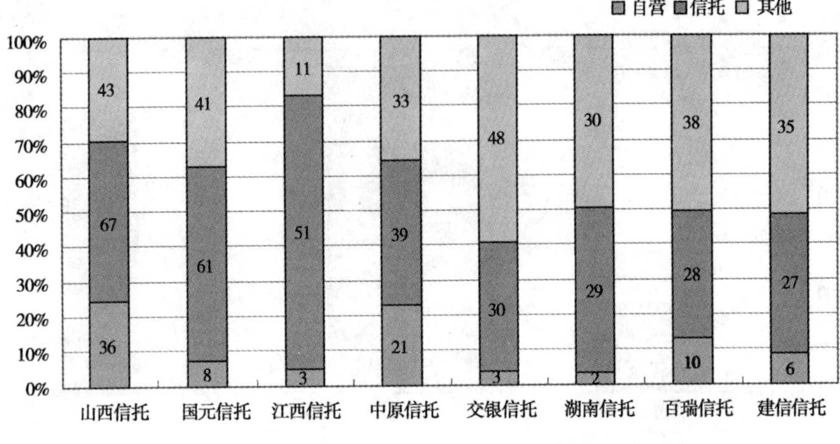

图6－6 中部地区各信托公司员工分布情况对比图

三、总收入整体呈上升态势，重组后的两家银行系信托公司增幅名列前茅

静态来看，2009年中部地区信托公司中总收入排名前三位的分别是国元信托3.21亿元、百瑞信托2.28亿元和江西信托2.15亿元，最后两位分别是山西信托1.46亿元和湖南信托1亿元（见表6－4）。

表6－4　　2009年中部地区信托公司总收入情况表

公司名称	2009年总收入（亿元）	总收入排名	较上年度增减规模（亿元）	排名	增长率（%）	排名
国元信托	3.21	1	0.90	4	39.05	6
百瑞信托	2.28	2	0.82	5	56.09	5
江西信托	2.15	3	0.60	7	38.82	7
中原信托	2.05	4	1.14	2	125.01	3
建信信托	1.81	5	1.26	1	229.26	1
交银信托	1.63	6	0.99	3	154.43	2
山西信托	1.46	7	0.66	6	82.75	4
湖南信托	1.00	8	0.04	8	4.47	8
合计	15.60		6.42		69.89	
平均	1.95		0.80		69.89	
全国平均值	3.58		0.13		3.77	

动态来看，虽然增长幅度不同，但是中部地区8家信托公司2009年总收入较2008年整体呈增长态势。涨幅排名前三位的信托公司分别为建信信托229.26%、交银信托154.43%和中原信托125.01%，最后的两位分别为江西信托38.82%和湖南信托4.47%。对比近两年总收入情况，2008年收入排名靠前的信托公司表现相对平稳，而两家重组后的银行系信托公司则出现了较大的涨幅，笔者认为这一方面与其2008年的基数较小有关，另一方面则体现了银行系信托公司蓬勃的发展势头（见图6－7）。

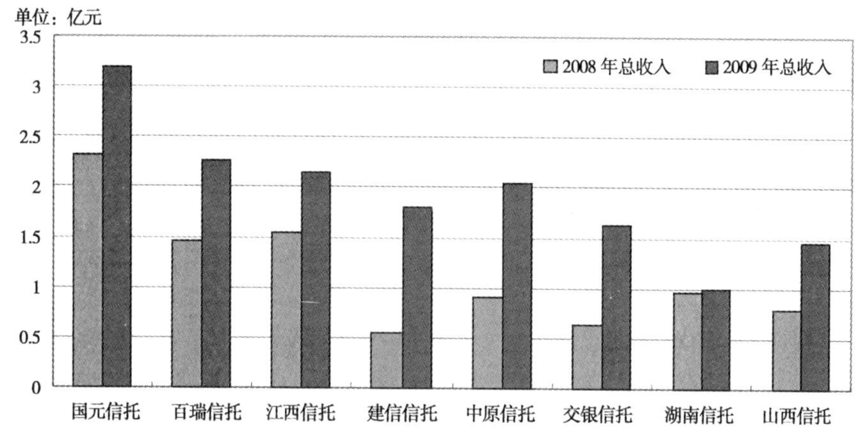

图6－7 中部地区信托公司2008—2009年总收入对比图

但与全国相比，受资产规模偏小等因素影响，中部地区信托公司在收入指标上仍有较大差距。全国信托公司2009年平均总收入为3.58亿元，而中部地区信托公司均处于此平均水平之下，即便是总收入排名第一位的国元信托也仅为3.21亿元。但中部地区信托公司在涨幅方面却表现不凡，8家信托公司总收入涨幅均高于全国平均水平，表现了中部地区信托公司强劲的后发优势。

表6－5　　　　2009年中部信托公司净利润情况表

公司名称	净利润（亿元）	排名	较上年度增长（亿元）	排名	增幅（%）	排名
国元信托	2.45	1	1.11	1	83.22	5
百瑞信托	1.21	2	0.46	4	62.31	6
江西信托	1.11	3	0.36	6	48.04	7

续表

公司名称	净利润（亿元）	排名	较上年度增长（亿元）	排名	增幅（%）	排名
中原信托	1.09	4	0.66	2	155.79	3
建信信托	0.72	5	0.39	5	116.43	4
交银信托	0.69	6	0.62	3	913.20	1
山西信托	0.47	7	0.34	7	282.52	2
湖南信托	0.27	8	-0.10	8	-27.18	8
合计	8.00		3.85		92.94	
平均	1.00		0.48		92.94	
全国平均值	2.19		0.07		3.19	

从表6-5可以看出，2009年中部信托公司净利润排名与总收入排名一致，国元信托已经突破2亿元大关，达24503亿元，百瑞信托、江西信托、中原信托净利润超过1亿元，分别名列第2、第3、第4位。通过动态比较可以发现，涨幅最大的是交银信托和山西信托，但是由于去年基数较小，其绝对值仍然处于较低水平，净利润分别名列第6、第7位；净利润排名前三位的信托公司国元信托、百瑞信托和江西信托，在相对保持稳定的基础上实现了一定的增长；湖南信托净利润出现下降，净利润和增幅均位于末位，对照其收入结构表可以看到，湖南信托的信托业务收入作为其主要收入来源，表现相对较为稳定，但是自营业务收入较其他信托公司有着较大差距。

对比全国信托公司净利润的平均值，可以看到中部地区信托公司中仅有国元信托达到全国平均值，其他信托公司大多仍处于中下游水平，表明中部地区信托公司应努力扩大资产规模，从而提升整体实力。但动态来看，除湖南信托外，中部地区信托公司净利润的增长率均远高于全国平均值，表现了近几年中部地区信托公司在“新两规”的指导下，重新定位，适度调整业务发展方向，并取得了一定的成效（见图6-8）。

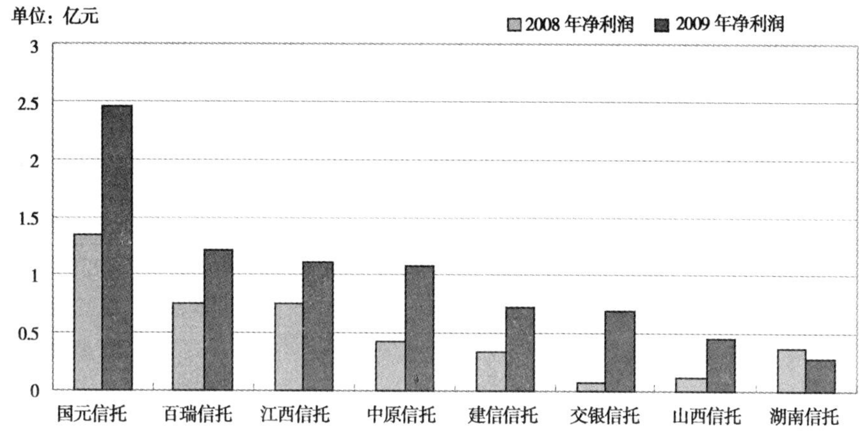

图6－8　中部地区信托公司2008—2009年净利润对比图

四、资本利润率和人均净利润较2008年有所提升，但仍有较大提升空间

2009年，中部地区有6家信托公司资本利润率高于2008年，分别是江西信托、百瑞信托、国元信托、中原信托、交银信托和山西信托，江西信托、百瑞信托和国元信托，连续2年处于中部地区前三甲，反映了这些信托公司经过业务战略的调整与部署，基本已进入良性循环，各项业务保持稳定发展；仅有湖南信托、建信信托两家信托公司资本利润率有所下降，建信信托为新重组的信托公司，业务发展进入过渡期，而湖南信托2008年资本利润率在中部地区尚处于中游，而2009年受自营业务影响，资本利润率仅名列第6位（见表6－6）。

表6－6　　中部地区信托公司2008—2009年资本利润率情况表

全国排名	公司名称	2009年资本利润率（%）	2008年资本利润率（%）
16	江西信托	16.22	10.17
25	百瑞信托	13.83	9.85
33	国元信托	11.23	9.17
40	中原信托	8.19	4.01
44	交银信托	5.51	0.58
47	湖南信托	4.47	6.31

续表

全国排名	公司名称	2009 年资本利润率（%）	2008 年资本利润率（%）
48	山西信托	4	1.05
49	建信信托	2.7	5.75
	平均	8.27	5.79
	全国平均值	12.04	13.8

全国信托公司资本利润率平均水平为 12.04%，而中部地区平均值仅为 8.27%，并且仅有 2 家信托公司超过全国平均水平，可见中部地区的资本利润率较其他信托公司仍相对较低（见图 6－9）。

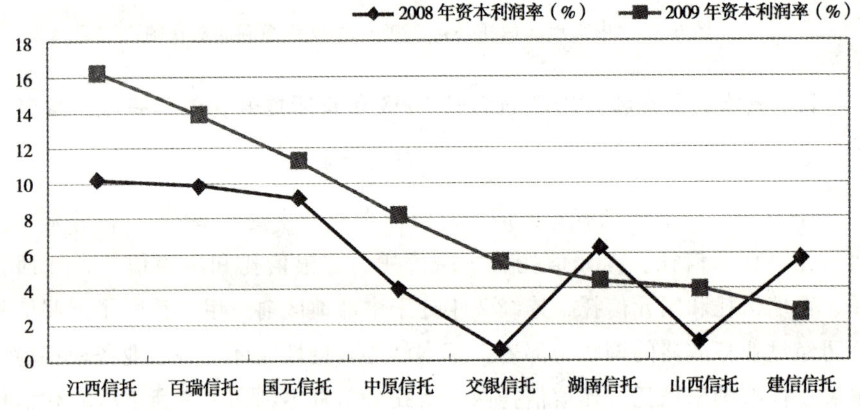

图 6－9　中部地区信托公司 2008—2009 年资本利润率对比图

2009 年，8 家信托公司中人均净利润最高的是国元信托 207.66 万元，百瑞信托和江西信托分别以 164.03 万元和 141.03 万元名列第二、第三位；排名最后两位的分别是湖南信托和山西信托，人均净利润仅为 41 万和 32.02 万元（见表 6－7）。

表 6－7　　中部地区信托公司 2008—2009 年人均净利润情况表

全国排名	公司名称	2009 年人均净利润（万元）	2008 年人均净利润（万元）
23	国元信托	207.66	114.31
25	百瑞信托	164.03	109.23
29	江西信托	141.03	134.39

续表

全国排名	公司名称	2009年人均净利润（万元）	2008年人均净利润（万元）
36	建信信托	114.4	59.46
38	中原信托	105.1	42
41	交银信托	78.96	8.8
47	湖南信托	41	61.8
49	山西信托	32.02	8.86
	平均	110.53	67.36
	全国平均值	220.26	238.71

对比近两年人均净利润数据，除湖南信托外，其他7家信托公司均有不同程度的提升，尤其是国元信托、百瑞信托和江西信托已经连续两年名列前三位（见图6－10）。

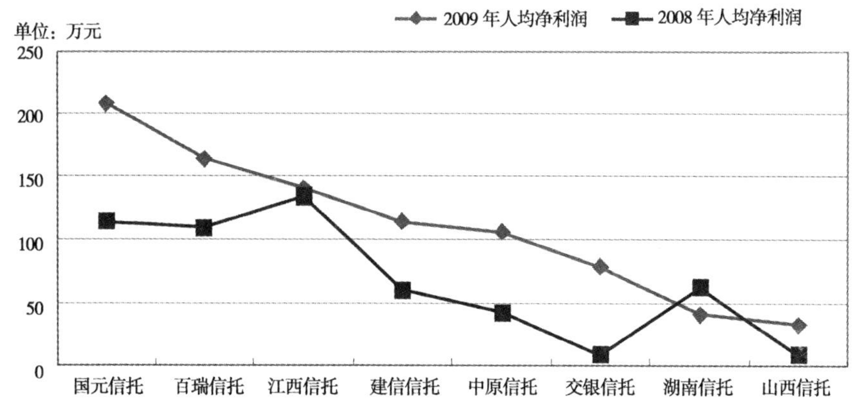

图6－10　中部地区信托公司2008—2009年人均净利润对比图

2009年，全国信托公司平均净利润较2008年略有下降，而中部地区信托公司平均净利润大幅增加，从67.36万元增至110.53万元，尽管从增幅上看有着不错的成绩，但是中部地区人均净利润在绝对量上依然偏低，8家信托公司均低于全国平均水平，说明国内大型信托公司此指标优势明显，中部地区信托公司仍有很大的提升空间。

五、信托资产总规模大幅增加，但平均信托业务收入仍远低于全国平均数

（一）信托资产规模大幅增加，与全国平均水平的差距逐渐缩小

2009年，中部地区信托公司信托资产规模整体呈快速增加趋势，平均增幅高达116.4%，远高于全国平均65%的增长率，尤其是建信信托重组后借助于股东背景优势，信托资产规模从48.94亿元增长至275.55亿元，增幅高达463%。此外，山西信托、中原信托、百瑞信托增幅也超过100%（见表6－8）。

表6－8　　中部地区信托公司2008—2009年信托资产规模情况表

信托公司	排名	2009年信托资产规模（亿元）	2008年信托资产规模（亿元）	增幅（%）
江西信托	16	411.49	230.09	78.84
交银信托	19	382.09	231.19	65.27
建信信托	23	275.55	48.94	463.07
山西信托	25	257.51	82.94	210.49
中原信托	26	243.31	83.76	190.50
百瑞信托	30	185.43	82.45	124.90
国元信托	31	167.24	123.44	35.49
湖南信托	44	66.94	36.61	82.86
合计		1989.58	919.41	116.40
平均		248.70	114.93	116.40
全国平均值		366.81	245.68	65.00

从绝对数上看，中部地区信托公司信托资产规模最大的是江西信托，达411.49亿元，其次是交银信托和建信信托，分别为382.09亿元和275.55亿元，这三家信托公司在全国中分别位于16、19、23名。从表6－8可以看到，中部地区平均信托资产规模为248.7亿元，而全国平均值为366.81亿元，可见在2009年全国各家信托公司的信托资产规模均在快速增长，中部地区仅有江西信托和交银信托两家信托公司的信托资产规模达到全国平均水平。对比2008年数据，中部8家信托公司均低于全国平均水平，且平均规模尚未达到全国平均的一半，而2009年，有2家信托公司超过全国平均水平，且中部平均值低于全国平均值32.2%，可见中部地区信托公司在信托

资产规模指标上的差距正在逐步减小（见图6－11）。

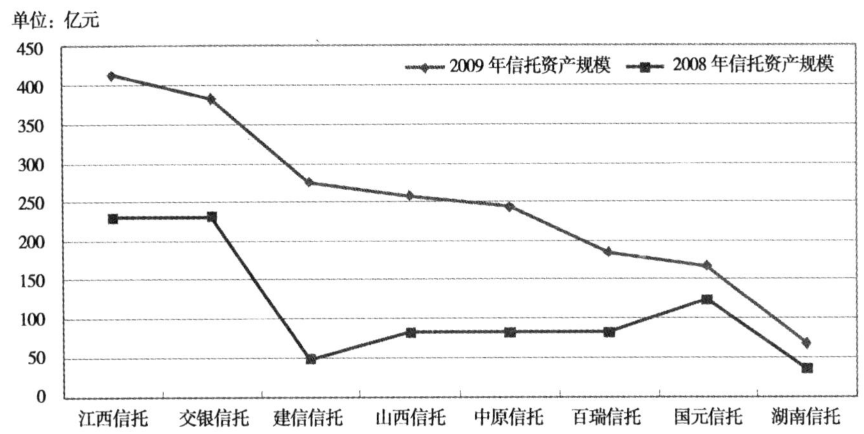

图6－11　中部地区信托公司2008—2009年信托资产规模对比图

（二）各家信托公司均由单一信托占据较大比重，而主动与被动管理信托的划分导致信托公司差异显著

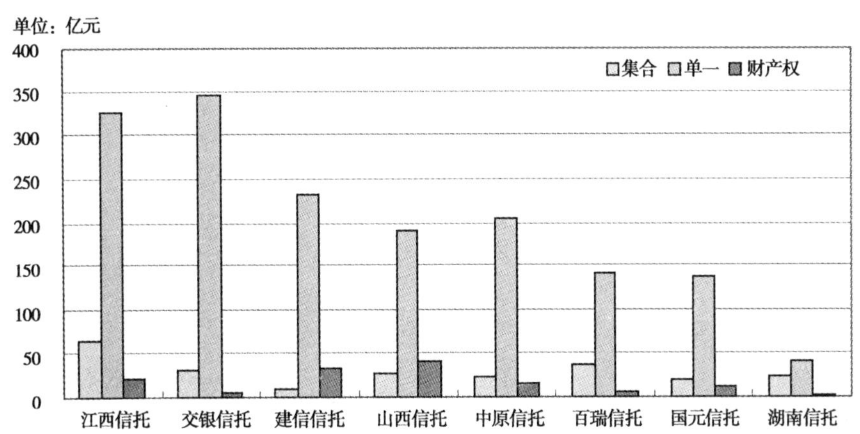

图6－12　中部地区信托公司2009年年末各类信托资产规模对比图

从图6－12可以看出，中部地区8家信托公司单一信托规模均远高于集合信托和财产权信托，在信托公司信托规模中占据较大比重。从单个信托公司来看，集合信托规模排名前三位的分别是江西信托、百瑞信托和交银信托，集合信托规模分别为63.65亿元、37.81亿元和31.12亿元；单一信托

规模排名前三位的分别是交银信托、江西信托和建信信托，单一信托规模分别为345.35亿元、327.72亿元和232.73亿元；财产权信托规模排名前三位的分别是山西信托、建信信托和江西信托，财产权信托规模分别为40.36亿元、34.27亿元和20.13亿元（见表6－9）。

表6－9　　中部地区信托公司2009年信托资产管理情况表

信托公司	集合	单一	财产权	主动	占比（%）	被动	占比（%）
江西信托	63.65	327.72	20.13	86.63	21.05	324.87	78.95
交银信托	31.12	345.35	5.62	50.83	13.30	331.26	86.70
建信信托	8.55	232.73	34.27	28.35	10.29	247.20	89.71
山西信托	26.88	190.27	40.36	135.18	52.49	122.33	47.50
中原信托	23.18	204.65	15.48	75.10	30.87	168.21	69.13
百瑞信托	37.81	142.48	5.15	172.99	93.29	12.44	6.71
国元信托	18.38	137.27	11.60	163.13	97.54	4.11	2.46
湖南信托	24.40	40.22	2.33	35.74	53.39	31.20	46.61
合计	233.96	1620.68	134.94	747.96	37.59	1241.62	62.41
平均	29.25	202.58	16.87	93.49	37.59	155.20	62.41
全国平均值				129.17	35.21	237.64	64.79

由于单一、集合和财产权的分类方式不能真正反映信托公司开展信托业务时自主管理能力的高低，下面通过监管部门2009年实施的主动管理、被动管理分类方式进行统计分析，如图6－13所示。

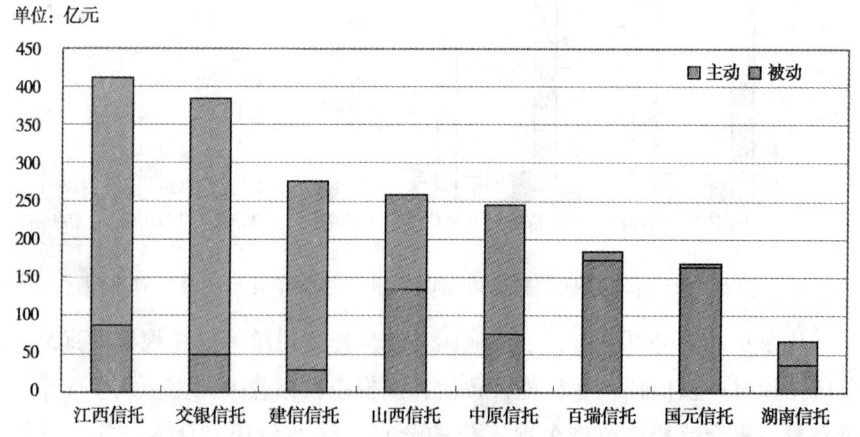

图6－13　中部地区信托公司2009年年末信托资产主动与被动管理情况对比图

从图6－13中可以看到，根据主动管理和被动管理对信托项目进行划分后，中部地区8家信托公司呈现明显的差异。江西信托、交银信托、建信信托和中原信托4家信托公司被动管理信托占据较大比重；百瑞信托和国元信托则是以主动管理信托为主；山西信托和湖南信托主动管理信托和被动管理信托约各占据一半比重。

从全国情况来看，全国信托公司主动管理类信托平均占比为35.21%，被动管理类信托平均占比64.79%。中部地区有4家信托公司主动管理类信托占比超过全国平均水平，分别为百瑞信托、国元信托、山西信托和湖南信托。

（三）信托报酬率呈现两极分化，信托业务获利能力差距显著

表6－10　中部地区信托公司2009年信托资产规模及收益情况表

信托公司	信托资产规模（亿元）	排名	信托业务收入（万元）	排名	信托报酬率（%）	排名
江西信托	411.49	16	18575.34	17	0.67	23
交银信托	382.09	19	10030.24	32	0.41	40
建信信托	275.55	24	1461.08	51	0.11	53
山西信托	257.51	26	9553.35	33	0.41	41
中原信托	243.31	27	7643.00	35	0.47	36
百瑞信托	185.43	32	16521.84	20	1.56	2
国元信托	167.24	33	5703.62	41	0.58	28
湖南信托	66.94	48	8145.00	34	0.52	33
合计	1989.58		77633.47		0.59	
平均	248.70		9704.18		0.59	
全国平均值	366.81		15100.00		0.51	

从表6－10可以看出，中部地区信托公司信托资产规模与信托业务收入在全国信托公司中的排名有着较大不同，其最主要的原因就是信托业务获利能力存在显著差异，信托报酬率指标就是最好的体现。

中部地区8家信托公司中，信托报酬率最高的是百瑞信托，高达1.56%，最低的是建信信托，仅为0.11%，两极分化趋势较为突出，其他6家信托公司则较为接近，分别位于0.41%—0.67%之间，接近于全国平均

水平（见图 6－14）。

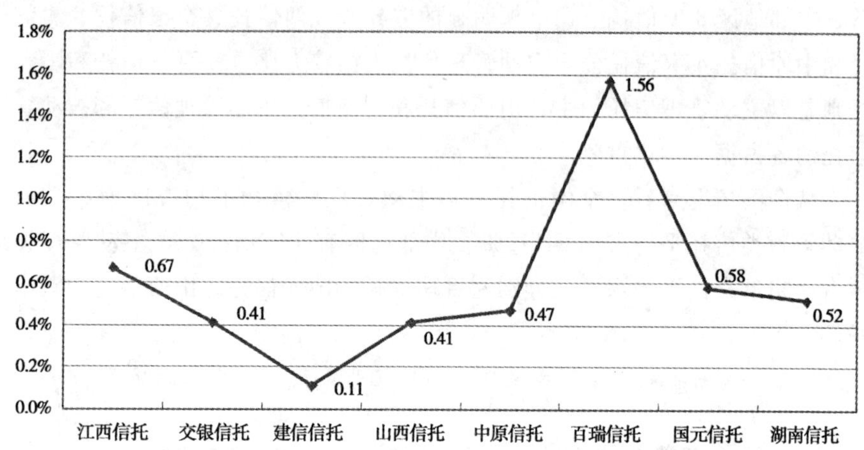

图 6－14　中部地区信托公司 2009 年信托报酬率对比图

对比信托报酬率和信托业务收入图示发现，这两根折线形状极为相似，可见信托报酬率的差距直接决定了信托业务收入的高低。例如，建信信托信托资产规模在 8 家信托公司中排列第 3 位，信托报酬率排第 8 位，信托业务收入排第 8 位；百瑞信托信托资产规模仅列第 6 位，信托报酬率一枝独秀排第 1 位，信托业务收入排第 2 位（见图 6－15）。

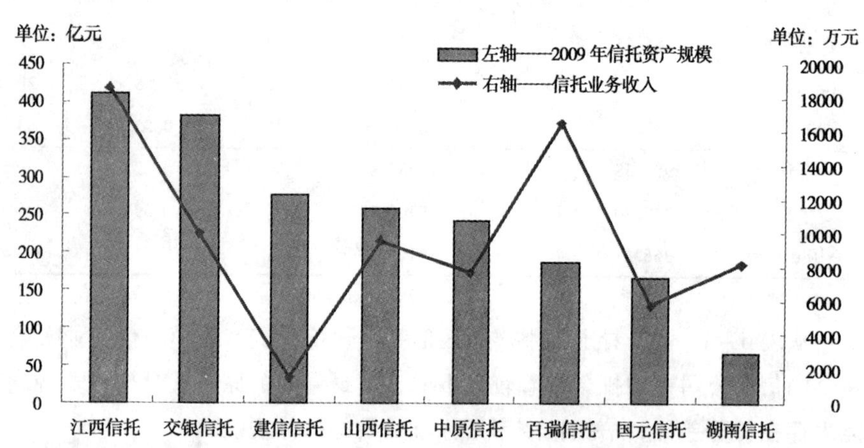

图 6－15　中部地区信托公司 2009 年信托资产规模与信托业务收入对比图

从图 6－14、图 6－15 中看到，两根折线图在江西信托处出现差异，其信托报酬率排第 2 位，但信托资产规模高达 411 亿元，排第一位，信托业务收入超过百瑞信托排第 1 位。尽管如此，我们仍应清醒认识到，2009 年，在监管部门先后出台信托公司监管评级指标修订、净资本监管等多项举措，引导信托公司从规模导向型向收入导向型进行转变的大背景下，这种依靠信托业务规模拉动信托业务收入的策略难以继续维持，尤其是净资本监管政策的出台，将对中部信托业务发展战略产生重要影响。整体看来，中部地区信托公司资本实力较弱，净资本监管政策实施后，各类业务规模将受到限制，唯有提早入手，做好业务发展规划，大力开展收益水平较高的信托业务方能使信托公司整体收入有所提升，否则将可能导致赢了现在输了将来的局面。

（四）业务创新亮点频现，研发对业务的推动作用不可忽视

2009 年，监管部门首次提出年报中加入信托业务创新成果和特色业务有关情况的披露，由信托公司自行掌握是否披露及披露尺度。中部地区 8 家信托公司除湖南信托外其他 7 家信托公司均对创新业务进行了披露，并且，中原信托和百瑞信托还对特色业务、业务专长及研究成果进行了披露。总的来看，中部地区信托公司的业务创新涵盖业务领域的创新和业务模式的创新等方面。

业务领域的创新主要包括中小企业信托和私募股权投资（PE）信托两大类。中小企业信托是在国家鼓励中小企业贷款政策下兴起的信托业务，交易模式相对单一，从中部地区案例来看均为贷款模式，案例包括建信信托的“滨湖·春晓”和“乾元理财”系列信托计划，山西信托的“山西省中小企业发展基金集合资金信托计划（1—7 期）”，和国元信托的“中小企业发展集合资金信托计划”；PE 信托则是以企业 IPO 为背景，为具有较高风险承受能力并希望获取高回报的高端投资者定制的信托业务类型，由于其风险较高，对投资管理人的要求也相对较高，所以目前发行的 PE 信托业务仍不是很多，主要案例包括百瑞信托的“郑州创业投资集合资金信托计划”、“百瑞恒益 5 号集合资金信托计划（力鼎投资）”，和中原信托的“中原理财—聚富资本 1 期股权投资集合资金信托计划”。

业务模式的创新是信托公司在基础设施、房地产及银信合作等领域，通过对业务模式的设计进行创新而使传统信托业务具有新特点。国元信托的“合肥城创债权转让信托项目”、百瑞信托的“百瑞富诚 26 号（郑州市基础设施）信托项目”即为基础设施信托的创新模式，“合肥城创债权转让信托

项目”信托资金用于受让合肥城创的债权，其债务人合肥市高新区财政局承诺到期无条件还款，并与受托人签署《债务清偿协议》，虽非地方政府直接以信托方式融资，但是仍达到了相同的效果；“百瑞富诚26号（郑州市基础设施）信托项目”的创新点在于通过构建项目池进行组合投资，不仅可以分散风险，而且在基础设施信托中引入了基金化元素。中原信托推出的“中原理财—宏业系列”房地产信托计划则借鉴了REITs的设计理念，采用真实购买方式，不动产过户至受托人名下，实现了房地产领域的创新。还有江西信托的准PE类信托“建银财富医疗保健行业股权投资信托”是由建设银行发行“乾元一号”医疗保健行业股权投资类人民币信托理财产品，所募集的全部资金委托给江西信托，并通过信托计划的方式投资于建银国际医疗保健股权投资基金，不仅具有准PE类信托的特点，而且也是银信合作业务领域的一大创新（见表6-11）。

表6-11　中部地区信托公司创新信托产品一览表

信托公司	创新信托产品	创新点
建信信托	“滨湖·春晓”和“乾元理财”系列信托计划	中小企业信托
山西信托	山西省中小企业发展基金集合资金信托计划（1-7期）	中小企业信托
国元信托	合肥城创债权转让信托项目	债权转让信托
	中小企业发展集合资金信托计划	中小企业信托
江西信托	建银财富医疗保健行业股权投资信托	准PE类信托
	建行乾元开放型资产组合投资理财信托	资金池类信托
	南通建筑工程承包公司应收账款资金信托	应收账款信托
交银信托	以融资租赁应收账款为基础资产的资产支持信托产品	应收账款信托
百瑞信托	郑州创业投资集合资金信托计划 百瑞恒益5号集合资金信托计划（力鼎投资）	私募股权投资（PE）信托
	百瑞富诚26号（郑州市基础设施）信托	项目池类基础设施信托
中原信托	中原理财-聚富资本1期股权投资集合资金信托计划	私募股权投资（PE）信托
	“中原理财-宏业系列”房地产信托计划	借鉴REITs设计理念，采用真实购买方式，不动产过户至受托人名下

在特色业务和业务专长方面，仅有百瑞信托和中原信托两家信托公司进行了披露，详见表6-12。

表 6－12　　中部地区信托公司特色业务和业务专长情况表

信托公司	特色业务	业务专长
百瑞信托	“百瑞信托·郑州慈善（四川灾区及贫困地区教育援助）公益信托计划”	基础设施信托和房地产信托
中原信托	银信合作业务、信政合作业务	上市公司股权质押信托业务和房地产信托业务

在研究成果方面，虽然也仅有百瑞信托和中原信托两家信托公司进行了披露，但是从披露内容上仍可看出两家信托公司研究侧重点的不同。从研究成果上看，百瑞信托研发力量主要投入在信托业务领域，而中原信托则是以自营业务为主。结合两家信托公司的信托及自营业务收入和收益率，百瑞信托2009年实现信托业务收入16522万元，信托业务收入占比72.5%，信托报酬率1.56%，中部地区排名第1位；中原信托实现自营业务收入12833万元，占比62.7%，自营业务收益率9.47%，中部地区排名第2位。由此可见，研发工作虽然不能直接为信托公司带来盈利，但研发力量的投入对业务的推动作用是不可忽视的（见表6－13）。

表 6－13　　中部地区信托公司研究成果情况表

信托公司	研究成果
百瑞信托	撰写了《2008年信托公司年报分析》（系列报告）、《2009年信托行业分析报告》（每季）等多篇分析报告。在专题研究方面，完成了《基础设施和房地产信托基金设计方案》、《信托与养老产业》、《房地产专项报告》、《个人财富管理产品设计方案》、《不良资产处置信托产品设计方案》等报告的撰写。《信托产品流通机制研究》一文在河南省金融学会重点课题评审中荣获一等奖。此外，还出版了《信托研究与年报分析》一书，成为首部由信托公司出版的对年报进行系统分析的研究类刊物。
中原信托	部分优秀研发报告有《创业板市场投资机会与风险防范》、《固有资产配置策略研究》、《信托产品的定价模型与实证分析》、《2010年宏观经济展望及对公司固有投资的影响分析》等。

六、收入结构呈现较大差异性，自营业务收益率整体偏低

对比2009年各公司的收入结构，可以看到8家信托公司差异性明显。根据信托业务和自营业务收入占比，可以将8家信托公司分为两大类，第一

类以信托业务收入为主导，包括江西信托、百瑞信托、交银信托、山西信托、湖南信托5家信托公司；第二类以自营业务为主导，包括中原信托、国元信托和建信信托3家信托公司（见表6－14、图6－16）。

表6－14　　中部地区信托公司收入结构及收益情况表

公司名称	信托业务			自营业务		
	收入	占比（%）	信托报酬率（%）	收入	占比（%）	自营业务收益率（%）
江西信托	18575.34	86.3	0.67	2942	13.7	4.04
百瑞信托	16521.84	72.5	1.56	6267	27.5	7.43
交银信托	10030.24	61.5	0.41	6290	38.5	5.04
山西信托	9553.35	65.3	0.41	5067	34.7	4.34
湖南信托	8145.00	81.2	0.52	1884	18.8	3.18
中原信托	7643.00	37.3	0.47	12833	62.7	9.47
国元信托	5703.62	17.8	0.58	26417	82.2	12.11
建信信托	1461.08	8.1	0.11	16648	91.9	6.50
合计	77633	49.8	0.59	78347	50.2	7.34
平均	9704	49.8	0.59	9793	50.2	7.34
全国平均值	15100.00	42.2	0.51	20700	57.8	12.00

注：自营业务收益率＝自营业务收入/平均净资产。

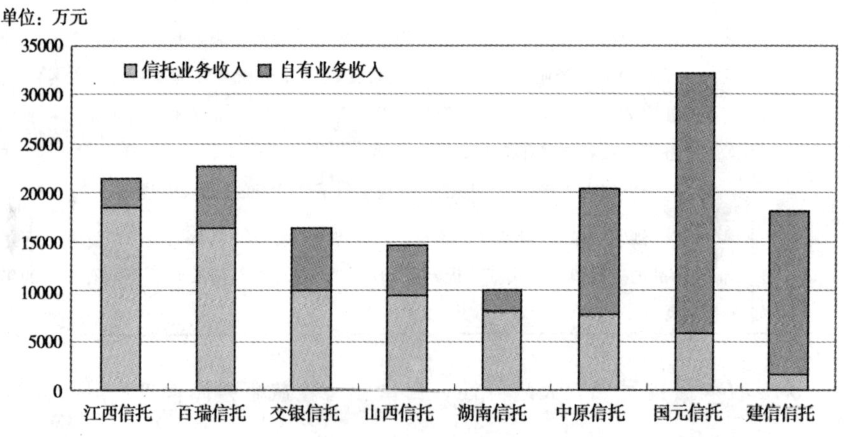

图6－16　中部地区信托公司收入来源对比图

在以信托业务收入为主导的信托公司中，江西信托、百瑞信托、湖南信托3家信托公司信托报酬率超过全国平均值，而交银信托和山西信托2家信托公司信托报酬率不及全国平均水平。在以自营业务收入为主导的信托公司中，仅有国元信托的自营业务收益率超过全国平均水平，中原信托、建信信托均低于全国平均值（见图6-17）。

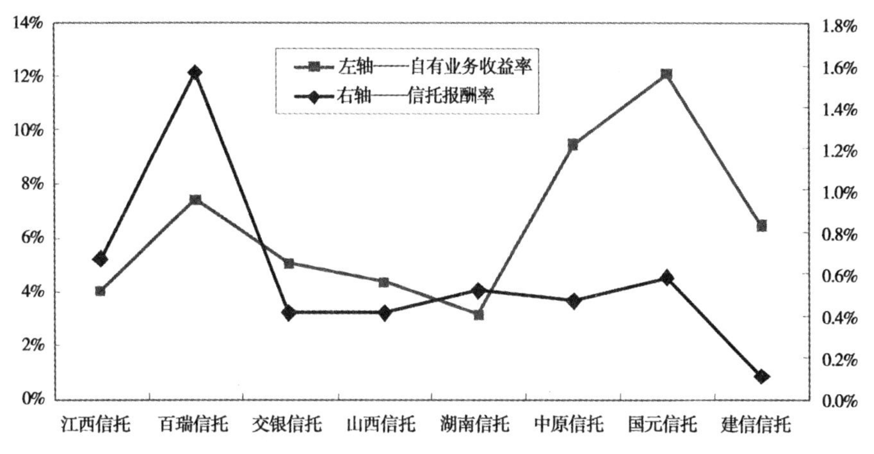

图6-17 中部地区信托公司自营业务收益率与信托报酬率情况对比图

整体来看，8家信托公司的平均信托报酬率略高于全国平均水平，但受到资本实力等因素影响，信托规模整体偏低，因此平均信托业务收入远低于全国平均值。自营业务方面，为了规避资产规模的影响，反映信托公司真实的盈利能力，我们以自营业务收益率指标进行衡量，经过对比发现，仅有国元信托一家略超全国平均数，其他信托公司均不及甚至远低于全国平均数，反映了中部地区信托公司自营业务盈利能力整体偏低，再加上净资本规模偏低的影响，中部8家信托公司平均自营业务收入尚未达到全国平均值的半数。

在即将实施的净资本监管政策影响下，资本实力的高低不仅将影响自营业务收入，而且对信托业务的发展也将产生限制，中部地区信托公司一方面应尽快扩充资本实力，为信托和自营业务提供发展空间，另一方面应努力提升自身盈利能力，尤其是在自营业务领域，要尽可能规避高风险领域，在保证稳健发展的前提下，通过投资策略部署，实现稳定的投资收益。

为了给信托公司提升自营业务收益水平提供参考依据，我们对2009年自营业务收入结构进行分析，重点关注自营业务收益率较高的信托公司收入来源，如图6－18所示。自营业务收益率最高的国元信托最为重要的收入来源是股权投资收入21205万元，其次是利息收入3809万元，再次为证券投资收入758万元；自营业务收益率排第2位的是中原信托，收入主要来源于其他投资收益达7382万元，其次是股权投资收益4104万元，再次是利息收入1080万元。由此可见，做好股权投资布局仍是信托公司提升自营业务收入的主要途径，贷款和证券投资可以作为补充，通过投资组合的构建有效降低投资风险。

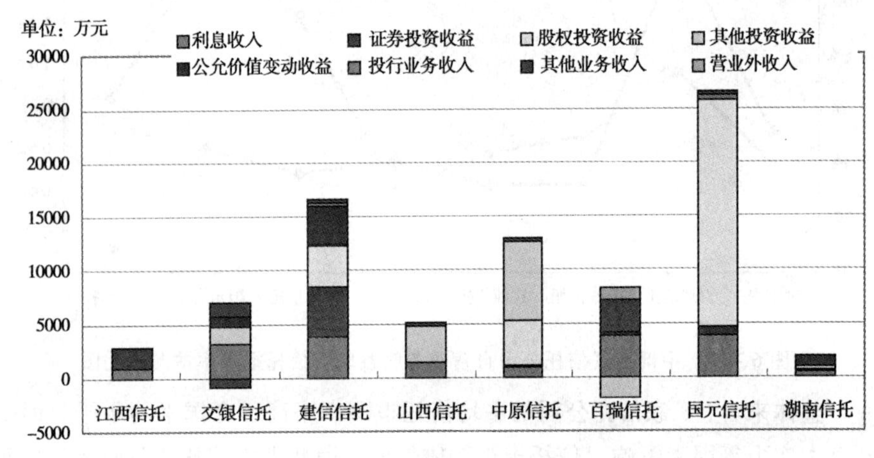

图6－18　中部地区信托公司自营业务收入结构对比图

附　　录

2009 年年末信托公司注册资本排名/156
2009 年年末信托公司净资产排名/157
2009 年信托公司净利润排名/159
2009 年信托公司总收入排名/161
2009 年信托公司信托业务收入排名/163
2009 年信托公司自有业务收入排名/165
2009 年信托公司资本利润率排名/167
2009 年信托公司信托报酬率排名/169
2009 年信托公司人均净利润排名/171
2009 年信托公司信托业务收入占比排名/172
2009 年信托公司自有业务收入占比排名/174
2009 年信托公司新增信托规模排名/176
2009 年年末信托公司信托业务规模排名/178
2009 年年末信托公司主动管理信托业务规模排名/180

2009 年年末信托公司注册资本排名

序号	公司名称	注册资本（亿元）
1	平安信托投资有限责任公司	69.88
2	昆仑信托有限责任公司	30
3	华润深国投信托有限公司	26.3
4	上海国际信托有限公司	25
5	江苏省国际信托有限责任公司	24.839
6	重庆国际信托有限公司	16.3373
7	吉林省信托投资有限责任公司	15.96
8	建信信托有限责任公司	15.2727
9	华融国际信托有限责任公司	15.1777
10	天津信托投资有限责任公司	15
11	英大国际信托有限责任公司	15
12	北京国际信托有限公司	14
13	山东省国际信托有限公司	12.8
14	国联信托股份有限公司	12.3
15	大连华信信托股份有限公司	12.1
16	国投信托有限公司	12.048
17	中原信托有限公司	12.02
18	安徽国元信托有限责任公司	12
19	交银国际信托有限公司	12
20	中国对外经济贸易信托有限公司	12
21	中诚信托有限责任公司	12
22	中海信托股份有限公司	12
23	中铁信托有限责任公司	12
24	中信信托有限责任公司	12
25	北方国际信托股份有限公司	10.01
26	上海爱建信托投资有限责任公司	10
27	国民信托有限公司	10
28	华宝信托有限责任公司	10
29	厦门国际信托有限公司	10
30	山西信托有限责任公司	10

续表

序号	公司名称	注册资本（亿元）
31	渤海国际信托有限公司	7.9565
32	新华信托股份有限公司	6.2112
33	百瑞信托有限责任公司	6.05
34	华能贵诚信托有限公司	6.03
35	苏州信托有限公司	5.9
36	华宸信托有限责任公司	5.72
37	江西国际信托股份有限公司	5.7012
38	广东粤财信托有限公司	5.655
39	中泰信托投资有限公司	5.166
40	联华国际信托投资有限公司	5.1
41	西安国际信托有限公司	5.1
42	东莞信托有限公司	5
43	湖南省信托有限责任公司	5
44	西部信托有限公司	5
45	中投信托有限责任公司	5
46	安信信托投资股份有限公司	4.541098
47	杭州工商信托股份有限公司	4.0608
48	云南国际信托有限公司	4
49	陕西省国际信托股份有限公司	3.58413
50	中融国际信托有限公司	3.25
51	甘肃省信托有限责任公司	3.1819
52	青岛海协信托投资有限公司	3.15
53	西藏自治区信托投资公司	3
54	新时代信托股份有限公司	3

2009年年末信托公司净资产排名

序号	公司名称	净资产（万元）
1	平安信托投资有限责任公司	1244046
2	华润深国投信托有限公司	667094
3	上海国际信托有限公司	451703

续表

序号	公司名称	净资产（万元）
4	重庆国际信托有限公司	450102
5	建信信托有限责任公司	443461
6	中信信托有限责任公司	434028
7	昆仑信托有限责任公司	396910
8	中诚信托有限责任公司	387995
9	江苏省国际信托有限责任公司	366333
10	安徽国元信托有限责任公司	289701
11	中海信托股份有限公司	231577
12	北京国际信托有限公司	231296
13	国联信托股份有限公司	203253
14	吉林省信托投资有限责任公司	194082
15	天津信托投资有限责任公司	188627
16	华宝信托有限责任公司	182843
17	大连华信信托股份有限公司	182720
18	国投信托有限公司	177868
19	英大国际信托有限责任公司	176059
20	华融国际信托有限责任公司	170910
21	中国对外经济贸易信托有限公司	168207
22	山东省国际信托有限公司	156965
23	厦门国际信托有限公司	143205
24	中原信托有限公司	142791
25	广东粤财信托有限公司	137861
26	北方国际信托股份有限公司	137558
27	中铁信托有限责任公司	129941
28	交银国际信托有限公司	128397
29	山西信托有限责任公司	121612
30	中投信托有限责任公司	121316
31	中泰信托投资有限公司	114423
32	国民信托有限公司	112619
33	渤海国际信托有限公司	94735

续表

序号	公司名称	净资产（万元）
34	百瑞信托有限责任公司	93975
35	新华信托股份有限公司	92160
36	华能贵诚信托有限公司	89855
37	苏州信托有限公司	87205
38	东莞信托有限公司	85819
39	西部信托有限公司	81955
40	云南国际信托有限公司	81925
41	江西国际信托股份有限公司	76307
42	华宸信托有限责任公司	75984
43	联华国际信托投资有限公司	73643
44	新时代信托股份有限公司	70919
45	中融国际信托有限公司	67519
46	杭州工商信托股份有限公司	63246
47	陕西省国际信托股份有限公司	60372
48	湖南省信托有限责任公司	57704
49	西安国际信托有限公司	54741
50	甘肃省信托有限责任公司	39511
51	西藏自治区信托投资公司	38688
52	上海爱建信托投资有限责任公司	37427
53	安信信托投资股份有限公司	22428
54	青岛海协信托投资有限公司	11325

2009 年信托公司净利润排名

序号	公司名称	净利润（万元）
1	华润深国投信托有限公司	144336
2	中信信托有限责任公司	95915
3	中诚信托有限责任公司	70449
4	平安信托投资有限责任公司	60629
5	上海国际信托有限公司	54590
6	重庆国际信托有限公司	52765

续表

序号	公司名称	净利润（万元）
7	华宝信托有限责任公司	45517
8	江苏省国际信托有限责任公司	44295
9	中海信托股份有限公司	43374
10	大连华信信托股份有限公司	41798
11	北京国际信托有限公司	34668
12	国联信托股份有限公司	34306
13	中融国际信托有限公司	32363
14	厦门国际信托有限公司	31760
15	昆仑信托有限责任公司	27348
16	广东粤财信托有限公司	26274
17	安徽国元信托有限责任公司	24504
18	中国对外经济贸易信托有限公司	22852
19	中泰信托投资有限公司	19872
20	北方国际信托股份有限公司	19623
21	华融国际信托有限责任公司	18849
22	国投信托有限公司	17548
23	天津信托投资有限责任公司	17201
24	中投信托有限责任公司	16377
25	中铁信托有限责任公司	16002
26	山东省国际信托有限公司	15440
27	新时代信托股份有限公司	14196
28	苏州信托有限公司	14163
29	英大国际信托有限责任公司	12939
30	云南国际信托有限公司	12195
31	东莞信托有限公司	12115
32	百瑞信托有限责任公司	12056
33	江西国际信托股份有限公司	11142
34	中原信托有限公司	10917
35	新华信托股份有限公司	10673
36	吉林省信托投资有限责任公司	10437

续表

序号	公司名称	净利润（万元）
37	杭州工商信托股份有限公司	10249
38	华宸信托有限责任公司	10154
39	国民信托有限公司	9361
40	华能贵诚信托有限公司	7284
41	甘肃省信托有限责任公司	7212
42	建信信托有限责任公司	7207
43	交银国际信托有限公司	6870
44	陕西省国际信托股份有限公司	5485
45	西安国际信托有限公司	5205
46	山西信托有限责任公司	4659
47	渤海国际信托有限公司	4640
48	上海爱建信托投资有限责任公司	4575
49	西部信托有限公司	3991
50	联华国际信托投资有限公司	3824
51	安信信托投资股份有限公司	3027
52	湖南省信托有限责任公司	2655
53	西藏自治区信托投资公司	301
54	青岛海协信托投资有限公司	-15757

2009 年信托公司总收入排名

序号	公司名称	总收入（万元）
1	中信信托有限责任公司	207589
2	华润深国投信托有限公司	159135
3	平安信托投资有限责任公司	142744
4	中诚信托有限责任公司	114619
5	重庆国际信托有限公司	80880
6	上海国际信托有限公司	80638
7	华宝信托有限责任公司	68789
8	中海信托股份有限公司	66101
9	中融国际信托有限公司	62657

续表

序号	公司名称	总收入（万元）
10	北京国际信托有限公司	61963
11	大连华信信托股份有限公司	61304
12	江苏省国际信托有限责任公司	51990
13	昆仑信托有限责任公司	46288
14	国联信托股份有限公司	43029
15	中铁信托有限责任公司	41832
16	厦门国际信托有限公司	41468
17	中国对外经济贸易信托有限公司	35380
18	北方国际信托股份有限公司	34902
19	安徽国元信托有限责任公司	32120
20	华融国际信托有限责任公司	32037
21	广东粤财信托有限公司	31580
22	新华信托股份有限公司	30922
23	天津信托投资有限责任公司	30619
24	英大国际信托有限责任公司	26632
25	中泰信托投资有限公司	26040
26	新时代信托股份有限公司	25310
27	苏州信托有限公司	23146
28	云南国际信托有限公司	23109
29	百瑞信托有限责任公司	22789
30	中投信托有限责任公司	22769
31	国投信托有限公司	22260
32	杭州工商信托股份有限公司	21777
33	江西国际信托股份有限公司	21517
34	华宸信托有限责任公司	20734
35	中原信托有限公司	20476
36	山东省国际信托有限公司	19946
37	东莞信托有限公司	19164
38	华能贵诚信托有限公司	18854
39	建信信托有限责任公司	18109

续表

序号	公司名称	总收入（万元）
40	国民信托有限公司	17114
41	交银国际信托有限公司	16320
42	吉林省信托投资有限责任公司	15646
43	山西信托有限责任公司	14620
44	西安国际信托有限公司	12836
45	甘肃省信托有限责任公司	12506
46	陕西省国际信托股份有限公司	12342
47	安信信托投资股份有限公司	11431
48	湖南省信托有限责任公司	10029
49	渤海国际信托有限公司	9519
50	联华国际信托投资有限公司	9004
51	西部信托有限公司	8412
52	上海爱建信托投资有限责任公司	6213
53	西藏自治区信托投资公司	297
54	青岛海协信托投资有限公司	33

2009 年信托公司信托业务收入排名

序号	公司名称	信托业务收入（万元）
1	中信信托有限责任公司	109867
2	平安信托投资有限责任公司	57128
3	中海信托股份有限公司	47961
4	中融国际信托有限公司	42714
5	大连华信信托股份有限公司	35422
6	中诚信托有限责任公司	34904
7	中铁信托有限责任公司	33013
8	北京国际信托有限公司	29688
9	华宝信托有限责任公司	29639
10	重庆国际信托有限公司	27368
11	新华信托股份有限公司	24404
12	华润深国投信托有限公司	24358

续表

序号	公司名称	信托业务收入（万元）
13	英大国际信托有限责任公司	22841
14	昆仑信托有限责任公司	21894
15	上海国际信托有限公司	20083
16	江苏省国际信托有限责任公司	18670
17	江西国际信托股份有限公司	18575
18	华融国际信托有限责任公司	18485
19	杭州工商信托股份有限公司	16878
20	百瑞信托有限责任公司	16522
21	云南国际信托有限公司	16270
22	中国对外经济贸易信托有限公司	15071
23	国联信托股份有限公司	14700
24	苏州信托有限公司	13913
25	天津信托投资有限责任公司	13821
26	安信信托投资股份有限公司	12188
27	华宸信托有限责任公司	11850
28	广东粤财信托有限公司	11142
29	华能贵诚信托有限公司	11063
30	西安国际信托有限公司	10171
31	北方国际信托股份有限公司	10070
32	交银国际信托有限公司	10030
33	山西信托有限责任公司	9553
34	湖南省信托有限责任公司	8145
35	中原信托有限公司	7643
36	山东省国际信托有限公司	7600
37	中投信托有限责任公司	7092
38	厦门国际信托有限公司	6808
39	东莞信托有限公司	6374
40	新时代信托股份有限公司	6096
41	安徽国元信托有限责任公司	5704
42	上海爱建信托投资有限责任公司	5249

续表

序号	公司名称	信托业务收入（万元）
43	吉林省信托投资有限责任公司	5243
44	陕西省国际信托股份有限公司	5100
45	渤海国际信托有限公司	4718
46	西部信托有限公司	4320
47	中泰信托投资有限公司	3947
48	国投信托有限公司	3292
49	联华国际信托投资有限公司	3116
50	国民信托有限公司	3067
51	建信信托有限责任公司	1461
52	甘肃省信托有限责任公司	1193
53	青岛海协信托投资有限公司	32
54	西藏自治区信托投资公司	0

2009 年信托公司自有业务收入排名

序号	公司名称	自有业务收入（万元）
1	华润深国投信托有限公司	134777
2	中信信托有限责任公司	97722
3	平安信托投资有限责任公司	85616
4	中诚信托有限责任公司	79715
5	上海国际信托有限公司	60555
6	重庆国际信托有限公司	53512
7	华宝信托有限责任公司	39150
8	厦门国际信托有限公司	34660
9	江苏省国际信托有限责任公司	33320
10	北京国际信托有限公司	32275
11	国联信托股份有限公司	28329
12	安徽国元信托有限责任公司	26416
13	大连华信信托股份有限公司	25882
14	北方国际信托股份有限公司	24832
15	昆仑信托有限责任公司	24394

续表

序号	公司名称	自有业务收入（万元）
16	中泰信托投资有限公司	22093
17	广东粤财信托有限公司	20438
18	中国对外经济贸易信托有限公司	20309
19	中融国际信托有限公司	19943
20	新时代信托股份有限公司	19214
21	国投信托有限公司	18968
22	中海信托股份有限公司	18140
23	天津信托投资有限责任公司	16798
24	建信信托有限责任公司	16648
25	中投信托有限责任公司	15677
26	国民信托有限公司	14047
27	华融国际信托有限责任公司	13552
28	中原信托有限公司	12833
29	东莞信托有限公司	12790
30	山东省国际信托有限公司	12346
31	甘肃省信托有限责任公司	11313
32	吉林省信托投资有限责任公司	10403
33	苏州信托有限公司	9233
34	华宸信托有限责任公司	8884
35	中铁信托有限责任公司	8819
36	华能贵诚信托有限公司	7791
37	陕西省国际信托股份有限公司	7242
38	云南国际信托有限公司	6839
39	新华信托股份有限公司	6518
40	交银国际信托有限公司	6290
41	百瑞信托有限责任公司	6267
42	联华国际信托投资有限公司	5888
43	山西信托有限责任公司	5067
44	杭州工商信托股份有限公司	4899
45	渤海国际信托有限公司	4801

续表

序号	公司名称	自有业务收入（万元）
46	西部信托有限公司	4092
47	英大国际信托有限责任公司	3791
48	江西国际信托股份有限公司	2942
49	西安国际信托有限公司	2665
50	湖南省信托有限责任公司	1884
51	上海爱建信托投资有限责任公司	964
52	西藏自治区信托投资公司	297
53	青岛海协信托投资有限公司	1
54	安信信托投资股份有限公司	-757

2009 年信托公司资本利润率排名

序号	公司名称	资本利润率（%）
1	中融国际信托有限公司	63.22
2	中信信托有限责任公司	26.9
3	华宝信托有限责任公司	24.65
4	华润深国投信托有限公司	24.61
5	厦门国际信托有限公司	23.88
6	大连华信信托股份有限公司	22.81
7	中海信托股份有限公司	21.4
8	广东粤财信托有限公司	21.12
9	新时代信托股份有限公司	20.01
10	中泰信托投资有限公司	19.71
11	甘肃省信托有限责任公司	19.66
12	中诚信托有限责任公司	19.45
13	杭州工商信托股份有限公司	17.78
14	苏州信托有限公司	17.36
15	国联信托股份有限公司	17.18
16	中投信托有限责任公司	16.98
17	江西国际信托股份有限公司	16.22
18	云南国际信托有限公司	16.08

续表

序号	公司名称	资本利润率（%）
19	北京国际信托有限公司	16
20	东莞信托有限公司	15.25
21	重庆国际信托有限公司	15.11
22	北方国际信托股份有限公司	14.93
23	安信信托投资股份有限公司	14.47
24	华宸信托有限责任公司	14.3
25	新华信托股份有限公司	14.29
26	中国对外经济贸易信托有限公司	14.22
27	百瑞信托有限责任公司	13.83
28	江苏省国际信托有限责任公司	13.66
29	西安国际信托有限公司	13.53
30	上海爱建信托投资有限责任公司	13.05
31	上海国际信托有限公司	12.68
32	昆仑信托有限责任公司	12.01
33	华融国际信托有限责任公司	11.65
34	安徽国元信托有限责任公司	11.23
35	中铁信托有限责任公司	10.71
36	陕西省国际信托股份有限公司	10.04
37	山东省国际信托有限公司	9.95
38	国投信托有限公司	9.78
39	天津信托投资有限责任公司	9.68
40	华能贵诚信托有限公司	8.77
41	国民信托有限公司	8.43
42	中原信托有限公司	8.19
43	英大国际信托有限责任公司	7.71
44	渤海国际信托有限公司	6.02
45	吉林省信托投资有限责任公司	5.67
46	联华国际信托投资有限公司	5.61
47	交银国际信托有限公司	5.51
48	西部信托有限公司	5.21

续表

序号	公司名称	资本利润率（%）
49	平安信托投资有限责任公司	5.08
50	湖南省信托有限责任公司	4.47
51	山西信托有限责任公司	4
52	建信信托有限责任公司	2.7
53	西藏自治区信托投资公司	0.74
54	青岛海协信托投资有限公司	-63.03

2009年信托公司信托报酬率排名

序号	公司名称	信托报酬率（%）
1	云南国际信托有限公司	1.59
2	百瑞信托有限责任公司	1.56
3	联华国际信托投资有限公司	1.54
4	安信信托投资股份有限公司	1.31
5	杭州工商信托股份有限公司	1.28
6	江苏省国际信托有限责任公司	1.23
7	重庆国际信托有限公司	1.16
8	北方国际信托股份有限公司	1.12
9	新时代信托股份有限公司	1.08
10	苏州信托有限公司	1.04
11	西部信托有限公司	1.03
12	上海爱建信托投资有限责任公司	0.98
13	华能贵诚信托有限公司	0.97
14	昆仑信托有限责任公司	0.96
15	上海国际信托有限公司	0.88
16	华宝信托有限责任公司	0.77
17	华宸信托有限责任公司	0.73
18	华融国际信托有限责任公司	0.73
19	天津信托投资有限责任公司	0.73
20	国联信托股份有限公司	0.70
21	中信信托有限责任公司	0.70

续表

序号	公司名称	信托报酬率（%）
22	西安国际信托有限公司	0.69
23	江西国际信托股份有限公司	0.67
24	大连华信信托股份有限公司	0.65
25	平安信托投资有限责任公司	0.64
26	中投信托有限责任公司	0.60
27	中铁信托有限责任公司	0.59
28	安徽国元信托有限责任公司	0.58
29	新华信托股份有限公司	0.58
30	东莞信托有限公司	0.57
31	厦门国际信托有限公司	0.57
32	国民信托有限公司	0.54
33	湖南省信托有限责任公司	0.52
34	北京国际信托有限公司	0.50
35	中泰信托投资有限公司	0.48
36	中原信托有限公司	0.47
37	陕西省国际信托股份有限公司	0.45
38	中海信托股份有限公司	0.45
39	青岛海协信托投资有限公司	0.43
40	交银国际信托有限公司	0.41
41	山西信托有限责任公司	0.41
42	中诚信托有限责任公司	0.38
43	渤海国际信托有限公司	0.34
44	甘肃省信托有限责任公司	0.34
45	华润深国投信托有限公司	0.31
46	中国对外经济贸易信托有限公司	0.31
47	中融国际信托有限公司	0.31
48	广东粤财信托有限公司	0.29
49	吉林省信托投资有限责任公司	0.27
50	英大国际信托有限责任公司	0.20
51	山东省国际信托有限公司	0.18
52	国投信托有限公司	0.15
53	建信信托有限责任公司	0.11
54	西藏自治区信托投资公司	0.00

2009年信托公司人均净利润排名

序号	公司名称	人均净利润
1	华润深国投信托有限公司	1472.81
2	国联信托股份有限公司	779.68
3	江苏省国际信托有限责任公司	777.1
4	重庆国际信托有限公司	775.96
5	中海信托股份有限公司	657.18
6	中诚信托有限责任公司	649.26
7	中信信托有限责任公司	527
8	广东粤财信托有限公司	505.27
9	国投信托有限公司	373.37
10	厦门国际信托有限公司	365
11	上海国际信托有限公司	356.8
12	大连华信信托股份有限公司	342.61
13	华宝信托有限责任公司	317.19
14	北京国际信托有限公司	310
15	中泰信托投资有限公司	308.1
16	中国对外经济贸易信托有限公司	297.18
17	昆仑信托有限责任公司	284.87
18	苏州信托有限公司	257.51
19	中投信托有限责任公司	253.9
20	华融国际信托有限责任公司	231.46
21	东莞信托有限公司	214.42
22	北方国际信托股份有限公司	213.15
23	安徽国元信托有限责任公司	207.66
24	山东省国际信托有限公司	180.85
25	百瑞信托有限责任公司	164.03
26	新时代信托股份有限公司	152.65
27	中铁信托有限责任公司	150
28	甘肃省信托有限责任公司	144.25
29	英大国际信托有限责任公司	142.19
30	江西国际信托股份有限公司	141.03

续表

序号	公司名称	人均净利润
31	杭州工商信托股份有限公司	140
32	国民信托有限公司	135.67
33	中融国际信托有限公司	131.03
34	平安信托投资有限责任公司	119.82
35	华能贵诚信托有限公司	119.16
36	天津信托投资有限责任公司	117.82
37	吉林省信托投资有限责任公司	117.27
38	建信信托有限责任公司	114.4
39	云南国际信托有限公司	113
40	中原信托有限公司	105.1
41	华宸信托有限责任公司	102.05
42	渤海国际信托有限公司	92
43	安信信托投资股份有限公司	79.66
44	交银国际信托有限公司	78.96
45	上海爱建信托投资有限责任公司	77.54
46	新华信托股份有限公司	65.08
47	西安国际信托有限公司	54.5
48	西部信托有限公司	49.27
49	联华国际信托投资有限公司	45
50	湖南省信托有限责任公司	41
51	陕西省国际信托股份有限公司	37.31
52	山西信托有限责任公司	32.02
53	西藏自治区信托投资公司	15.06
54	青岛海协信托投资有限公司	-543.34

2009年信托公司信托业务收入占比排名

序号	公司名称	信托业务收入占比（%）
1	安信信托投资股份有限公司	106.6
2	青岛海协信托投资有限公司	97.0
3	江西国际信托股份有限公司	86.3

续表

序号	公司名称	信托业务收入占比（%）
4	英大国际信托有限责任公司	85.8
5	上海爱建信托投资有限责任公司	84.5
6	湖南省信托有限责任公司	81.2
7	西安国际信托有限公司	79.2
8	新华信托股份有限公司	78.9
9	中铁信托有限责任公司	78.9
10	杭州工商信托股份有限公司	77.5
11	中海信托股份有限公司	72.6
12	百瑞信托有限责任公司	72.5
13	云南国际信托有限公司	70.4
14	中融国际信托有限公司	68.2
15	山西信托有限责任公司	65.3
16	交银国际信托有限公司	61.5
17	苏州信托有限公司	60.1
18	华能贵诚信托有限公司	58.7
19	大连华信信托股份有限公司	57.8
20	华融国际信托有限责任公司	57.7
21	华宸信托有限责任公司	57.2
22	中信信托有限责任公司	52.9
23	西部信托有限公司	51.4
24	渤海国际信托有限公司	49.6
25	北京国际信托有限公司	47.9
26	昆仑信托有限责任公司	47.3
27	天津信托投资有限责任公司	45.1
28	华宝信托有限责任公司	43.1
29	中国对外经济贸易信托有限公司	42.6
30	陕西省国际信托股份有限公司	41.3
31	平安信托投资有限责任公司	40.0
32	山东省国际信托有限公司	38.1
33	中原信托有限公司	37.3

续表

序号	公司名称	信托业务收入占比（%）
34	江苏省国际信托有限责任公司	35.9
35	广东粤财信托有限公司	35.3
36	联华国际信托投资有限公司	34.6
37	国联信托股份有限公司	34.2
38	重庆国际信托有限公司	33.8
39	吉林省信托投资有限责任公司	33.5
40	东莞信托有限公司	33.3
41	中投信托有限责任公司	31.1
42	中诚信托有限责任公司	30.5
43	北方国际信托股份有限公司	28.9
44	上海国际信托有限公司	24.9
45	新时代信托股份有限公司	24.1
46	国民信托有限公司	17.9
47	安徽国元信托有限责任公司	17.8
48	厦门国际信托有限公司	16.4
49	华润深国投信托有限公司	15.3
50	中泰信托投资有限公司	15.2
51	国投信托有限公司	14.8
52	甘肃省信托有限责任公司	9.5
53	建信信托有限责任公司	8.1
54	西藏自治区信托投资公司	0.0

2009年信托公司自有业务收入占比排名

序号	公司名称	自有业务收入占比（%）
1	西藏自治区信托投资公司	100.0
2	建信信托有限责任公司	91.9
3	甘肃省信托有限责任公司	90.5
4	国投信托有限公司	85.2
5	中泰信托投资有限公司	84.8
6	华润深国投信托有限公司	84.7

续表

序号	公司名称	自有业务收入占比（%）
7	厦门国际信托有限公司	83.6
8	安徽国元信托有限责任公司	82.2
9	国民信托有限公司	82.1
10	新时代信托股份有限公司	75.9
11	上海国际信托有限公司	75.1
12	北方国际信托股份有限公司	71.1
13	中诚信托有限责任公司	69.5
14	中投信托有限责任公司	68.9
15	东莞信托有限公司	66.7
16	吉林省信托投资有限责任公司	66.5
17	重庆国际信托有限公司	66.2
18	国联信托股份有限公司	65.8
19	联华国际信托投资有限公司	65.4
20	广东粤财信托有限公司	64.7
21	江苏省国际信托有限责任公司	64.1
22	中原信托有限公司	62.7
23	山东省国际信托有限公司	61.9
24	平安信托投资有限责任公司	60.0
25	陕西省国际信托股份有限公司	58.7
26	中国对外经济贸易信托有限公司	57.4
27	华宝信托有限责任公司	56.9
28	天津信托投资有限责任公司	54.9
29	昆仑信托有限责任公司	52.7
30	北京国际信托有限公司	52.1
31	渤海国际信托有限公司	50.4
32	西部信托有限公司	48.6
33	中信信托有限责任公司	47.1
34	华宸信托有限责任公司	42.8
35	华融国际信托有限责任公司	42.3
36	大连华信信托股份有限公司	42.2

续表

序号	公司名称	自有业务收入占比（%）
37	华能贵诚信托有限公司	41.3
38	苏州信托有限公司	39.9
39	交银国际信托有限公司	38.5
40	山西信托有限责任公司	34.7
41	中融国际信托有限公司	31.8
42	云南国际信托有限公司	29.6
43	百瑞信托有限责任公司	27.5
44	中海信托股份有限公司	27.4
45	杭州工商信托股份有限公司	22.5
46	中铁信托有限责任公司	21.1
47	新华信托股份有限公司	21.1
48	西安国际信托有限公司	20.8
49	湖南省信托有限责任公司	18.8
50	上海爱建信托投资有限责任公司	15.5
51	英大国际信托有限责任公司	14.2
52	江西国际信托股份有限公司	13.7
53	青岛海协信托投资有限公司	3.0
54	安信信托投资股份有限公司	-6.6

2009年信托公司新增信托规模排名

序号	公司名称	2009年新增信托规模（万元）
1	中信信托有限责任公司	14758114
2	中融国际信托有限公司	14713500
3	广东粤财信托有限公司	14669751
4	中海信托股份有限公司	13248692
5	英大国际信托有限责任公司	12135047
6	平安信托投资有限责任公司	12030367
7	中诚信托有限责任公司	8502603
8	大连华信信托股份有限公司	7844545
9	华润深国投信托有限公司	7837748

续表

序号	公司名称	2009 年新增信托规模（万元）
10	昆仑信托有限责任公司	6994208
11	北京国际信托有限公司	5788034
12	江西国际信托股份有限公司	5063203
13	西安国际信托有限公司	5053803
14	上海国际信托有限公司	4877757
15	交银国际信托有限公司	4514601
16	山东省国际信托有限公司	4480900
17	华宝信托有限责任公司	4264932
18	华融国际信托有限责任公司	4166447
19	中铁信托有限责任公司	3605786
20	新华信托股份有限公司	3527114
21	渤海国际信托有限公司	3425066
22	吉林省信托投资有限责任公司	3204406
23	建信信托有限责任公司	3046475
24	中国对外经济贸易信托有限公司	3032967
25	中原信托有限公司	2500694
26	重庆国际信托有限公司	2414753
27	国投信托有限公司	2348426
28	华能贵诚信托有限公司	2281016
29	山西信托有限责任公司	2230229
30	安徽国元信托有限责任公司	1847307
31	北方国际信托股份有限公司	1810107
32	天津信托投资有限责任公司	1786842
33	百瑞信托有限责任公司	1633442
34	安信信托投资股份有限公司	1382355
35	中投信托有限责任公司	1369460
36	江苏省国际信托有限责任公司	1323773
37	中泰信托投资有限公司	1270282
38	陕西省国际信托股份有限公司	1227005
39	新时代信托股份有限公司	1220337

续表

序号	公司名称	2009 年新增信托规模（万元）
40	华宸信托有限责任公司	1176377
41	联华国际信托投资有限公司	930915
42	东莞信托有限公司	921459
43	厦门国际信托有限公司	795165
44	苏州信托有限公司	770199
45	国联信托股份有限公司	728491
46	云南国际信托有限公司	647550
47	湖南省信托有限责任公司	547042
48	西部信托有限公司	428627
49	国民信托有限公司	372031
50	杭州工商信托股份有限公司	304372
51	甘肃省信托有限责任公司	179516
52	上海爱建信托投资有限责任公司	110658
53	青岛海协信托投资有限公司	0
54	西藏自治区信托投资公司	0

2009 年年末信托公司信托业务规模排名

序号	公司名称	2009 年末信托业务规模（万元）
1	中信信托有限责任公司	20678078
2	英大国际信托有限责任公司	14767908
3	中海信托股份有限公司	13709622
4	中融国际信托有限公司	13153303
5	平安信托投资有限责任公司	13081466
6	中诚信托有限责任公司	9330674
7	广东粤财信托有限公司	6785847
8	昆仑信托有限责任公司	5980340
9	华润深国投信托有限公司	5811723
10	北京国际信托有限公司	5691490
11	山东省国际信托有限公司	5396463
12	大连华信信托股份有限公司	5272210

续表

序号	公司名称	2009 年末信托业务规模（万元）
13	上海国际信托有限公司	4893123
14	华宝信托有限责任公司	4672624
15	中铁信托有限责任公司	4179263
16	江西国际信托股份有限公司	4114941
17	中国对外经济贸易信托有限公司	4104484
18	新华信托股份有限公司	4040995
19	交银国际信托有限公司	3820924
20	西安国际信托有限公司	3339591
21	渤海国际信托有限公司	3264684
22	华融国际信托有限责任公司	3063364
23	重庆国际信托有限公司	3027972
24	建信信托有限责任公司	2755520
25	吉林省信托投资有限责任公司	2684197
26	山西信托有限责任公司	2575139
27	中原信托有限公司	2433126
28	国投信托有限公司	2345783
29	华能贵诚信托有限公司	2261016
30	天津信托投资有限责任公司	2232738
31	北方国际信托股份有限公司	2063265
32	百瑞信托有限责任公司	1854281
33	安徽国元信托有限责任公司	1672417
34	江苏省国际信托有限责任公司	1603046
35	新时代信托股份有限公司	1546597
36	中投信托有限责任公司	1403705
37	安信信托投资股份有限公司	1298347
38	中泰信托投资有限公司	1243908
39	陕西省国际信托股份有限公司	1241784
40	华宸信托有限责任公司	1228130
41	东莞信托有限公司	1211764
42	苏州信托有限公司	1170042

续表

序号	公司名称	2009 年末信托业务规模（万元）
43	联华国际信托投资有限公司	1071175
44	云南国际信托有限公司	951882
45	厦门国际信托有限公司	926175
46	国联信托股份有限公司	926047
47	上海爱建信托投资有限责任公司	705999
48	湖南省信托有限责任公司	669433
49	杭州工商信托股份有限公司	520002
50	国民信托有限公司	479285
51	西部信托有限公司	477831
52	甘肃省信托有限责任公司	429462
53	西藏自治区信托投资公司	7509
54	青岛海协信托投资有限公司	1013

2009 年年末信托公司主动管理信托业务规模排名

序号	公司名称	2009 年末主动管理信托业务规模（万元）
1	平安信托投资有限责任公司	7220562
2	中海信托股份有限公司	5952280
3	中信信托有限责任公司	4814720
4	中国对外经济贸易信托有限公司	3963289
5	中融国际信托有限公司	3378479
6	新华信托股份有限公司	3285471
7	渤海国际信托有限公司	2653889
8	华润深国投信托有限公司	2487718
9	广东粤财信托有限公司	2481835
10	北京国际信托有限公司	2378851
11	英大国际信托有限责任公司	2167681
12	重庆国际信托有限公司	2095620
13	中诚信托有限责任公司	2058555
14	百瑞信托有限责任公司	1729908
15	昆仑信托有限责任公司	1677353

续表

序号	公司名称	2009 年末主动管理信托业务规模（万元）
16	安徽国元信托有限责任公司	1631284
17	上海国际信托有限公司	1580578
18	天津信托投资有限责任公司	1484231
19	山西信托有限责任公司	1351839
20	东莞信托有限公司	1207842
21	江苏省国际信托有限责任公司	1198875
22	苏州信托有限公司	1170042
23	华融国际信托有限责任公司	1071895
24	大连华信信托股份有限公司	873625
25	江西国际信托股份有限公司	866274
26	西安国际信托有限公司	833137
27	中铁信托有限责任公司	818725
28	中原信托有限公司	750991
29	山东省国际信托有限公司	696109
30	华宝信托有限责任公司	675685
31	国联信托股份有限公司	674940
32	中投信托有限责任公司	664923
33	华宸信托有限责任公司	642561
34	新时代信托股份有限公司	557526
35	交银国际信托有限公司	508332
36	陕西省国际信托股份有限公司	470883
37	国投信托有限公司	467857
38	吉林省信托投资有限责任公司	462559
39	上海爱建信托投资有限责任公司	429670
40	中泰信托投资有限公司	413991
41	厦门国际信托有限公司	403301
42	杭州工商信托股份有限公司	392830
43	云南国际信托有限公司	392047
44	华能贵诚信托有限公司	371148
45	安信信托投资股份有限公司	370578

续表

序号	公司名称	2009 年末主动管理信托业务规模（万元）
46	湖南省信托有限责任公司	357437
47	甘肃省信托有限责任公司	328355
48	北方国际信托股份有限公司	288064
49	建信信托有限责任公司	283536
50	西部信托有限公司	251611
51	国民信托有限公司	58186
52	联华国际信托投资有限公司	7000
53	西藏自治区信托投资公司	1814
54	青岛海协信托投资有限公司	0

第二部分

信托研究

2009年第一季度信托行业分析报告

百瑞观点：

本季度一系列监管政策的出台，进一步拓展了信托行业的发展空间；各类集合资金信托“风起云涌”：

- 政策利好不断，信托业规范中求发展；
- 金融子行业竞争日益激烈，信托任重道远；
- 宏观经济周期与信托产品发行关联性日益增强；
- 高端私募广受认可；
- 集合信托产品体现高度的行业集中度；
- 基础设施信托的重点向地县级转移；
- 房地产依然是信托业务的重要领域；
- 证券投资信托东山再起；
- 各类产品收益率曲线对存续期的敏感度显著不同，上下游谈判能力仍居主导。

据公开资料不完全统计，2009年第一季度，国内共有38家信托公司推出了150支集合资金信托产品，发行地区覆盖全国26个城市，信托资金投向13个行业领域，资金运用方式9种，除37支产品规模不详外，其他113支信托产品共募集人民币129.14亿元。预期收益率分布在3.8%—15%/年之间，平均预期收益率达到7.28%/年（见表1、图1）。

表1　　2009年第一季度集合资金信托产品发行概况

		1月	2月	3月	一季度共计
发行数量（支）		32	47	71	150
发行规模（万元）	最小	1500	2000	2000	1500
	最大	50000	300000	100000	300000
	总计	202500	567400	521500	1291400
	平均	9204.55	16688.24	9312.50	11429.20
存续期（年）	最短	1	1	1	1
	最长	5	5	8	8
	平均	2.011	1.795	2.195	2.03
预期收益率（%）	最低	5	3.18	4.8	3.18
	最高	12	15	10.8	15
	平均	7.168	7.454	7.294	7.278

资料来源：用益、wind。

注：所统计产品指当日推介产品，发行规模指预计发行最大规模，收益率指预期最大年收益率。

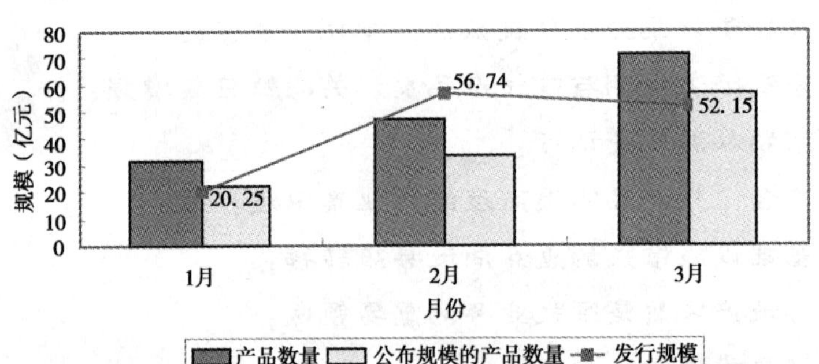

资料来源：用益、wind。

图1　2009年第一季度集合资金信托产品发行数量及发行规模

一、政策利好不断，信托业规范中求发展

从各项监管政策，我们看到

第一季度监管部门相继下发了《关于修改〈信托公司集合资金信托计划管理办法〉的通知》、《信托公司证券投资信托业务操作指引》和《关于

的是一些实力较强、运作规范、风控能力强的信托公司得到了更宽松的政策空间，信托公司之间的差距将随之进一步拉大。

当前调整部分信贷监管政策促进经济稳健发展的通知》等诸多文件，对合格机构投资者的数量，信托贷款比例等方面给予了放宽；此外，《关于支持信托公司创新发展有关问题的通知（征求意见稿）》、《关于加强信托公司异地信托业务监管的通知（征求意见稿）》等文件也在征求行业意见。我们认为证券投资信托指引和异地信托业务两个政策将会对信托公司的业务产生深远影响。

《信托公司证券投资信托业务操作指引》对与信托公司合作的第三方投资顾问制定了严格的准入条件，并要求业绩报酬必须在信托计划终止且盈利时才能提取，这些规定将会把一些小型私募机构挤出市场，但对于有一定规模和实力的机构则影响不大，实际上起到了一个扶强限弱的作用，短期内对证券投资信托产品的发行有一定的负面影响，但长期来看有利于行业持续稳定成长。对于信托公司而言，近年来，无论是银信合作还是证券类信托产品的运作，或者是私人股权信托的开展，无一不借助外力，缺少独立运作的能力，这种对外力的依托无疑使信托公司“专家理财”的角色沦落到了毫无技术含量和核心竞争力的“中介机构”水平。《指引》的出台将引发信托公司重新考虑证券投资信托业务的地位，从监管部门的角度，希望信托公司证券投资信托业务从被动型向主动型转变，从配角向主角转变，但是投资管理能力的提升并非一朝一夕就能实现，必将伴随巨额的成本和人力资源投入。各家信托公司对2009年的证券投资信托业务采取了不同策略，一些信托公司开始淡出证券投资，转向基建和房地产项目，而另一些信托公司积极调整原有的证券投资信托，培育核心竞争力，继续强化这方面的优势。

异地信托业务事实上早已存在，这次监管部门出台政策对异地业务进行规范，体现了监管层对信托公司开展异地业务的认可态度。异地业务放开后，一些市场化程度较高、竞争实力较强的信托公司可能在全国范围内“攻城掠地”，对于弱小的信托公司来说，异地业务的放开极可能意味着面临外面的市场没有扩大，原有的市场却被压缩的局面。

这些监管政策的放松使一些监管评级排名靠前的信托公司从中受益，进一步体现了监管部门分类监管的指导思想。一些实力较强、运作规范、风控能力强的信托公司得到了更宽松的政策空间，信托公司之间的差距将随之进一步拉大。

二、金融子行业竞争日益激烈，信托任重道远

1. 高端理财市场：银行、证券、基金和信托激烈竞争

约有80%的

2009年3月30日，招商银行与贝恩管理顾问公司联合发布了《2009中

高净值人士选择“中等风险”或者“保守”投资策略，与此前市场普遍预计的“高风险”大不相同。

国私人财富报告》，报告显示截至2008年年末，中国内地亿万富豪约有1万人，内地千万级以上的富豪手中掌握着8.8万亿元人民币，相当于2008年我国GDP的29%；高净值人群（个人可投资资产在1000万元人民币以上）有约30万人。其中，共有5个省市的高净值人士数量超过2万人，分别为广东、上海、北京、江苏和浙江，而广东省的高净值人士数量又最多，达到4.6万人，占到内地市场的15%。有6个省市的高净值人士数量处于1万—2万人，分别为山东、辽宁、河北、福建、四川、河南；其余省市的高净值人士数量少于1万人。据称，预计到2009年年底，高净值人群将达32万人，同比增长6%；其持有的可投资资产规模将超过9万亿元人民币，同比增长7%。

面对这样一个巨大的市场，各个金融子行业之间展开了激烈的竞争。各家银行都积极推出了私人银行服务高端理财，不仅提高常规标准化理财产品，还为客户量身定做。基金方面，《关于基金管理公司开展特定多个客户资产管理业务有关问题的通知》的征求意见稿明确，基金管理公司从事多客户特定资产管理业务，可以向特定客户推介特定资产管理产品。这意味着，继“一对一”专户理财后，基金公司“一对多”专户理财业务也即将开闸。相比“一对一”专户理财业务，基金公司“一对多”专户理财业务的投资者准入门槛大幅降低，个人客户不低于50万元人民币，法人客户则不低于100万元。在初始资产规模上，基金公司“一对多”专户理财业务与之前的“一对一”专户理财业务的相关规定进行了衔接，其初始资产合计不得低于5000万元人民币。对单个产品的人数，规定不得超过200个。征求意见稿同时还明确对基金公司“一对多”专户理财业务实行备案制。证券公司集合资产管理业务向规范类券商敞开大门，大通证券成为第一个获得业务资格的规范类券商，资产管理部门的集合资产管理计划将逐步过渡到备案制度。这些都将对信托公司的产品提出严峻挑战。

同时调查中发现，约有80%的高净值人士选择“中等风险”或者“保守”投资策略，与此前市场普遍预计的“高风险”大不相同。股票、现金储蓄以及房地产是该人群最为青睐的投资工具，不过有近20%的人主要靠专业建议进行理财，有超过50%的人表示自己有一定的理财知识和经验但是仍然需要专业投资建议。同时他们表现出更强烈的多元化投资的意愿，将近八成的高净值人士出于分散风险的考虑，表示会进一步将投资组合调整得更加多元化。所有这些都将对金融理财产品的设计产生重大影响，如何以客户需求为导向量身打造将是各金融子行业奋斗的目标。

2. 基础设施领域：保险基金虎视眈眈

中国保监会原有的《保险资金间接投资基础设施项目试点管理办法》，允许保险机构将保险资金委托给受托人，采取债权、股权等方式间接投资国家级重点基础设施项目。目前4家保险资产管理公司参与试点，发行了7笔基础设施领域的债权计划。最近中国保监会又下发了《保险资金投资基础设施债权投资计划的通知》，允许所有符合条件的保险公司参与基金设施债权投资。大的保险公司会选择自己的资产管理公司进行合作，而为数众多的中小保险公司将不得不联手信托公司，可以预见行业内又会围绕此项业务展开激烈竞争。

3. 信托公司积极寻求战略投资者

在第一季度信托公司仍然在勤奋地寻求战略投资者，建设银行增资合肥兴泰信托，更名为建信信托；华能资本拿下黔隆信托，成立华能贵诚信托。截至目前，外资机构参股信托公司的有：摩根斯坦利参股杭州工商信托、巴克莱银行参股新华信托，苏格兰银行参股苏州信托；国内银行、保险、实业等各机构参股信托公司的有：华融资产管理公司控股华融国际信托公司、交通银行入股湖北国投、建行控股合肥兴泰信托、招商银行入主西藏信托、人保入主中诚信托、华能集团控股黔隆信托，此外国家开发投资公司有国投信托，国家电网有英大信托，中国中铁有中铁信托等等。这些有实力的战略投资者将使得信托公司背靠大树好乘凉，源源不绝的股东业务给其带来很大的收益。所有这些都为信托行业的整合，信托公司的做大做强提供了一次新的契机。

三、宏观经济周期与信托产品发行关联性日益增强

为了舒缓宏观经济下行的压力，政府在过去5个多月里采取了一系列救市组合拳来振兴经济，例如，4万亿元投资计划和十大产业规划，力度和速度并重。在政府推出的大规模财政刺激政策作用下，固定资产投资自2008年9月份以来的连续下滑态势得到了有效遏制。从投资的项目属性、产业构成和行业构成都可以看出，政府投资对固定资产投资的回暖起到了决定性的作用。

我们认为经济的周期性和结构性调整短期内尚无可以完成的迹象，病来如山倒，病去如抽丝，经济复苏之路仍面临重重困难，经济形势应该说是见底而不是复苏，现在仅仅是一种复苏错觉。

第一季度房地产市场出现了回暖，但我们认为这种回暖只是前段时间被抑制的压抑性需求的释放，并不代表房地产市场的复苏。从国房景气指数，我们可以更明确的看到这一点，2009年3月份，全国房地产开发景气指数为94.74，比2月份回落0.12点，比2008年同期回落9.98点（见图2）。

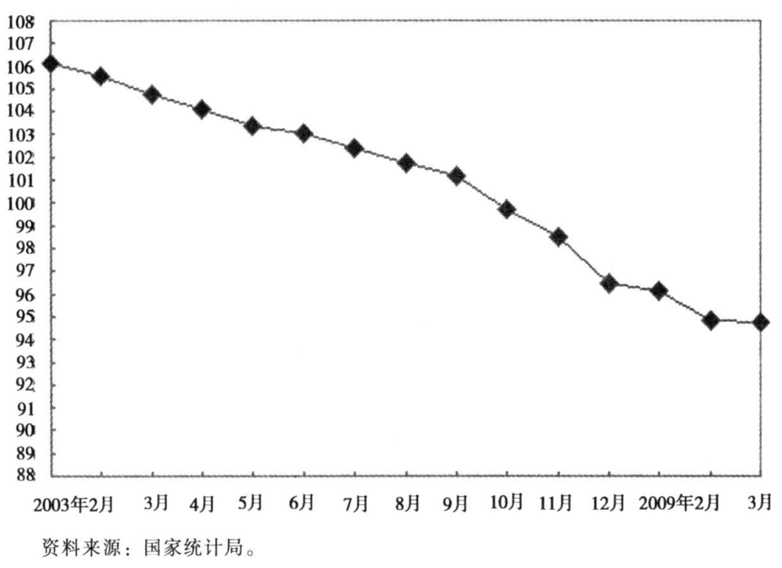

资料来源：国家统计局。

图2　全国房地产开发景气指数趋势图

金融、房地产、基础设施依然是投资最主要的领域。

2009年3月末，广义货币供应量（M2）余额为53.06万亿元，同比增长25.51%，狭义货币供应量（M1）余额为17.65万亿元，同比增长17.04%，市场货币流通量（M0）余额为3.37万亿元，同比增长10.88%。截至第一季度末，人民币新增信贷已达到4.58万亿元，逼近2008年全年的增加额，贷款激增的主要推动者是票据融资。第一季度票据融资为1.48万亿元，前3个月票据融资分别占新增贷款的38%、46%和20%。这意味着大量的货币并没有进入实体经济，而是滞留在银行体系内。所以银行间市场利率持续下降，竟然出现了拆借利率低于同期存款利率的无风险套利的交易机会，这表明银行间市场短期资金出现了严重的流动性泛滥，这些资金在对实体经济前途缺少信心的情况下无疑将会进入金融市场寻求机会。

所有这些宏观经济层面的变化都切实反映到了信托产品中，从 2009 年第一季度信托产品投向领域来看，金融、房地产、基础设施依然是投资最主要的领域（见表 2）。

表 2　　2009 年第一季度集合资金信托产品的投资领域分布

投资领域	个数
金融	57
房地产	27
基础设施	26
工矿企业	16
商贸流通	7
商业企业	4
能源	4
成熟物业	6
信息技术	1
科教文卫	1
文化创意	1
旅游餐饮	1
其他	1

数据来源：wind、用益。

四、高端私募广受认可

在 2009 年第一季度所有发行的集合资金信托产品中，有 61.33% 的产品是以 100 万元为投资起点金额的，其中起点为 300 万元的产品有 4 个。起点金额较高的信托产品，如 100 万元以上至 200 万元之间的产品，发行总规模几乎都在 1 亿元以上；而在发行起点低于 50 万元的信托产品中，以证券投资为资金运用方式、发行规模低于5000万元的产品居多（见图3）。

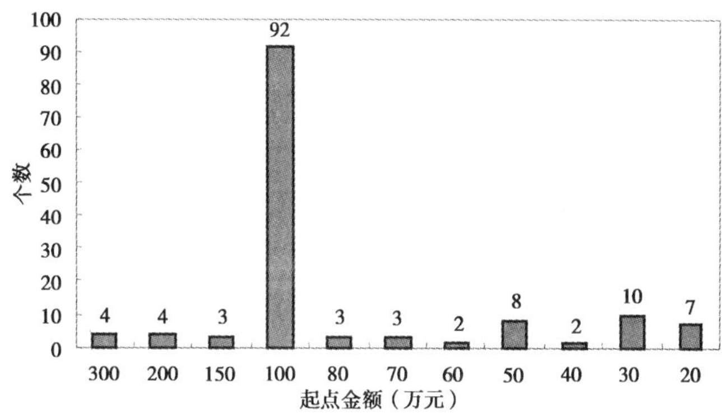

数据来源：wind、用益。

图3　2009年第一季度集合资金信托产品起点金额分布

2月4日，中国银监会印发“关于修改《信托公司集合资金信托计划管理办法》的决定”对单个信托计划自然人人数进行了修订。单个信托计划中单笔委托金额300万元以上的自然人将不受数量限制。这不由得使我们想起2007年“新办法”征求意见时，许多信托公司感觉100万元的投资门槛太高，难以突破发行瓶颈，而今这样的烦恼似乎越来越少了。两年前，信托公司还在为寻找100万元以上的“合格投资者”而发愁，按照正常逻辑推理，两年后，“单笔委托金额在300万元以上的自然人投资者数量不受限制”的放开政策也应该仅仅是“纸上富贵”，但信托公司对此欣喜的态度却说明，信托公司已经接受了私募的定位并正在向这样的定位转型。

另一方面，监管部门不是在“合格投资者100万元”的基础上放开人数的限制，而是将放开的条件提高到“单笔委托金额在300万元以上”，除了出于对自然人投资者风险承受能力的考虑，似乎也在某种程度上将信托公司更进一步推向了私募的方向，而这也可能成为未来信托行业监管政策的一个方向。此次修改将进一步加大信托行业两极分化，具有良好客户资源和投资渠道优势的信托公司将扩大单个信托产品融资规模，而不具备上述优势的信托公司仍很难从政策调整中受益。

五、集合信托产品体现高度的行业集中度

不管从受托人分布，还是从发行产品数量、发行规模角度看，在2009

年第一季度信托行业发行的集合资金信托产品中，都体现了高度的行业集中度。

从集合资金信托产品的发行能力来看，第一季度发行数量最多的10家信托公司分别是：中融信托、大连华信、中信信托、山东信托、国元信托、天津信托、湖南信托、中原信托、平安信托和西安信托，发行数量分别是：27支、11支、9支、8支、6支、6支、6支、5支、5支、5支。前10家信托公司发行数量占总发行数量的64.71%（见图4）。

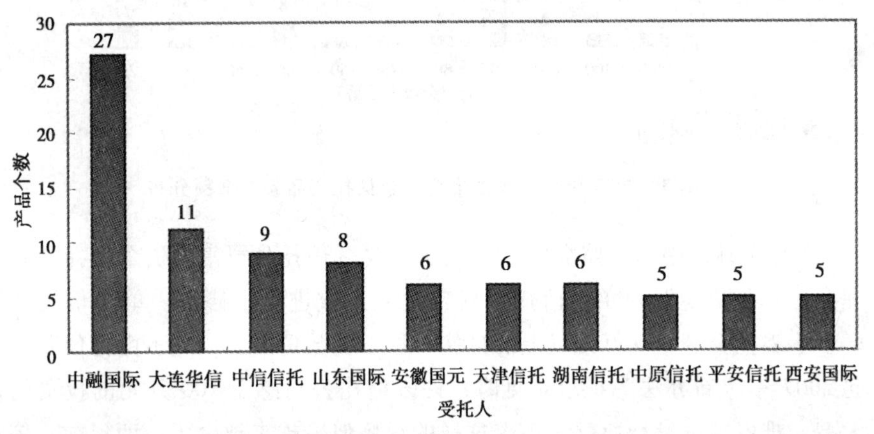

资料来源：wind、用益。

图4　2009年第一季度发行产品数量最大的前10家信托公司

从集合资金信托产品发行规模来看，发行规模最大的10家信托公司分别是：中信信托、中诚信托、中融信托、中铁信托、大连华信、平安信托、天津信托、国元信托、北方信托和北京国信，发行集合资金信托的总规模分别是：46.5亿元、10亿元、6亿元、5.1亿元、4.9亿元、4.76亿元、4.5亿元、4.05亿元、3.8亿元和3.8亿元。前10家发行规模合计约达93.41亿元，占到总发行规模的72.33%（见图5）。

其中，发行数量与发行规模在本季度都排在行业前10名的信托公司有6家：中融信托、大连华信、中信信托、国元信托、天津信托、平安信托。

从集合资金信托产品发行能力来看，信托产品平均规模最大的10家信托公司分别是：中诚信托、中信信托、北京国信、新时代信托、中铁信托、杭州工商信托、上海爱建信托、北方信托、江西国信和交银国信，平均规模分别是：10亿元、7.75亿元、3.8亿元、2亿元、1.7亿元、1.5亿元、1.5亿元、1.27亿元、1.20亿元和1.1亿元。排在前10名的信托公司平均规模均超过了1亿元（见图6）。

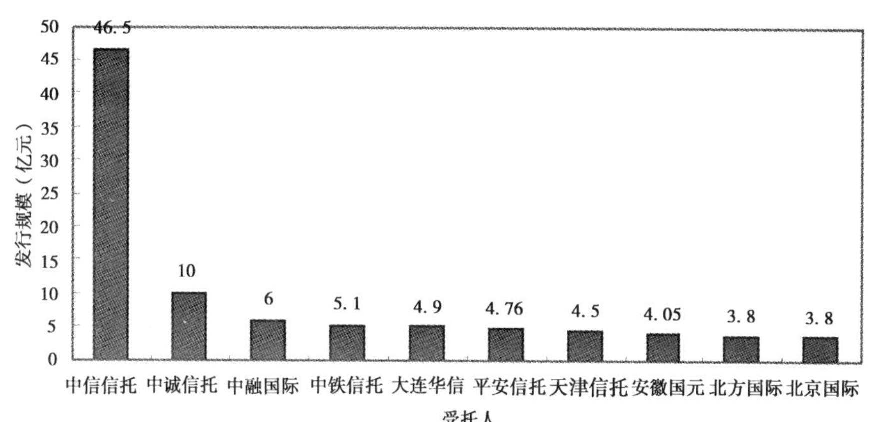

资料来源：wind、用益。

图5　2009年第一季度发行规模最大的前10家信托公司

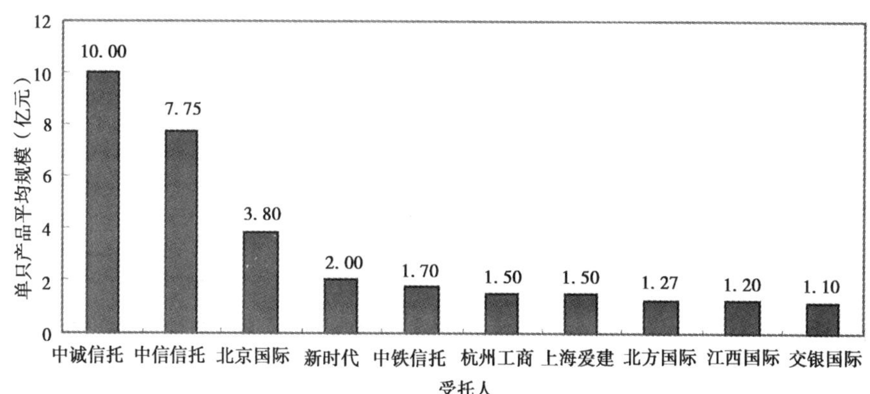

资料来源：wind、用益。

图6　2009年第一季度发行集合产品单支平均规模最大的前10家信托公司

而发行数量和发行规模都名列行业前茅的中融信托，单支产品平均规模只有0.22亿元，主要原因是由于其在第一季度发行的27支集合信托产品中有17支是证券投资类型的，这部分信托产品在公开数据中几乎都没有公布预计发行的规模及实际募集规模。我们认为总发行数量与发行规模更能代表受托人的发行能力（见表3）。

表3　2009年第一季度38家信托公司集合资金信托产品发行规模

序号	受托人名称	发行数量（支）	公布规模和发行数量（支）	规模（万元）	单支产品平均规模（万元）
1	安徽国元	6	6	40500	6750
2	安信信托	1	1	6000	6000
3	百瑞信托	3	3	19000	6333.33
4	北方国际信托	4	3	38000	12666.67
5	北京国际信托	1	1	38000	38000
6	大连华信	11	11	49000	4454.55
7	国联信托	1	0	—	—
8	国投信托	1	1	3000	3000
9	杭州工商信托	1	1	15000	15000
10	合肥兴泰信托	1	1	10000	10000
11	湖南信托	6	6	23000	3833.33
12	华宝信托	1	0	—	—
13	华宸信托	2	2	4500	2250
14	华润深国投信托	3	1	2000	2000
15	江西国际信托	2	2	24000	12000
16	交银国际信托	2	2	22000	11000
17	联华国际信托	1	1	3000	3000
18	平安信托	5	5	47600	9520
19	山东国际	8	4	15300	3825
20	陕西省国际信托	2	2	10000	5000
21	上海爱建信托	1	1	15000	15000
22	上海国际信托	2	1	4500	4500
23	苏州信托	3	3	30000	10000
24	天津信托	6	6	45000	7500
25	西安国际	5	5	20000	4000

续表

序号	受托人名称	发行数量（支）	公布规模和发行数量（支）	规模（万元）	单支产品平均规模（万元）
26	西部信托	2	1	—	—
27	厦门国际信托	2	2	15000	7500
28	新华信托	2	2	17000	8500
29	新时代信托	2	1	20000	20000
30	云南国际信托	1	0	—	—
31	中诚信托	1	1	100000	100000
32	外经贸信托	2	2	13500	6750
33	中海信托	1	1	6000	6000
34	中融国际	27	8	60000	7500
35	中铁信托	3	3	51000	17000
36	中投信托	1	0	6000	—
37	中信信托	9	6	465000	77500
38	中原信托	5	5	26500	5300

资料来源：wind、用益。

六、基础设施信托的重点向地县转移

国务院出台的4万亿元经济刺激计划为信托公司最为拿手和最传统的基础设施信托投业务提供了巨大的发展机遇，利用信托平台为地方基础设施项目融资将是2009年信托公司的一个亮点，从第一季度的产品中我们发现投向地县级的基础设施信托数量明显增多（见表4、表5、图7）。

表4　　基础设施类信托投向区域级别分布

级别	资金投向区域所属市（县）	信托名称	受托人
县区	合肥包河区	合肥滨湖投资集团债权转让集合资金信托计划	安徽国元
县区	合肥高新	合肥高新股份有限公司债权转让集合资金信托计划	安徽国元
县级市	天长市	天长城市建设投资有限公司债权转让集合资金信托计划	安徽国元
地级市	蚌埠	蚌埠高新区建设发展有限公司债权转让集合资金信托计划	安徽国元
县级市	登封	“百瑞富诚19号”集合资金信托计划登封基础设施	百瑞信托

续表

级别	资金投向区域所属市（县）	信托名称	受托人
县级市	新郑	百瑞富诚21号集合资金信托计划新郑基础设施	百瑞信托
直辖市	北京	商砼投资一号集合资金信托计划	北京国际
地级市	抚顺	华信·财富快车5号集合资金信托	大连华信
地级市	抚顺	华信·财富快车9号集合资金信托计划	大连华信
地级市	浏阳	浏阳污水处理厂项目集合资金信托计划	湖南信托
县区	广丰县	广丰县民生工程贷款集合资金信托计划	江西国际
县区	常州市武进高新区	交银国信鑫建1号集合资金信托计划	交银国际
县区	苏州相城区	苏信理财·苏州相城水务股权投资项目集合资金信托计划	苏州信托
县级市	江阴临港	苏信理财江阴港发股权投资集合资金信托计划	苏州信托
县级市	靖江市	中融华鼎股权投资集合资金信托计划	中融国际
县级市	开原市	沈铁工业走廊开原市10平方公里高标准工业区基础设施建设工程项目集合资金信托计划	中融国际
县级市	江苏泰兴	泰兴成兴股权投资集合资金信托计划	中融国际
县级市	铁岭市	铁岭市沈铁工业走廊先导区基础设施建设工程项目集合资金信托计划	中融国际
县区	郫县	优质债权投资4期集合资金信托计划	中铁信托
地级市	鄂尔多斯	鄂尔多斯装备制造基地贷款项目集合资金信托计划	中信信托
地级市	潍坊	山东潍坊寒亭区基础设施建设贷款项目一期集合资金信托计划	中信信托
直辖市	天津	中信盛景天津区域发展基金一期集合信托计划	中信信托

数据来源：wind、用益。

表5　　投向区域级别数量统计

级　别	个　数
直辖市	2
地级市	7
县级市	11
县区	6
共计	26

数据来源：wind、用益。

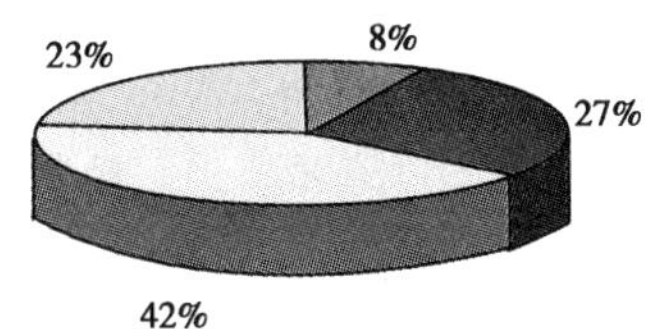

数据来源：wind、用益。

图7　投向区域级别所占百分比统计

对基础设施项目而言，融资渠道无外乎国家投资、银行贷款、发行债券和信托融资，其中融资成本最高的是信托，期限也相对较短，所能筹集的资金规模也相对有限。在这种情形下，信托公司在竞争中是处于相当弱势的地位的，很难在省级项目和市级的优质基础设施项目中看到信托公司的身影，只有市级的公益类基础设施和地县一级的地方政府由于无法得到国家投资、银行贷款转而寻求通过信托渠道获得资金。

但风险和收益总是呈正比的，地县级财政收入存在相当的不稳定性，还款渠道欠缺，信托公司不得不承担比较大的风险，只有考虑通过产品设计及项目现金流控制等手段来实现收益和风险的配比。

由表6可见，第一季度基础设施信托资金投向区域的地方财政收入，除天长市以外，都在10亿元以上，且信托规模占财政收入比例都在5%左右或以下。

表6　　资金投向区域的地方财政收入

级别	资金投向区域所属市（县）	2008年地方财政收入（亿元）	信托计划规模（亿元）	信托规模占地方财政收入比例（%）
县区	合肥包河区	11.66	0.60	5.15
县区	合肥高新	15.96	0.80	5.01
县级市	天长市	9.72	1.20	12.35
地级市	蚌埠	65.75	0.65	0.99
县级市	登封	31.60	0.50	1.58

续表

级别	资金投向区域所属市（县）	2008年地方财政收入（亿元）	信托计划规模（亿元）	信托规模占地方财政收入比例（%）
县级市	新郑	13.42	1	7.45
地级市	抚顺	106.20	0.9	0.85
地级市	浏阳	25.30	0.6	2.37
县区	广丰县	11.30	0.5	4.42
县区	常州市武进高新区	188.95	4	2.12
县区	苏州市相城区	70.00	1.8	2.57
县级市	江阴临港	38.80	1	2.58
县级市	靖江市	54.14		0.00
县级市	开原市	10.83	0.5	4.62
县级市	江苏泰兴	43.90		0.00
县级市	铁岭市	33.00	1.2	3.64
县区	郫县	49.90		0.00
地级市	鄂尔多斯	265	10	3.77
地级市	潍坊	26	0.6	2.31

资料来源：2008年各地方财政收入报告。

七、房地产依然是信托业务的重要领域

房地产类信托一直在扮演重要角色，在整个集合资金信托计划中占据了约1/4—1/3的份额。从2009年第一季度数据来看，房地产类信托产品的数量无明显变化，但2、3月份的规模有明显下滑趋势。

我们认为，一方面是由于本季度信托亮点转移到了基础设施类信托；另一方面，2009年以来，尽管信贷政策全面放松，但被银行贷款替代的主要是银信合作类的信托贷款和信贷资产证券化类业务，对信托公司集合资金类的房地产信托业务冲击不大。这类信托贷款的对象一般是不符合银行贷款政策或者难以从银行获得贷款企业，目前银行对房地产市场依然保持观望态度，因此2009年这些企业依然难改资金紧张的格局（见图8、图9）。

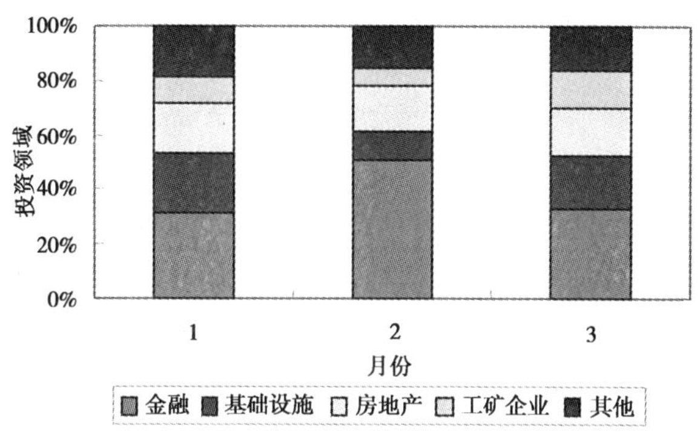

数据来源：wind、用益。

图8　信托资金投资领域（按产品数量）

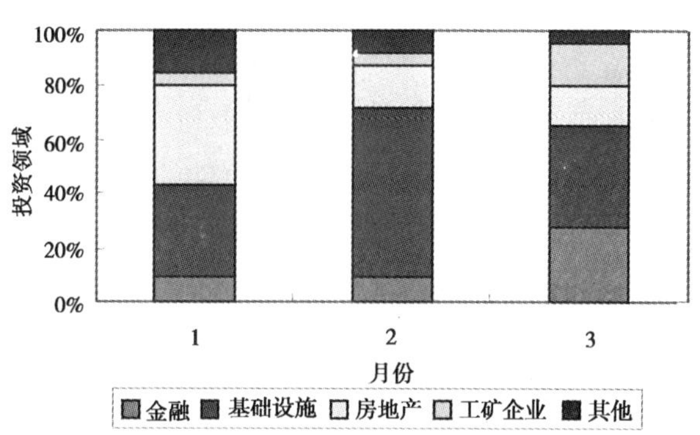

数据来源：wind、用益。

图9　信托资金投资领域（按产品规模）

八、证券投资信托东山再起

A股市场震荡中攀升，IPO重新开启的预期也愈来愈强烈，证

在经历了2008年证券市场的寒冬以后，2009年年初，A股市场逐渐走稳，业内人士大多对A股市场的预期也大都表示乐观，预计A股在2009年将在震荡中逐渐攀升。证券投资类信托与资本市场息息相关，在2009年第一季度，证券投资信托的发行数量已明显

券投资类信托有望回暖。

回暖。在2月份，证券投资产品已占到当月新发产品的一半左右，在3月份，证券投资产品发行规模更是超过了前两个月的发行总和。

近期，国家又出台了创业板的推出办法，IPO重新开启的预期也愈来愈强烈，那么，以打新股等为主要投资方向的证券投资类产品也有可能出现恢复性增长（见图10、图11、表7、表8）。

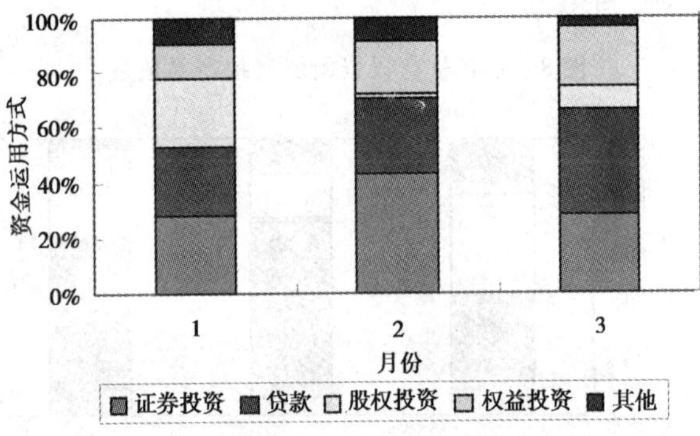

数据来源：wind、用益。

图10　信托资金运用方式（按产品数量）

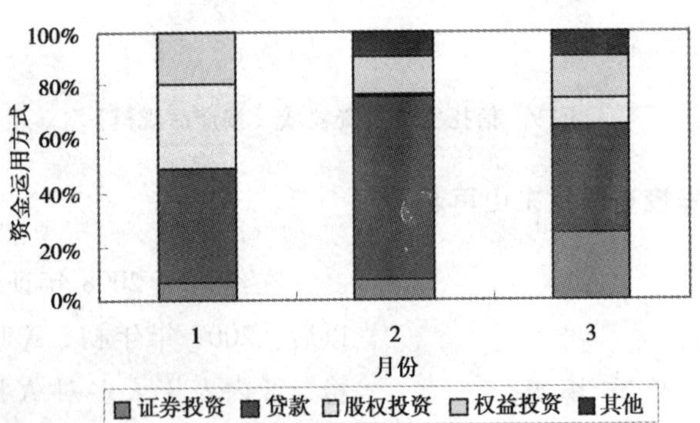

数据来源：wind、用益。

图11　信托资金运用方式（按产品规模）

表 7　　2009 年第一季度集合资金信托产品的资金运用方式分布

资金运用方式	个数
证券投资	49
贷款	48
权益投资	28
股权投资	15
房地产	2
债权投资	2
组合运用	3
存款	1
其他投资	2

数据来源：wind、用益。

表 8　　中融信托第一季度证券投资信托计划

信托计划	券商	投资顾问	背景资料
云程泰资本增值	联合证券	北京云程泰投资管理有限责任公司	投资经理魏上云原是基金景福、基金泰和的基金经理
岁腾一号	国泰君安	上海岁腾投资有限公司	基金金泰
宏石一号	中信证券	上海宏石资产管理有限公司	
华宝 1 号 DPI 结构化证券投资信托	国信证券	华宝兴业基金管理有限公司	
九头鸟 1、2 号	招商证券	湖北盈捷投资有限公司	
麦尔斯通 2、3 号	兴业证券、大通证券	福建省麦尔斯通投资管理有限公司	闽发证券旧部
中风投 1 号	大通证券	中山市汇天投资有限公司和北京中风投投资顾问有限公司	
安苏 1 号	申银万国	上海安苏投资管理有限公司	
隆圣新主题	中金	上海隆圣投资管理有限公司	原嘉实主题精选基金基金经理和社保 106 组合基金基金经理，和中投信托合作发行 4 个证券投资信托
中融宏创	中银国际	大连宏创投资管理有限公司	
中融融兴	中信建投	北京胜乾投资顾问有限公司	
中融智德	国泰君安	上海智德投资管理有限公司	08 年度最佳私募基金管理人，资产管理规模超过 30 亿元
瑞华 2、3 号	国信证券	江苏瑞华投资发展有限公司	
坚毅 1 期	西藏证券	深圳市坚毅德源投资有限公司	

资料来源：wind、用益。

在第一季度中融信托共推介17只证券投资信托，市场人脉得到极大扩展。

尤其值得注意的是中融在信托计划的发行上实际上采用了更市场化的方法，将信托计划的命运交由投资者进行选择，由投资者用钱投票，大家认可投资管理人的实力自然会抢购，反之亦然，而不是要确保每个信托计划的发行都一定成功。证券投资本就是一个胜者王侯败者寇的地方，无他，唯实力使然。

信托公司对不同信托业务应实行分类发展策略，不同的业务寻求的目标是不一样的，基础设施和房地产信托业务要达到的就是盈利。而证券投资信托则是拓展公司的人脉，不是不盈利，而是更看重其长期价值。具体而言，证券投资类信托业务不能只将眼光放在手续费上，更应该看到之外的一些东西。这些私募的理财顾问在资本市场上是非常活跃的群体，拥有相当的人脉，更拥有自己的客户群。和他们保持良好的合作关系，对业务上下游资源的积累都有相当的益处，因为资本市场主要还是由“圈内人”进行的游戏。资本市场是讲影响力的，从某种意义上说，信托公司现在应当推行“影响力经济”，寻求资本市场上的话语权。一旦拥有了“话语权”，相信很多业务会自己找上门来。

九、各类产品收益率曲线对存续期的敏感度显著不同，上下游谈判能力仍居主导

在2009年第一季度的集合信托产品中，资金投向领域以金融、基础设施、房地产和工矿企业为主。由于投向金融领域的产品以证券投资为主，没有固定的收益率—存续期关系，这里仅以基础设施、房地产和工矿企业为主要类别，分别用其收益率和存续期做回归分析，考察不同类别的信托产品收益率曲线。图12—图14分别是基础设施、房地产、工矿企业类信托产品的存续期—收益率散点图和拟合曲线。

由图12—图14可见，三种信托产品的收益率曲线都较为平坦，即收益率曲线对存续期的敏感度不高，其中房地产类收益率曲线最为陡峭，敏感度系数为2.089，基础设施类和工矿企业类的收益率敏感度系数分别为0.7059和0.4986。

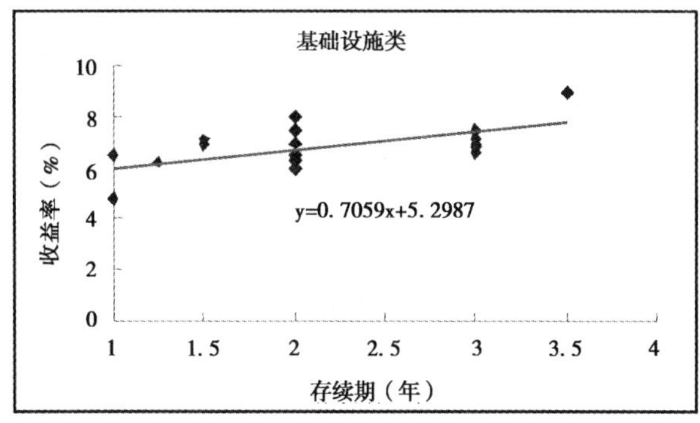

图12 基础设施类收益率与存续期关系

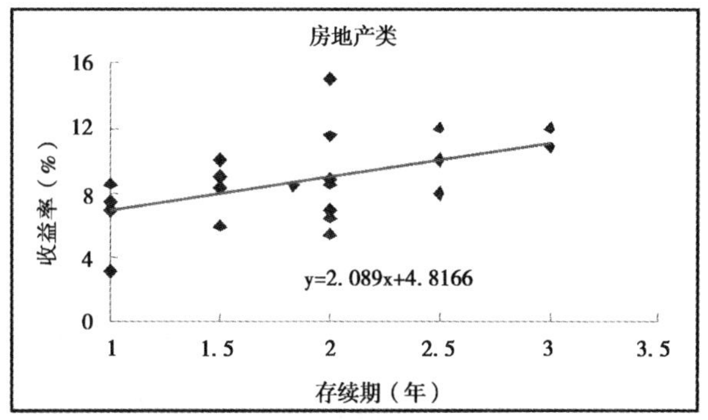

图13 房地产类收益率与存续期关系

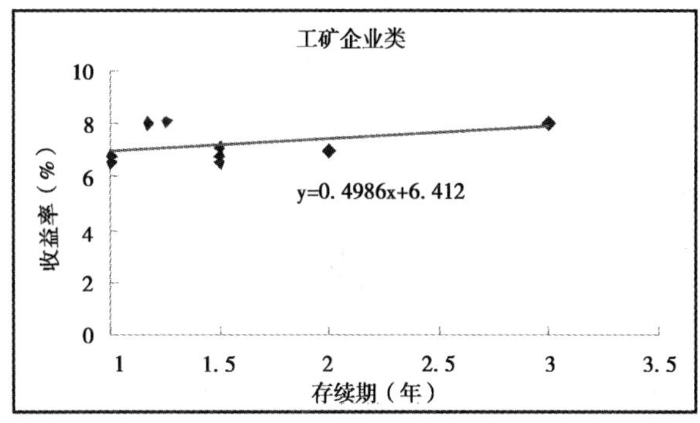

图14 工矿企业类收益率与存续期关系

资料来源：用益、wind。

注：工矿企业类剔除了一个异点（唯一一个5年期产品数据）。

分别以1年、2年、3年存续期为例，不同类别信托产品的平均收益率如表9所示。其中，1年期产品收益率以工矿企业类6.9106%为最高，而2年、3年期的房地产类信托产品收益率显著高于其他两种，分别为8.9946%和11.0836%。这一点也正满足了投资者对房地产业高风险高收益的投资需求（见表9）。

表9　不同类别信托产品存续期—收益率比较

投向领域	a	b（敏感度系数）	存续期（年）	收益率（%）
基础设施	5.2987	0.7059	3	7.4164
	5.2987	0.7059	2	6.7105
	5.2987	0.7059	1	6.0046
房地产	4.8166	2.089	3	11.0836
	4.8166	2.089	2	8.9946
	4.8166	2.089	1	6.9056
工矿企业	6.412	0.4986	3	7.9078
	6.412	0.4986	2	7.4092
	6.412	0.4986	1	6.9106

前面数据显示第一季度集合信托产品的平均存续期为2.03年，如果考虑到5个异常数值（如中融两个8年的证券投资信托），实际的平均存续期只有1.73年，反映出信托产品依然是在跟随上游供应商的需求制定，缺乏主动权，更没有那种从下游投资者的角度进行设计的产品，信托产品的出发点依然是融资而不是投资理财。

一季度信托产品之最

发行规模最小的信托：华宸信托金诚（0901）号房地产投资项目信托1500万元

发行规模最大的信托：中信盛景天津区域发展基金一期30亿元

存续期最长的信托：中融安苏1号和坚毅1期并列8年

预期收益率最低的信托：平安财富－利鑫1号信托 预期收益率3.18%

预期收益率最高的信托：上海爱建－伯明翰风情项目信托 预期收益率15%

免责条款

本报告为研究员个人依据公开资料和调研信息撰写，本公司不对本报告所涉及的任何法律问题做任何保证。本报告中的信息均来源于已公开的资料，本公司对这些信息的准确性及完整性不做任何保证。本报告的版权仅为本公司所有。

2009年第二季度信托行业分析报告

百瑞观点：

- 集合信托发行数量大增，证券投资信托成为主角；
- 监管政策和信托产品的互动越来越强；
- 差异化战略被普遍采用；
- 信托产品模式频出创新，投资领域更加广泛；
- 对赌协议引入信托计划；
- 信托产品"偏科"严重；
- 集合信托发展战略殊途同归；
- 信托公司间的合作亟待加强；
- 信托与房地产业相辅相成；
- 信托公司证券投资信托管理能力评价；
- 声誉风险值得高度关注。

受宏观经济政策影响，2009年第二季度信托行业信托产品的发行仍呈现快速增长态势，尤其是证券投资信托，在证券市场回暖的趋势下，发行数量突增。从各信托公司发行情况来看，2009年第二季度集合信托产品集中度较高，且部分信托公司发行的集合信托产品证券投资倾向偏高。从集合信托发行情况的对比中，可以发现不同信托公司对集合信托业务战略定位的差异性。

一、集合信托发行数量大增，证券投资信托为主角

据公开资料不完全统计，2009 年第二季度共有 40 家信托公司发行 322 支集合信托计划，发行总量较第一季度增加 172 支，增幅达 114.7%。增长最为明显的是证券投资信托，发行数量从 2009 年第一季度的 49 支增加至第二季度的 179 支，增幅达 265%。

由于证券类信托通常都没有披露成立规模，我们对 2009 年第二季度 143 支非证券投资集合信托进行了分析，其中 114 支披露了成立规模，总计 186.98 亿元，平均每个集合信托计划 1.64 亿元，比第一季度 1.14 亿元出现了大幅上升，但平均年限只有 1.94 年（见表 1、图 1）。

表 1　　2009 年第二季度信托推介情况

	参与信托公司	推介的信托计划数目
4 月份	30	97
5 月份	31	111
6 月份	31	114
第二季度	40	322

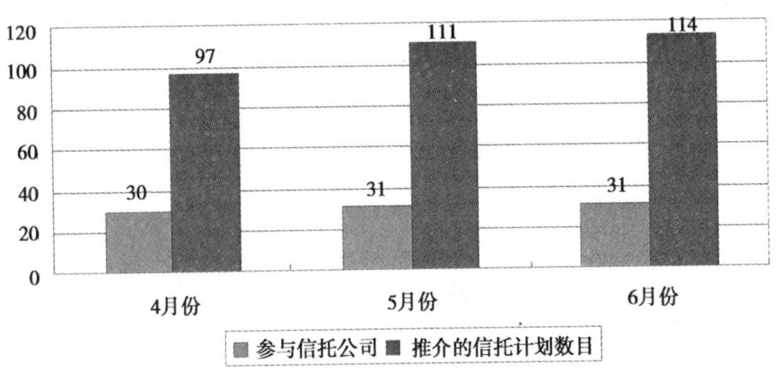

图 1

二、监管政策和信托产品的互动越来越强

从近几年来信托业的发展和监管政策调整历程中不难看出，信托业务的开展和监管政策呈现交互式前进，“业务快速增长——风险暴露——监管部

门政策规范——业务创新——业务快速增长”不断循环，信托公司在监管框架下不断在“规范——创新——再规范——再创新”中前进，随着金融创新的层出不穷，监管政策和信托业务开展的互动越来越强。

1. 宏观经济政策催生政信合作，监管部门提示风险

2008年下半年以来，在扩大内需、促进经济发展的宏观经济政策刺激下，国内信托公司通过信政合作，大力开展基础设施信托。随着信政合作业务的突飞猛进，项目管理及担保、抵押的规范性等问题引起了监管部门的关注。

4月14日，中国银监会办公厅发布《关于信托公司信政合作业务风险提示的通知》，严谨信托公司向国家限制的行业、企业和项目提供融资或投资服务，要求信托公司严格遵守《担保法》及信政合作的相关监管规定，加强对合作方资金实力、信用程度和综合偿债能力的跟踪分析，及时、全面掌握借款人的各类授信信息，审慎选择服务支持对象；完善和落实多种形式的担保，并通过办理合法有效的质押登记、建立质押资金专户等方式，增强担保的法律效力和执行效果。项目实施后，应及时跟踪了解进展情况，切实做好项目的后期管理和信息披露工作。

随后，中国银监会《关于规范信托公司固定资产项目融资业务的通知（征求意见稿）》提出信托公司应严格执行国家新规定的固定资产贷款项目资本金管理，不得以股权投资附加回购方式进行项目投资，加强对项目资本金到位真实性的审查认定，要求借款人提供资本金到位的合法、有效证明，必要时应委托有资质的中介机构进行核实认定。上述《通知》虽然尚未正式发布，但监管部门的态度已经十分明确，目前信托公司普遍开展的以股权投资加回购方式进行变相贷款将被禁止，不得通过变通的方式向不符合要求的企业或项目提供融资。我们需要思考的是，信托公司融资类业务的监管趋严，信托公司应加快从融资平台向投资管理机构转型，从而真正回归信托业务本源“受人之托、代人理财”。

2. REITs的脚步越来越近

随着房地产市场的改善和预期的好转，房地产信托产品再次成为集合资金信托的亮点。房地产信托快速发展的原因大致有两方面：

（1）与投资者风险收益偏好相匹配。信托“新两规”对集合资金信托产品的投资者条件进行了严格要求，通过近两年信托市场的培育，越来越多

的高端客户开始倾向投资信托产品，信托产品也逐渐受到高端群体的青睐。与普通投资者相比，高端客户的风险承受能力和专业化程度更高，与房地产信托的特点相呼应。

（2）根据中国人民银行公布的《中国货币政策执行报告（2009年第二季度）》，金融机构中长期贷款向扩内需保增长重点领域倾斜，有超过一半的中长期贷款流向了基础设施领域，因此，房地产企业仍有着巨大的资金需求。

房地产信托的开展大大推进了REITs的进程。继“金融国九条”提出“开展房地产信托投资基金试点”以来，REITs一直在被人们广泛议论着。8月5日，由中国银监会联合央行草拟完毕并负责解释的中国银监会版REITs方案《房地产集合投资信托业务试点管理办法》浮出水面。《管理办法》明确指出，房地产投资信托业务由中国银监会和央行监督管理，REITs将由依法设立的信托公司作为受托机构，通过银行间市场采用承销方式发行。《管理办法》还对信托公司担任受托机构的条件、发行审批、信托收益分配等事项进行了规定。尽管中国银监会版的REITs距离国外真正意义上的REITs还有一定距离，但是只有迈出第一步，才会有第二步、第三步，我们真切感觉到REITs离我们越来越近了。

3. 证券信托因暂停开户而受阻

中国证监会发布了《关于进一步改革和完善新股发行体制的指导意见》和《资金申购上网公开发行股票实施办法》，实行网上或网下申购的单一选择机制和“千分之一”的上限控制措施。由于几乎所有的信托计划都只能参与网上申购，以往依靠资金量提高新股中签率的情形不再可能，除非设立拖拉机信托账户来提高中签率。然而这一方式被中登公司否决，更暂停了证券投资信托的开户。这迫使我们必须思考证券类投资信托在产品线上应如何完善，才能满足追求打新收益的低风险投资者的需求。

三、差异化战略被普遍采用

1. 差异化产品

基金公司在申请基金发行时，多采用细分市场策略，因而在基金的名字中我们常看到诸如“价值”、“成长”等字眼，现在信托公司推出的证券投资信托产品在设计上也开始了差异化策略，在信托计划名称中出现了“稳健收益”、“灵活配置”、“套利”等词汇，除了以往采用的结构化和非结构化设计外，还进行了主题设置（见表2）。

表2

信托公司	信托计划	差异化
国投信托	中银专户主题配置型证券投资集合资金信托计划	主题配置
山东信托	中祥投资ETF套利一期信托	ETF基金及套利交易
苏州信托	金中和1期并购主题证券投资信托	并购主题

相对于公募基金，信托公司的私募基金在投资风格、产品设计上所受的监管相对较少，完全可以充分利用这一优势，在产品差异化上下功夫，甚至可以提供一些不太有技术含量，但方便投资者的产品，如某个特定主题的信托产品。例如，新能源是很多投资者关心的主题投资，投资顾问可以按照自己的研究对相关股票设计一个组合（这个组合的设计就体现了投资顾问的资产管理能力），这样感兴趣的投资者就可以购买一个单位的新能源信托产品作为自己股票投资的一个配置，这类产品的好处是给投资者更多的自由选择，同时可以为TOT提供初级产品。假如以后信托公司自己管理证券投资信托，但由于人手限制只能对资产大类进行配置，而无力进行个股选择时，就可以购买相应的主题证券产品来完成投资，这实际上就是将资产配置能力和选股能力进行细化。

2. 差异化定价

2009年第一季度中国银监会印发“关于修改《信托公司集合资金信托计划管理办法》的决定”对单个信托计划自然人人数进行了修订，单个信托计划中单笔委托金额300万元以上的自然人将不受数量限制。在这一政策出台后，我们发现大多数信托公司在集合信托计划的销售中采用了差别定价策略，即300万元以上客户的收益率高于300万元以下的收益率。经过不完全统计，在第二季度发行集合信托产品的40家信托公司几乎都采用了差异化定价策略。

四、信托产品模式频出创新，投资领域更加广泛

第二季度的信托产品中出现了一些值得注意的变化，主要有和资本市场

紧密结合的现金选择权产品，分散非系统风险的 TOT 以及开拓新领域的产权市场信托基金。

1. 现金选择权信托产品应运而生

在“攀钢系”整体上市运作中，鞍钢集团为“攀钢系”三支股票的股东提供了两次现金选择权。于是多家信托公司和银行合作设立资金信托，通过大宗交易平台购买攀钢钢钒股票，从而获得现金选择权，通过到期出售股票或行使现金选择权，获得买卖价差和持有期分红收益。攀钢钢钒（000629）4月28日公布的股东情况显示，有4个信托计划名列其前10大股东，金额超过60亿元（见表3）。

表3

股　东	持股数（万股）
中海信托—股票回购信托	35785.86
外贸信托—利得盈现金选择权信托	14451.43
中信信托—套利通2号	10912.98
中诚信托—中银理财1号单笔资金信托	8024.64

这是和资本市场紧密结合的信托产品，引起了股民对信托业的注意，相信会有越来越多的企业认识到信托是资本市场一个非常有用的工具。

2. TOT 产品横空出世，分散非系统风险

平安信托4月份推出国内首支 TOT（Trust of Trust）产品——“平安财富＊东海盛世1号”，投资于多个具有不同操作风格和投资理念的证券投资资金信托计划，所选择的核心私募池包括星石、从容、汇利、金中和、涌金、朱雀和武当等私募机构。相对目前确定资金投向的信托产品而言，TOT 能够扩大投资顾问选择范围，分散投资到不同的私募信托产品，实现投资顾问的组合，增强产品的抗风险能力，有利于提高风险调整后的收益水平，具有多方面的优势。

最重要的是实际上 TOT 可以成为一个无限期的开放性的信托，而子信托的期限可以是短期的，这样在时间上形成了信托产品的多重时间结构，有利于信托公司加强主动管理角色，更有利于信托产品规模的做大。

3. 产权市场基金开拓新领域

5月20日，中信信托设立了国内首支产权交易基金——“中信乾景·汇联产权交易市场投资基金”，标志着国内首只产权交易市场基金的正式启动。该基金由汇联资产管理有限公司担任投资顾问，基金首期规模为1.1亿元，着眼于产权交易所挂牌项目，以过桥融资和部分直投为主。无独有偶，5月22日，中融信托与滨海国际股权交易所合作，签署战略合作协议。

信托公司是连接投资者和融资者的桥梁，现在信托公司的业务开展很大程度上还在依赖人脉开展，产权市场无疑充满了众多的需要融资的项目，这就发掘出了新的投资机会。信托公司的一大优势在于其广泛的投资领域，是目前唯一准许同时在资本市场、货币市场和实业领域投资的金融机构。该产品的面市正是信托公司利用自身优势，通过产品创新来拓宽投资领域从而提高信托公司综合竞争力的范例，是一种可持续的资金运作模式，有效整合了多方资源，具有较大的发展空间。

可以看到，信托产品模式正在发生较大转变，从先确定具体投向再募集资金，转变为先有资金池再选择具体项目，国内一些实力较强的信托公司已陆续试水，信托产品基金化、长期化，加重主动管理角色，才是信托业发展的趋势之所在。

五、对赌协议引入信托计划

第二季度最引人关注的是中信盛景星耀五洲地产基金，这个成立不满一年的最大房地产信托基金传出提前结束的消息，据说是双方签了对赌协议，一旦项目回报率达不到12%，与中信信托同属一个母公司的中信地产将折价收购整个项目。在房地产企业生存环境转暖之际，融资方选择提前结束，另外选取了成本更低的华能贵诚信托作为合作伙伴。无论真相如何，都反映了信托公司的弱势地位，当然这也说明了信托融资的灵活性，更重要的是说明了对赌协议的威慑力。

第二季度中海绿城房地产基金成功发行，其中绿城的2008年年底140%净资产负债率成为一个焦点。负债率是一个时点上的静态描述，而房地产企业的负债率实际上是一个动态概念，在房地产开发不同阶段有不同的周期性表象。如果相当部分的项目规模比较大，开发周期长，许多预售物业收益还未能及时在财务报表上反映出来，这时资产负债率就会偏高。房地产企业最重要的是土地储备，而且是按原始成本入账，存在低估。同时我们看到其中也添加了对赌协议，如果出现不利状况，绿城将以 1 元的价格转让两个项目公司的所有权益。

对赌协议是投资方与融资方在达成协议时，双方对于未来不确定情况的一种约定。如果约定的条件出现，投资方可以行使一种权利；如果约定的条件不出现，融资方则行使一种权利。所以，对赌协议实际上就是期权的一种形式。通过条款的设计，对赌协议可以有效保护投资人利益，在 PE 投资中被普遍采用。信托计划面对的是一个充满不确定性的将来，对赌协议其实提供了一种强有力的担保，同时也相当于为失败项目的后期管理打下基础，使信托公司处于主动地位。不过应当注意到，对赌协议的引入只有当融资方急需资金，信托公司占据主导地位时才有可能，而且一旦融资方财务状况好转，很有可能提前中止信托融资，避免对赌协议。

六、信托产品“偏科”严重

第二季度集合信托计划发行数位居前三的信托公司依次为中融信托（38 只）、华润深国投（33 只）和山东信托（23 只），占第二季度集合信托发行总数的 29%，前 10 名占集合信托发行总数的 61%，可见集合信托的集中度依然很高（见图 2）。

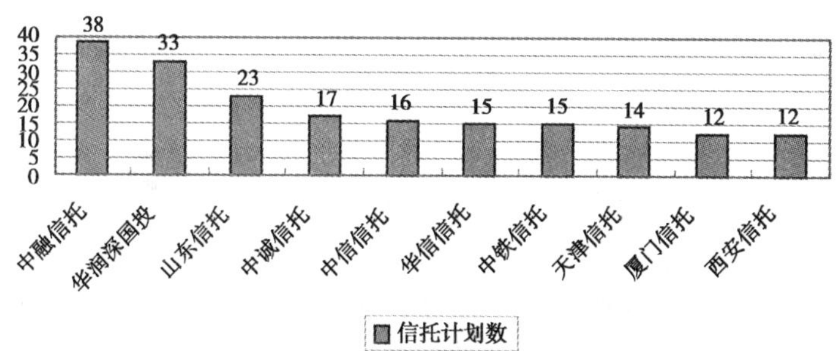

图 2　第二季度信托公司信托计划推介前 10 名

在第二季度的 322 只集合信托中有 179 只是证券投资信托，发行数位列前 3 的信托公司为中融信托（29 只）、华润深国投（29 只）和山东信托（19 只）。

如果不考虑证券投资信托，则集合信托发行数位居前三的信托公司依次为天津信托（11个）、中铁信托（11个）和华信信托（11个），占非证券投资信托发行总数的22%，前10名占发行总数的53%（见图3、图4）。

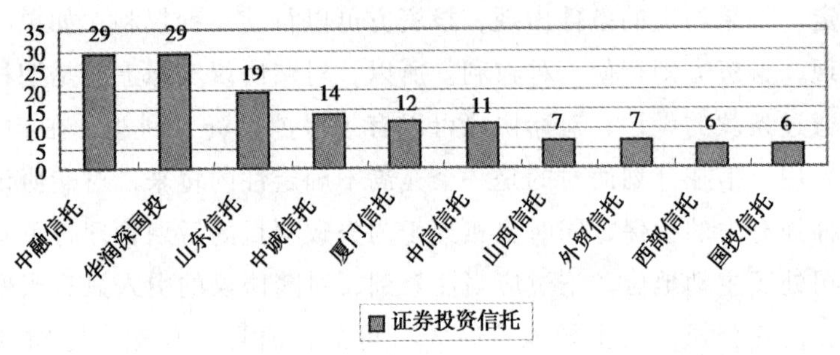

图3

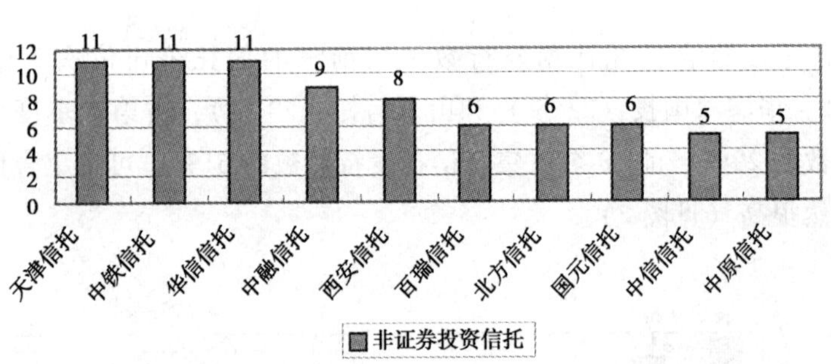

图4

从这些数字的对比中，我们可以发现信托公司在第二季度出现了严重的“偏科”现象，我们用证券投资信托/发行信托计划总数即信托公司在第二季度中证券投资信托所占百分比（称之为证券倾向指数）来分析，在综合发行总量后发现有12家信托公司该项得分较高。该指数一方面表明信托公司对资本市场变化具有敏感度，能根据市场趋势及时推出相关产品；另一方面证券投资信托本质上还是一个靠天吃饭的业务，投资顾问不可能长期取得超越市场的业绩。如果过于依赖证券投资信托，其实说明公司获取其他融资项目的能力欠缺（见表4）。

表4

信托公司	推介信托计划数量	证券投资信托	证券倾向指数
中融信托	38	29	0.76
华润深国投	33	29	0.88
山东信托	23	19	0.83
中诚信托	17	14	0.82
厦门信托	12	12	1
中信信托	16	11	0.69
山西信托	10	7	0.7
外贸信托	9	7	0.78
西部信托	8	6	0.75
国投信托	7	6	0.86
陕西信托	6	5	0.83
中海信托	5	4	0.8

如果数据支持，用金额比能比项目比更好地反映信托公司对证券投资信托的倾向程度。

七、集合信托发展战略殊途同归

如果从规模角度进行衡量（由于信托产品成立规模的信息披露不是特别透明，仅为估计值），第二季度集合信托计划发行超过10亿元的信托公司有三档6家，华能贵诚信托（超30亿元）、中海信托、天津信托和中信信托（约20亿元）、北京信托和百瑞信托（超10亿元）。其中华能贵诚信托和中海信托在第二季度都只发行了一支非证券投资信托，分别是星洲1号信托（32.94亿元）和中海绿城1号房地产投资基金信托（19.83亿元），可见信托公司已经在开始实行不同的战术，如华能贵诚信托、中信信托和中海信托走的是大项目、大规模的道路（中海信托在2008年年报中明确提出坚持“大机构、大项目”的双大策略），而且其交易对手都不在注册地，开始了跨地域的战略。而天津信托和百瑞信托则是走本地化道路，积极寻找本地优质企业作为交易对手，从而以多个适中规模的信托构成集合信托发行的主体（见表5）。

表 5

信托公司	注册地	交易对手	交易对手所在地
华能贵诚信托	贵州	星耀集团	昆明（天津）
中海信托	上海	绿城房地产集团	杭州
天津信托	天津	天津松江集团	天津
		天津经济技术开发区房地产开发公司	天津
		天津天房津滨新城投资有限公司	天津
		金鹿航空有限公司	北京
		天津滨海发展投资控股有限公司	天津
		天津团泊联合置业有限公司	天津
		天津东丽湖建设发展有限公司	天津
		天津泰达建设集团格调中天地产开发有限公司	天津
		天津铁厂	天津
百瑞信托	郑州	建业地产	郑州
		黄河大观	郑州
		巩义市预算外资金管理局	巩义
		鞍山大天	鞍山
		中联创地产	郑州

八、信托公司间的合作亟待加强

值得注意的是星洲1号信托和中海绿城1号房地产投资基金信托，其规模相对于华能贵诚信托和中海信托来说可谓是规模巨大，一旦出现问题，则两家信托公司面临相当大的风险。而且随着监管机构对集合信托集中度的风险监控的重视，这种非系统风险亟待通过再保险的形式分担出去（见表6）。

表 6

信托计划	信托公司
星洲1号信托32.94亿元	华能贵诚信托注册资本6.03亿元，净资产超8亿元
中海绿城1号信托19.83亿元	中海信托注册资本12亿元，2008年年末净资产17.3733亿元

面对规模巨大的信托融资计划，信托公司有无可能像银行组团贷款那样，由项目发掘方的信托公司牵头，以类似于证券承销团的形式组织多家信

托公司共同参与发行，各公司按照销售数量的不同和在承销团中的地位收取不同的信托报酬。相比于金融业中的其他子行业，信托公司之间的合作实在太少，使得本处于弱势中的信托业在竞争中更加劣势。

九、信托与房地产业相辅相成

信托是房地产的天然盟友。中国人历来对房地产及其重视，“居者有其屋”就从侧面提供了佐证。不管是发达国家还是发展中国家，不管是城市化是否完成，房地产金融市场始终是金融市场的重要组成部分。按照中国的经济规模和人口规模来估计，中国的房地产金融市场将会是最大的房地产市场，房地产业务规模和市场能够提供信托公司施展拳脚的舞台。进入2009年以来，房地产市场的回暖速度超过人们的预期，信托公司在对市场基本持乐观态度，并且，在足够的质押、抵押等保障措施下，房地产信托产品的信用风险和市场风险能够得到有效控制，信托制度以其灵活性较其他融资方式有着更大的优势。因此，信托和房地产这对天然盟友共同奏响了房地产信托之曲。

房地产领域是大规模、高收益率信托计划的主要来源：第二季度规模排名前10名的信托计划中有8个来自于房地产领域，收益率排名前10名的信托计划中有7个来自于房地产领域。再次验证了信托是房地产业的天然盟友，房地产业又是信托业丰厚利润的重要来源，二者相辅相成（见表7、表8）。

表7　　第二季度规模排名前10的信托计划

信托计划	投资领域	规模
华能贵诚信托：星洲1号信托	房地产	32.94亿元
中海信托：中海绿城1号房地产投资基金信托	房地产	19.83亿元
北京信托：稳健系列房地产信托Ⅰ期	房地产	9.5794亿元
中信信托：中信远景2号	工矿企业	8亿元
中信信托：鼎和海通证券股票收益权信托0901期	金融	6.685亿元
天津信托：团泊联合置业股权投资信托	房地产	5亿元
天津信托：天津泰达建设集团格调中天地产开发有限公司股权增资信托	房地产	4.9亿元
新华信托：阳光100湖南湘诚壹佰置地有限公司股权投资信托	房地产	4.2554亿元
杭工商信托：上海胜境置业有限公司股权投资项目信托	房地产	3.5亿元
百瑞信托：百瑞宝盈27号黄河大观三期信托	房地产	3.1亿元

表8　　第二季度预计收益率排名前10的信托计划

信托计划	投资领域	信托公司	预计收益率（%）
中信乾景·汇联产权交易市场投资基金信托Ⅰ期	其他	中信信托	15
百瑞宝盈27号黄河大观三期信托（1、2、3、4年）	房地产	百瑞信托	12.5
振兴2号能源投资信托（2、3、4年期）	能源	北京信托	11
百瑞宝盈23号建业地产基金信托2、3、4年期	房地产	百瑞信托	10.5
恒利2号商业地产项目—普陀山祥生大酒店项目投资信托（1.5、2年）	房地产	杭工商信托	10.5
上海胜境置业有限公司股权投资项目信托	房地产	杭工商信托	10
恒威建设高桥项目股权投资信托	房地产	杭工商信托	10
（上信—G—2002）金融企业股权受益权投资信托	金融	上海信托	10
宏业4期摩登市商业地产信托	房地产	中原信托	10
德润房地产贷款项目信托	房地产	中诚信托	10

严格说来在考察收益率时应与年限结合考虑，但此处由于只是大致分析房地产信托的高收益，且排名靠前的几乎全是房地产信托（收益率前20名的信托中投向房地产的为16个），因此不作精确区分。

十、信托公司证券投资信托管理能力评价

在评价基金经理的投资能力时，通常是从择时能力和选股能力两个方面进行考察，所谓择时能力是指对市场整体走势进行预测的能力，而选股能力则是指对个股的把握。就证券投资信托而言，我们也可以从择时能力和选股能力两个方面对信托公司证券投资信托的管理能力进行考察，择时能力可以从证券投资信托推介时间的先后来把握，选股能力指其选择投资顾问的能力，通过考察其管理的证券投资信托的业绩来判断。

1. 择时能力

从2009年1—6月证券投资信托的推介情况来看，基本上随着股票市场的火爆程度而增加（见表9、图5、表10）。

表 9　　2009 年 1—6 月证券投资信托

	参与信托公司	推介的信托计划数目
1 月份	6	8
2 月份	10	20
3 月份	8	21
4 月份	16	52
5 月份	16	64
6 月份	19	63
小计	27	228

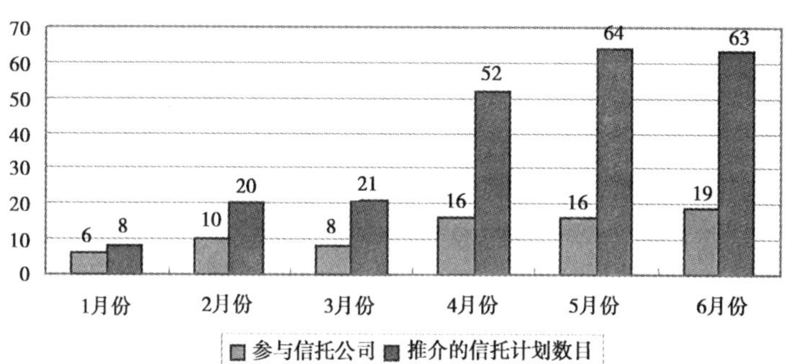

图 5

表 10　　2009 年 1—6 月证券投资信托推介分析

	1 月	2 月	3 月	4 月	5 月	6 月	小计
中融信托	1	8	9	7	10	12	47
华润深国投	1	1		6	15	8	31
山东信托		3	4	5	7	7	26
中诚信托			1	5	3	6	15
中信信托		1	2	6	2	3	14
厦门信托		1		5	4	3	13
外贸信托			2	2	5		9
天津信托	2	2				3	7
国投信托		1		1	3	2	7
西部信托			1	3		3	7

续表

	1月	2月	3月	4月	5月	6月	小计
山西信托				2	2	3	7
陕西信托			1		3	2	6
中海信托			1		2	2	5
新时代信托	1			1		2	4
华信信托				1	2	1	4
平安信托				3		1	4
西安信托				2		2	4
中铁信托				2	2		4
上海信托	2				1		3
北方信托		1			2		3
云南信托		1				1	2
交银信托	1						1
江西信托		1					1
苏州信托				1			1
北京信托					1		1
百瑞信托						1	1
中原信托						1	1
小计	8	20	21	52	64	63	228

我们可以看到在“证券投资信托指引”颁布实施之初，华润深国投等老牌信托公司犹豫不绝，产品发行停滞，而中融信托、山东信托却主动出击，加大发行力度，之后华润深国投如梦初醒，在第二季度发力，但在私募阳光化上已经形成了华润深国投、中融信托和山东信托三足鼎立之势。

私募证券投资信托对于信托公司来说，一方面在产品发行上，客户中相当比例是来源于投资顾问自身的顾客群，增加了信托公司高端客户的积累；另一方面，证券投资信托是一种需要规模经济的业务，即通过做大规模，边际成本递减来获取收入。因而我们可以看到有些信托公司的低信托报酬率行为其实是在放长线、钓大鱼。

总的说来，我们认为中融信托、山东信托和华润深国投的择时能力相对较好，不过我们并不认为这是各信托公司对市场判断能力的差异，这种差异更多的是由于公司业务战略的重点不同、人脉的广度、自身管理效率和执行效率。

2. 选股能力

由于证券投资信托的成立时间不一，通过观察发现每家信托公司都有表现不错的信托，也有表现很差的信托，不过总的说来，跑赢大盘指数的信托很少，而且大多数信托的净值变化较大，很难用一个具体的时间标准来统一评判，因此，我们在分析选取了一个最简单的标准不亏损（见表11）。

表11

信托公司	证券投资信托总数	净值<1	净值>1	亏损占比（%）
华润深国投	111	24	87	21.62
中融信托	59	（10）5	49	8.47
山东信托	47	4	43	8.51

注1：截至2010年8月13日，来自各公司网站信托净值披露。

2：中融信托有5支信托成立时间不足1个月，净值低于1可以理解，实际只有5支低于1。

中融信托和山东信托净值低于1的信托计划较少，即使低于1，其实际差额也不大，当然这和两家信托公司的证券信托发行时间主要在2008年6月后有关。华润深国投虽然有24支信托净值低于1，但分析其成立时间，全部处于2007年下半年到2008年上半年这一区间中，那时处于资本市场惨烈的单边下跌中，亏损可以理解。但其中华润深国投的鑫鹏1期净值仅为44.06（亏损55.94%）就有点让人觉得匪夷所思了，连一般散户水平都不如。因此，信托公司在证券投资信托的后期管理上需要注意如何对投资顾问进行期间评估，保护受益人的利益（见表12、图6）。

表12　信托公司证券投资信托发行时间对比

年份	2005	2006	2007	2008	2009
华润深国投	1	4	38	36	32
中融信托	0	0	3	16	40
山东信托	0	1	0	11	35

注：截至2010年8月13日，来自各公司网站信托净值披露。

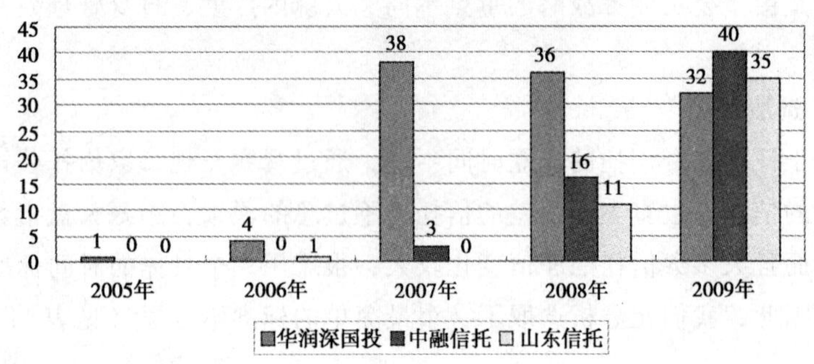

图 6

十一、声誉风险值得高度关注

信托公司作为“受人之托，代人理财”的金融机构，受托责任无疑是最重要的，信托法明确规定，受托人应恪尽职守，履行诚实、信用、谨慎、有效管理的义务。然而有些信托公司在信托计划运行过程中在信息披露、对受益人利益的尊重等方面却出现了一些问题，已经开始对行业形象产生了不好的影响。

1.“双胞胎”受益人大会凸现观念真空

5 月 4 日，由于对信托计划的运作存在疑问，持有新华信托·天慧投资一号集合资金信托计划 16.5% 权益的受益人周春芳发布了《召开第二次受益人大会的公告》，研究决定是否暂停本信托计划项下一切投资活动和提前终止本信托合同，成为国内首例投资者自行召集受益人大会的情形。随后，新华信托在其官方网站上也迅速发布召开第二次受益人大会的通知，并且发布日期为 5 月 3 日，上演了一出“双胞胎”受益人大会的闹剧。最终，在双方的磋商下，“双胞胎”受益人大会合二为一。

《信托公司集合资金信托计划管理办法》中对受益人大会的召开有如下规定：受益人大会由受托人负责召集，受托人未按规定召集或不能召集时，代表信托单位 10% 以上的受益人有权自行召集。由于对受托人“未按规定召集或不能召集”不作为事实的认定存在技术难题，周春芳和新华信托在受益人大会召集问题上就陷入了权利和义务之争。当受益人对信托产品运作管理持有异议时，受托人不应将召集受益人大会看作是其不可旁落的权利，而是其必须履行的受托义务。

受益人大会其实质就是公司的股东大会，如果股东的利益无法得到保障，公司的运营肯定会发生问题。而在信托计划中，受益人的利益在实际运作中其实是被弱化了，缺乏实质监督权，需要在制度设计上进行保证。

《信托公司集合资金信托计划管理办法》第四十六条规定：受益人大会应当有代表百分之五十以上信托单位的受益人参加，方可召开；大会就审议事项作出决定，应当经参加大会的受益人所持表决权的三分之二以上通过；但更换受托人、改变信托财产运用方式、提前终止信托合同，应当经参加大会的受益人全体通过。

而《基金法》规定：基金份额持有人大会应当有代表百分之五十以上基金份额的持有人参加，方可召开；大会就审议事项作出决定，应当经参加大会的基金份额持有人所持表决权的百分之五十以上通过；但是，转换基金运作方式、更换基金管理人或者基金托管人、提前终止基金合同，应当经参加大会的基金份额持有人所持表决权的三分之二以上通过。

对比《基金法》关于基金持有人大会的规定，信托受益人大会的相关规定显然苛刻。现实操作中，需要参会的受益人全体通过才能更换受托人或者提前终止合同，在目前的情况下几乎是不可能实现的。因为信托计划的投资者当中，或多或少都有一些信托公司的关系人，让这些关系人赞成更换受托人的难度可想而知。

2. 安信信托或遭虚假陈述诉讼

早在2007年，中国证监会已发布证监罚字［2007］23号行政处罚决定书，认定安信信托2004年年报虚增投资收益、对外担保未及时披露等违法行为，对安信信托及时任高管进行了行政处罚。据媒体报道，目前，20余位投资者作为此事件的直接受害人正在准备申诉材料，力求通过司法途径要求安信信托赔偿中小投资者因购买安信信托股票遭遇虚假陈述而造成的损失，包括但不限于投资差额损失、佣金损失、印花税损失及利息损失。

对于信托业来说，信用始终是立身之本。如果信托公司连自身信用都不具备，如何能让投资者相信，进而受托管理资产呢？不论是从信托公司个体角度，还是从信托业整体角度，声誉风险都应当成为信托公司风险管理体系中的重要方面。

2009年第三季度信托行业分析报告

百瑞观点：

- 证券投资信托发行数量大减，非证券投资信托稳步增长；
- 信托重组：行业价值重估进行时；
- 房地产信托精彩纷呈；
- 债权信托：小荷才露尖尖角；
- 中小企业信托：新亮点；
- 政策指导不断 规范中求发展。

受证券账户开户限制影响，2009年第三季度证券投资信托发行数量下降近两成，与此同时，非证券投资信托稳步增长，尤其是与资本市场紧密相关的信托计划单支规模名列前茅。从具体信托计划来看，2009年第三季度房地产信托呈现出了更多的基金化特点，另外，债权信托和中小企业信托值得关注。

一、证券投资信托发行数量大减，非证券投资信托稳步增长

据公开资料不完全统计，2009年第三季度共有44家信托公司发行265支集合信托计划，发行总量较第二季度减少57支，减少近两成。主要是因为证券投资信托的发行数量从第二季度的179支减少至第三季度的100支，非证券投资信托实际上还出现了小幅度增长，从第二季度的143支上升到第三季度的165支（见表1、图1）。

表1　　2009年第三季度信托推介情况

2009年	参与信托公司	推介的信托计划数目
7月份	29	119
8月份	25	65
9月份	31	81
3季度	44	265

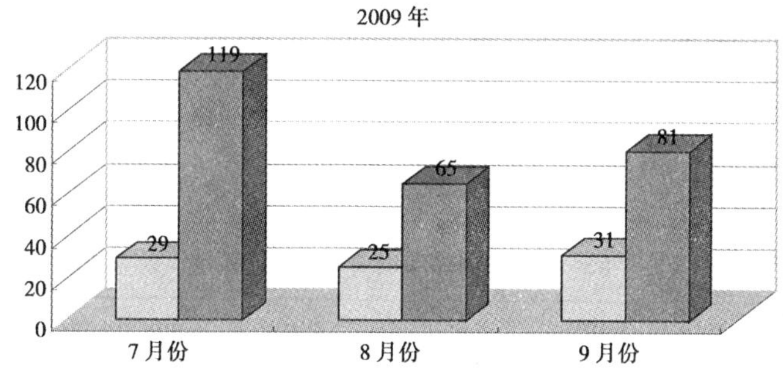

图1

相对于第二季度信托规模前10名的信托计划几乎由房地产信托一手包办的情形，第三季度出现了很大变化，与资本市场紧密相关的信托计划规模名列前茅，尤其是中信信托表现出了强大的实力和产品多样性，占据5席（见表2）。

表2　　2009年第三季度信托规模排名前10位的集合信托计划

信托计划	信托公司	成立规模（万元）
华业地产股票收益权转让及回购信托	中信信托	80000
中咨东方一号债券投资信托	交银信托	65350
长安一号特定资产投资信托	陕国投	64489.05
华盛恒力Ⅰ证券投资信托	中融信托	60100
广东恒润华创信托贷款信托	中信信托	50000
经典黄浦1号旧城改造股权投资信托	中泰信托	46110
新疆广汇租赁项目信托	苏州信托	45000
锦绣三号股权投资基金信托	中信信托	41082
东单项目投资信托	中信信托	40000
兴云联合投资基金信托	中信信托	33200

同时，第三季度还出现了两只超小规模的集合信托，均由山西信托发行（见表3）。

表3

信托计划	信托公司	成立规模（万元）
山西省中小企业发展基金（二期）信托	山西信托	300
金银宝利5号信托	山西信托	180

但从预期收益率来看，依然是房地产信托独领风骚，表明房地产行业的整体利润率依然高于其他行业（见表4）。

表4　　2009年第三季度预期收益率前10名集合信托计划

信托计划	信托公司	预计年收益率（%）
天泰不动产投资信托基金	中信信托	20
悦合股权投资信托	中融信托	13.5
辛特拉产权酒店（不动产）投资信托	新华信托	11.5
佳庆房地产基金信托	中融信托	11
华业地产股票收益权转让及回购信托	中信信托	10
东单项目投资信托	中信信托	10
宝盈32号财产权信托（杜康投资）	百瑞信托	10
扬帆系列第01期—四川凯迈信托贷款信托	中信信托	10
青枫墅园信托贷款项目信托	杭工商信托	10
宝盈40号亚新地产信托（3年）	百瑞信托	10
“名珠一号”（一、二期）债权投资信托	上海信托	10
嘉诚三号信托	中融信托	10

二、信托重组：行业价值重估进行时

第三季度多家信托公司完成重组或正在重组，更有多家信托公司加快重组进程，行业影响持续扩大（见表5）。

表5　　最新信托公司重组一览表

信托公司	重组参与方
中粮信托（原伊斯兰信托）	中粮集团
华澳国际信托（原昆明信托）	三吉利能源+麦格理
昆仑信托（原金港信托）	中石油
爱建信托	上海国际集团
江南信托	中国航空工业集团
华鑫信托（原佛山国投）	中国华电集团
金谷信托	信达资产管理公司
四川信托	宏达集团
金信信托	浙江国际贸易集团
华能贵诚信托（原黔隆信托）	中国华能集团
联华信托	兴业银行（接触中）

面对这场重组潮，我们不禁要问三个问题：

1. 为何信托公司吸引了如此多的战略投资者？

2. 为什么吸引而来的主要是大型企业集团和金融控股集团？

3. 信托公司引入战略投资者的影响是什么？

第一个问题的答案在于信托业的价值重新得到了认识，正在进行一次对信托公司的价值重估。我们可以从财务价值和使用价值两个方面来理解，财务价值就是信托公司的牌照价值，使用价值就是信托公司对于战略投资者的意义之所在。在财务价值方面，从绝对价值来说，信托业尚处于行业初始发展阶段，对行业的发展模式尚处于探索期，牌照的绝对价格还是比较便宜的；从相对价值来说，信托牌照相对于银行、证券、保险、基金等金融子行业价格相对便宜。使用价值则体现在战略投资者意识到信托公司是一个横跨资本市场、货币市场和实业市场的多功能金融工具，是一个投融资平台，尤其对于大型实业集团而言，现有财务公司的资金使用局限在集团内部，信托能提供一个更为广阔的舞台。

第二个问题，对大型实业集团（尤其是500强企业）来说，他们其实不缺钱，他们是银行的优质客户，可以从资本市场融资，有相当多的闲置资金，他们缺乏的是投资渠道，需要获得高于银行存款收益的投资渠道。更深层次地说，经济包括实体经济和金融经济，在实体经济足够强大后，都会选择打造一个自己的投融资平台。从金融控股集团来说，混业经营始终是一个趋势，信托公司作为现阶段一个变相的“万能工具”，可以发挥各金融子行业的协同效应，客观上起到了润滑剂的作用。

这些战略投资者的进入一方面增强了信托公司的资本实力，扩大了信托业的影响力和话语权；另一方面信托公司实际上已经形成了实业系信托公司和金融系信托公司，股东背景终究会对信托公司的业务方向发生直接影响。信托作为沟通投资者和融资者的桥梁，实业系和金融系具有不同的比较优势，实业系很可能会发挥自己的优势向产业基金方向发展，而金融系则会大力发展资产管理、财富管理业务（见表6）。

表6

控股股东	代表信托公司
金融系	平安信托、中信信托、交银信托、中诚信托
实业系	华润深国投、英大信托、华宝信托、中海信托、中铁信托

三、房地产信托精彩纷呈

与以往的房地产信托相比，2009年第三季度房地产信托出现了一些新动向，如信托公司和一线房地产企业签订战略合作协议、房地产专业机构开始介入，呈现出了更多的基金化特征。

1. 信托公司跑马圈地，和一线房地产企业签订战略合作协议

表7

信托公司	房地产企业	金额
平安信托	金地集团	3年100亿元
平安信托	绿城集团	3年150亿元
中铁信托	蓝光地产	3年20亿元
华融信托	保利置业	200亿元

房地产业务一直是各家信托公司的重要业务和利润的丰厚来源，都想做大做强。但长期以来，由于融资能力、成本等方面的原因，大型房地产一般都不通过信托公司进行融资。近年来，信托公司快速发展，融资能力不断增强，房地产信托的规模记录不断被刷新，加之房地产企业开始正视信贷政策对其的周期性影响，主观上希望融资渠道多元化，信托在房地产金融中的地

位得到了很大提升，于是我们看到了信托公司有能力和一线房地产企业签订战略融资协议（见表7）。但是以贷款为主要模式的资金运用没有体现出信托公司灵活多变的优势，仍需针对实际进行创新，尤其是房地产投资基金（REITS）将会从根本上改变信托公司在房地产金融产业链中的地位和作用。

2. 房地产信托开始真正向基金型转化，房地产专业机构开始介入

第三季度，几家信托公司都推出了不同于以往的房地产信托计划（见表8）。

表8

信托公司	信托计划
中信信托	天泰不动产投资信托基金
中融信托	嘉诚一、二、三号（房地产投资）
北京信托	稳健一期

这些信托计划的特点都是先有资金池，再从项目池中选择具体项目进行投资，增强了信托公司在信托事务管理中的主动地位。在管理上都组织了专门的信托投资决策委员会，由信托、房地层、财务、法律等各方专业人士组成，设立了“信托经理+财务经理”的“双经理模式”，并且引入了专业中介机构，如中信信托聘请了戴德梁行和律师事务所为信托计划提供服务。这实际上反映了一个问题，在房地产金融产业链中，信托公司处于什么样的位置，我们认为信托公司应该专注于金融层面，产业层面的运作应当由房地产资产管理公司、房地产咨询机构完成，建立起一种专业人做专业事的模式。

四、债权信托：小荷才露尖尖角

在第三季度发行的集合信托中，有一个小部类引起了我们的关注：债权信托（见表9）。

表9

信托计划	信托公司
含山县城市建设投资有限公司债权转让信托	国元信托
马鞍山市当涂经济开发区投资公司债权转让信托	国元信托
蚌埠经济开发区投资有限公司债权转让信托	国元信托
合肥市紫蓬山旅游发展有限公司债权转让信托	国元信托

续表

信托计划	信托公司
六安经济技术开发区建设债权转让信托	国元信托
东原房产债权受让项目信托	杭工商信托
旭辉集团债权受让项目信托	杭工商信托
联能风电电费收益投资信托	交银信托
“名珠一号”（一、二期）债权投资信托	上海信托
优质债权投资（8期）信托	中铁信托
绍兴市小企业债权投资信托	中投信托
江干区中小企业债权投资之“日出钱江”信托	中投信托

债权信托本身并没有什么，但我们由此联想到了另外一个巨大的市场——银行信贷资产。进入第三季度以后，央行对信贷政策进行了“动态微调”，开始控制信贷规模。直接影响就是信贷资产类银信合作理财产品出现井喷。根据用益的数据统计，在2009年上半年天量信贷投放下，信贷资产类银信合作理财产品发行371个，但进入第三季度后，随着新增贷款大幅下降，信贷资产理财产品大幅增加，共发行350个，几乎相当于上半年的总和（见图2）。

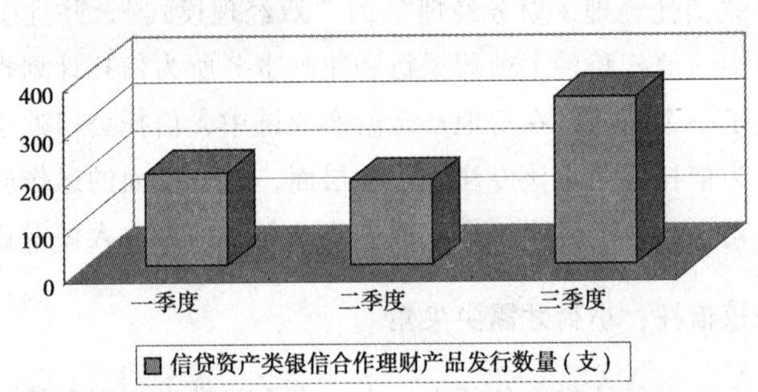

图2 信贷资产类银信合作理财产品发行数量（支）

2009年第四季度和2010年，信贷规模指标估计再也不会像2009年上半年那样宽松了，尤其是2008年第四季度是这次信贷大增长的起点，相当一部分新增贷款来源于将表外资产转移到表内的结果，也就是以信贷置换未到期的银信合作理财产品。这样从2009年第四季度开始，银行将迫切地需要和信托公司进行合作，将贷款债权卖给信托公司，由信托公司将其设计成理财产品通过银行销售，以空出新的信贷额度。利益关系也有银行独享变成了银行、信托公司和投资者“三分天下”。

对商业银行而言，这种腾挪的确没有违反任何政策；对信托公司而言，由于这种信托采用的单一信托模式，不受《信托公司管理办法》中规定的“向他人提供贷款不得超过其管理的所有信托计划实收余额的30%”的限制，看上去是个双赢。但其中隐含的风险和责任仍然没有一个清晰的界定，不过监管者已经开始未雨绸缪，考虑将一直属于银行表外业务的信托理财产品变为表内业务，以防范其中的风险。

五、中小企业信托：新亮点

2009年以来，中国银监会多次强调，要解决中小企业融资难问题，并鼓励信托公司在此领域发挥积极作用。在前三个季度的信托产品中，我们欣喜地看到了中小企业信托产品正在不断增加，第一季度2支，第二季度5支，第三季度6支，参与的信托公司也从最初的兴泰信托和中投信托增加到6家（见表10）。

表10　2009年前三个季度中小企业信托一览

信托计划	信托公司	规模（万）
“滨湖春晓”二期（Ⅱ）中小企业发展集合资金信托计划	兴泰信托	5000
宁波市中小企业贷款集合资金信托计划	昆仑信托	5000
山西省中小企业发展基金（三期）集合资金信托计划	山西信托	2000
山西省中小企业发展基金（二期）集合资金信托计划	山西信托	300
绍兴市小企业债权投资信托	中投信托	5000
江干区中小企业债权投资之“日出钱江”信托	中投信托	5000
山西省中小企业发展基金（一期）集合资金信托计划	山西信托	1500
包河区中小企业发展信托	兴泰信托	6000
滨湖春晓二期（Ⅰ）中小企业发展信托	兴泰信托	5000
信逸一号中小企业发展信托	中信信托	30000
中小企业融资通一期信托	新时代信托	7500
“滨湖春晓”中小企业发展信托	兴泰信托	10000
杭州市文化创意产业小企业债权投资之宝石流霞信托	中投信托	6000

在风险控制方面，这13支信托计划中，山西信托的3支虽然名义上是基金，但其资金运用其实是项目融资给单一企业，风险没有有效分散，相对

来说，其他信托都是投资多家甚至10多家中小企业，而且都是经过专门选择的。比如兴泰信托的“滨湖春晓”二期（Ⅱ）中小企业发展集合资金信托计划，是向经过审核的合肥市高新区优质中小企业提供贷款，并由高新担保公司提供连带责任保证。

在收益率方面，这13支中小企业信托仅有中信信托和新时代信托的两支年预期收益率超过6%，其余的在5%—5.8%之间，而且有些信托还是在财政专项资金直接参与信托计划，并将产生的信托收益让利于借款企业及投资者的情况下才给出的收益。

面对风险较高的中小企业，如此收益率确实难以吸引投资者，更难以将规模做大。对于基金化产品，风险、收益和规模总是存在很强的关联关系的，中信信逸一号中小企业发展信托3亿规模也正是由于8%的收益率才得以成功设立的。中小企业信托要想真正满足在国民经济中占重要地位的中小企业融资需求，尚需付出艰辛努力。

六、政策指导不断　规范中求发展

中国银监会下发了《中国银监会关于信托公司开展项目融资业务涉及项目资本金有关问题的通知》，通知要求信托公司要严格执行国家新规定的固定资产贷款项目资本企管理制度，不得以股权投资附加回购方式进行项目投资。信托公司不得将银行理财资金用于项目资本金，但对接商业银行私人银行业务除外。通知实际上是对以“股权＋回购”形式出现而本质上是“准债权”模式的项目融资业务进行限制。因为银监会组织的调研发现，有些地方投融资平台在做项目融资时声称有30%的资本金，资金证明也是真的，而实际上自有资金比例仅为10%。“股权＋回购”这一模式相当于绕开了国家对地方投融资平台负债率方面的限制，使信托公司投资游离于监管层监控之外，风险很大。

2009年以来，这种政策指导不断，恰恰反映出信托行业仍不成熟。从信托公司来说，一有机会就猛吃，也不考虑身体能否承受，因为对他们来说，确实是吃了这顿不知道下顿在哪里；对监管机构而言，一放就乱，一乱就管，一管就死的情景也一再重现。归根到底，还是信托业尚未建立起稳定的盈利模式，无恒产者无恒心，自然不会从公司的长远发展考虑问题，公司战略和战术都呈现短期化倾向。

2009年第四季度信托行业分析报告

百瑞观点：

- 信托行业第四季度延续增势；
- 房地产信托仍是重头戏；
- 基金化信托产品日臻完善；
- 股票收益权信托连绵不断；
- 物业收益权信托，星星之火可以燎原；
- 家庭财富管理起航；
- 公益信托：养在深闺少人识；
- 阳光私募新动向：盛世危言；
- 信托公司监管政策重要信号。

过去的2009年，信托行业精彩纷呈，成功应对了金融危机的复杂局面。次贷危机爆发以后，国内实体经济也受到了影响，在国家“保增长、扩内需、调结构”的大政方针下，信托公司审慎应对，在“危”中寻“机遇”，在危机中仍然获得了较快的发展。

一、信托行业第四季度延续增势

2009年第四季度，信托公司推介信托计划总数逐步回升，尤其是非证券信托强劲增长，信托行业继续保持了稳健发展。

1. 推介计划总数逐步回升

据公开资料不完全统计，2009年第四季度共有39家信托公司发行了281支集合资金信托计划，发行总量较第三季度的265支增加了16支，增幅6%。分月份来看，10月份由于长假缘故，推介计划数量相对较少。临近年底的12月份，推介信托计划数目较多，有部分项目推介期到2010年结束，在2010年成立项目争取开门红（见表1）。

表1　　2009年第四季度信托推介情况

	参与信托公司	推介的信托计划数目
10月份	30	73
11月份	31	101
12月份	32	107
第四季度	39	281

2. 非证券信托强劲增长，证券信托顽强成长

从内部结构上看，非证券信托继续呈现较快增长，第四季度成立非证券信托达到216支，较第三季度的165支有较大的增长，增幅达到31%。而且从全年来看，非证券信托总体上呈现出上升趋势。由于证券开户继续受限，第四季度证券投资信托仅成立65支，阳光私募和信托公司未能充分享受2009年以来证券市场快速上扬带来的好处（见表2、图1）。

表2　　2009年集合资金信托计划内部结构

	集合资金信托计划	证券投资信托	非证券信托
第一季度	150	49	101
第二季度	322	179	143
第三季度	265	100	165
第四季度	281	65	216

在开户受阻的情况下，证券投资信托顽强成长。信托公司及阳光私募不抱怨、不等待，积极投身于产品研发，推出了托付宝等新型证券投资信托产品，丰富了证券投资信托产品线。

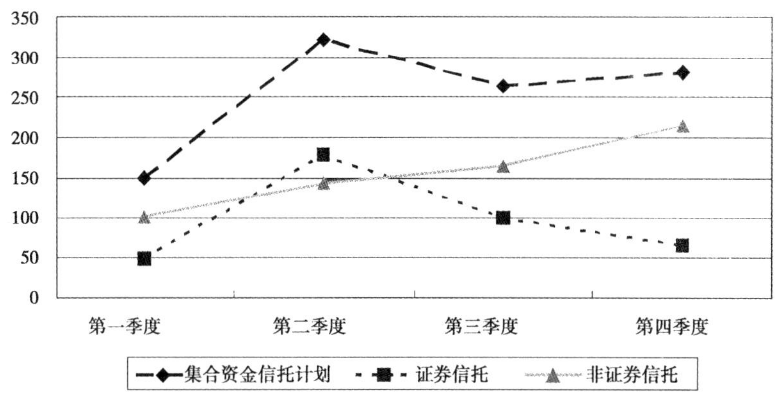

图 1

3. 平均单支信托规模表现稳定

有的信托计划公布了募集资金额度。经统计，每季度公布募集金额的信托计划都在100支以上，募集资金接近200亿元，平均单支信托规模超过1亿元，其中，第三、第四季度平均单支信托规模都是1.2亿元。总体上来看，平均单支信托规模比较稳定（见表3）。

表3　　2009年集合资金信托计划季度比较

	参与信托公司	集合资金信托计划	有募集数的计划	募集资金（亿元）	平均单支规模（亿元）
第一季度	38	150	113	129.14	1.1
第二季度	40	322	114	186.98	1.6
第三季度	44	265	166	198.73	1.2
第四季度	39	281	156	188.49	1.2

4. 全年推介信托计划数目呈"N"型走势

2009年全年推介信托计划数目呈"N"型走势，主要原因是年中证券投资信托开户受阻。

从全年情况来看，前4个月，推介信托计划数快速上升，从1月份的32支到4月份的97支；5—7月份维持了上升势头，推介信托计划数在7月份达到高点119支。之后，在8月份迅速回落，推介计划数降到65支，并在以后各月逐步上升，11月和12月推介计划数均超过了100支（见图2）。

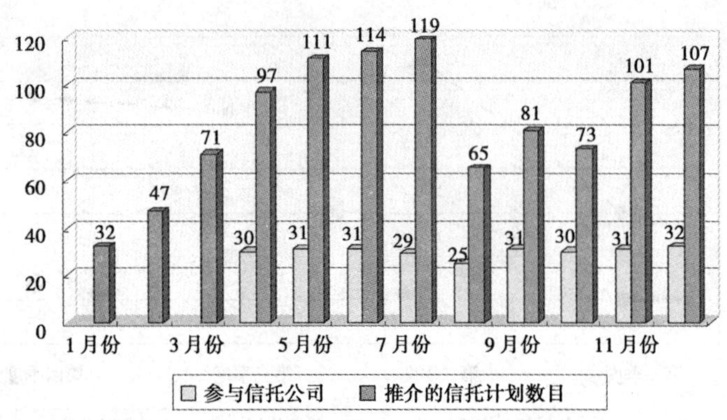

图 2　2009 年全年信托计划推介情况图

二、房地产信托仍是重头戏

在房地产行业由萧条到过热的剧变中，信托公司始终是房地产融资的有力支持者。在 2008 年年末至 2009 年年初，信托公司支持房地产公司渡过了最艰难的日子。随着房地产价格的逐步回暖乃至高涨，更多的房地产企业加入到拍地和新开工的行列当中来，信托融资量随之上升。

在 2009 年第四季度的 216 支非证券信托计划中，有 72 支投向是房地产，而且金额较大。按预计发行规模计算，排名前 10 的信托计划中有 9 支投向了房地产，包括优先级、一般级投资人在内的信托规模达到 119 亿元。这还没有包括中融信托为泛海建设股权收益权发行的集合信托计划，该计划先后发行 9 期，融资超过 10 亿元，投向了房地产领域（见表 4）。

表 4　　发行规模前十名的集合资金信托计划

产品全称	投资形式	受托人	预计最大发行规模（万元）
聚信汇金地产基金Ⅱ号信托	基金化产品	中信信托	310000
安鑫 1 号房地产投资基金信托	基金化产品	平安信托	161700
G－2803 上市公司股权受益权信托	股票收益权	上海信托	104500
无锡银城房地产项目信托	权益投资	中融信托	100000
2009 年润通鸿业投资信托	股权投资信托	中诚信托	165000
浦发置业公司股权投资信托	股权投资	上海信托	100000

续表

产品全称	投资形式	受托人	预计最大发行规模（万元）
杭州东田巨城置业公司股权信托	股权投资信托	新华信托	80000
三亚鹿回头贷款信托	贷款	中信信托	80000
玉泉新城土地整理融资项目信托	贷款	华融信托	50000
2009年汤山项目股权投资信托	股权投资信托	中诚信托	43000

在上述信托计划中，上海国际信托的G－2803上市公司股权受益权信托是一个股票收益权信托计划，标的是浦发银行限售股，融资方正是“增发股大王”刘益谦。刘益谦看好的正是金融、地产类股票，其参与增发的地产股包括保利地产、金地集团、首开股份等。可以说，这支信托计划的最终投向其实也和房地产行业息息相关。

三、基金化信托产品日臻完善

2009年第四季度，基金化信托产品达到14支，数量上具有了一定的规模，信托规模更是庞大，如中信信托的聚信汇金地产基金Ⅱ号信托，规模达到31亿元，平安信托的安鑫1号房地产投资基金信托规模达到16.17亿元。基金化信托产品相对于传统的信托产品，大多采取了组合投资模式，在结构上采取了分级模式，在业务设计上纷纷创新。下面以四支信托计划为例，具体分析产品结构方面的创新。

中信信托的国元农业基金一号信托规模达到4亿元，主要投向河南省内具有高成长性的未上市农业产业化企业，除了传统的贷款、增资、受让股权等方式以外，该产品设计了附认股权的贷款，附认股权的贷款给予了信托计划在债务收益以外，未来以合适价格获取股权收益的机会。在增信手段上，除了分为优先—劣后的内部增信设计以外，项目还进行了外部增信。由河南省农业综合开发公司设立2亿元河南农开基金，农开基金资金与信托计划管理的资金进行联合投资，共享投资收益和风险，并由河南省农业综合开发公司在信托期限届满时按优先受益人的要求回购相应受益权份额。

中信信托智赢1号基金信托，预计最大发行规模3亿元，主要投向中小企业。该产品在设计上的鲜明特点是组合投资，表现为投向多家中小企业；在投资形式上，除了债权投资、股权投资以外，还支持收购兼并、不良资产处置等运作方式，有利于中小企业迅速扩大规模，占领市场。与智赢基金类似，中信信托还发行了2亿元的同盈2号基金信托，同盈基金在闲置资金除了可以用于银行存款、货币市场投资、债权投资以外，还可以投资于收益稳定、风险可控的有价证券类投资。

中信信托发行的聚信汇金地产基金规模高达31亿元，主要投向昆明星耀，核心资产是星耀房产下面的嵩明项目。聚信汇金地产基金在产品设计方面的创新主要体现在收益率上，产品预期年化收益率将房地产实际售价引入收益率计算，具体预期年化收益率如下：

优先Ⅰ级年化收益率＝6.5%＋（实际售价－基准价格）/基准价格×10%，预期收益率区间为11.2%—16.8%；

优先Ⅱ级年化收益率＝8.0%＋（实际售价－基准价格）/基准价格×10%，预期收益率区间为12.4%—20.4%；

这一产品将实际售价引入收益率计算，投资者能够分享房地产价格上涨带来的收益，大大提高了产品的吸引力。优先Ⅰ级年化收益率预期区间上限高达16.8%，优先Ⅱ级年化收益率预期区间上限高达20.4%，高收益率是超大规模项目发行成功的重要保证。

平安信托为金地集团发行了平安财富·安鑫1号房地产投资基金信托计划。公开资料显示，平安信托通过该信托计划募集信托资金16.17亿元投资于上海赵巷项目，占项目公司49%的股权。该信托计划期限3年，分为优先和劣后两个级别。优先8.17亿元，期限1.5年，享受年7%的固定回报，劣后8亿元，在项目销售比例达到85%和3年孰短的时间退出，收益浮动。平安信托作为信托计划的管理人将收取信托资金年2%的管理费用。这一产品的创新主要体现在推出机制上，建立了“项目销售比例达到85%和3年孰短的退出”机制，为基金化信托产品提供了一个灵活的推出机制，值得其他产品借鉴。

上述四款典型的基金化信托产品，其设计者均是国内一流的信托公司。尤其是中信信托，在基金化信托产品创新方面遥遥领先。信托公司要发展，除了好的项目以外，先进的理念、创新的产品设计也是必不可少的。

四、股票收益权信托连绵不断

2009年第四季度，股票收益权信托计划共有24支，涉及浦发银行、中汇医药、泛海建设、保龄宝、禾嘉股份等股票。其中，上海信托发行的以浦发银行股票收益权为标的的信托计划，募集金额高达10.45亿元。

从预期年收益率来看，处于6%—9%的区间，收益率高于市政基础设施信托，但是低于房地产类信托计划。从存续期来看，平均期限较短，一年期的信托计划居多（见表5）。

表5　　披露金额排名前十的股票收益权信托计划

受托人	上市公司	成立日期	实际发行规模（万元）	预计年收益率（%）	存续期限（年）
上海信托	浦发银行	2009/11/2	104500	7.50	1.50
华宸信托	中汇医药	2009/12/16	30000	8.50	1.00
中融信托	泛海建设	2009/12/17	20000		1.00
中融信托	泛海建设	2009/11/4	16710	6.00	1.00
中融信托	泛海建设	2009/12/25	15010	6.00	1.00
中融信托	泛海建设	2009/11/5	13130	6.00	1.00
北京信托	保龄宝	2009/11/2	12000	8.00	1.50
新华信托	禾嘉股份	2009/12/23	10620	8.50	2.00
交银信托	鼎立股份	2009/12/28	11580	7.00	1.50
中投信托	鑫茂科技	2009/11/20	7500	9.00	1.00

连绵不断的股票收益权信托计划，能够发挥信托计划结构灵活的特点，在商业银行股票质押贷款渠道不畅的情况下，信托公司的股票（股权）收益权信托计划满足了上市公司股东的金融需求。随着经济的发展，证券化程度越来越高，信托公司的股票收益权信托业务具有持续发展的空间。

五、物业收益权信托，星星之火可以燎原

2009年第四季度，信托公司发行的各类以特定资产收益权（不含上市公司股票）信托计划20支，基础资产种类包括商业物业、水电资产、应收账款、票据资产、黄金等。其中，公开资料明确物业情况的集合资金信托计划有6支（见表6）。

表6　　明确物业投向的集合资金信托计划表

受托人	物业情况	推介起始日期	实际发行规模（万元）	预计年收益率（%）	存续期限（年）
中诚信托	北京瑞海大厦购买	2009/10/9	11000	7.7	1.5
中铁信托	成都华丰批发市场租金收益权	2009/10/20	4000	7	1
华宸信托	长沙青和城购物中心	2009/10/22	25000	10.5	2.5
中信信托	柳州谷埠街商铺	2009/11/11	20000	8	2.25
中铁信托	石家庄卓达商贸广场	2009/12/15	14000	7.5	2
中铁信托	海南国宾馆	2009/12/25		7	1

从房地产行业发展的趋势来看，商业物业会随着经济发展而迅速壮大起来。商业物业因为收益稳定，而且能够作为抵押物申请贷款，受到长期资金的青睐。信托公司参与物业收益权融资，能够锻炼房地产专业人才队伍，积累物业资源，为进一步推进房地产投资信托基金、资产证券化等业务打下基础。物业收益权信托计划可以看作是REITs的前奏，是信托公司房地产业务探索的新方向。

六、家庭财富管理起航

2009年11月，大连华信信托低调推出了家庭财富管理信托业务，这对于行业发展具有重要的意义。在西方发达国家，尤其是美国，信托的核心客户就是高净值家庭，其重要功能就是提供家庭财富管理、资产管理服务。而在我国，家庭财富管理类信托业务还处于摸索阶段。

从客户的角度看，信托公司的客户必须是高净值客户，信托“新两规”制定的100万元合格投资人和300万元视为机构投资者两个标准就是引导信托公司向高净值客户方向演进。

对于高净值客户进一步分类，可以划分为100万—1000万元的普通高净值客户、1000万—1亿元的私人银行客户和1亿元以上的富翁客户。这些客户是银行、证券、保险、基金和信托公司竞争的焦点所在。尤其是千万级别的客户，在各家银行纷纷开设私人银行部的今天，竞争最为激烈。

哪些是信托公司的核心客户呢？什么是信托公司的核心竞争力呢？1亿元以上的富翁客户是信托公司的核心客户，综合财富管理、资产管理能力才是信托公司的核心竞争力。一般来说，财富越多，拥有私人企业比例越高，所需财富管理越复杂。信托公司以其灵活的产品形式，涉及货币市场、资本市场和实业投资的宽广领域，最能适应复杂的财富管理情形。

华信信托的家族财富管理信托计划中，受益人结构安排分为三种情况，分别是家族财富管理、家族成员保障和家族财富传承。保障类信托适用于为家族成员提供小康生活保障，不会因为财产过多导致成员丧失工作激情。传承类信托则在财产保值增值的基础上，加进了继承人作为信托受益人，采用信托方式完成财产转移能够规避财产纷争。信托起点是500万元，期限最短3年，在资金运用上稳健投资为主，可以通过贷款、股权投资、权益投资、金融产品投资等方式单一或组合运用，信托的金额起点、期限和资金投向适合当前国情，尤其是新产品推出时的稳健运作。信托预期年收益率是6.7%。若受托人提取信托报酬前的年化信托收益率不高于预期收益率时，受托人不收取信托报酬；若受托人提取信托报酬前的年化信托收益率高于预期收益率时，受托人收取超过部分作为信托报酬。按此理解，则受托人收取超过预期收益率的部分，实际上受益人的预期年收益率不高于6.7%，有可能更低。

总的来看，华信信托在此时推出家族财富管理是具有战略意义的，对于整个信托行业来讲是具有划时代意义的。从我国金融组织的现况来看，信托公司在两个方向上最有可能具有核心竞争力，一个是从产品角度出发，主攻以证券投资信托为核心的资产管理业务；另一个是从客户角度出发，主攻以私营企业主为核心的家族财富管理业务。家族财富管理的意义，可以和2004年深国投创新的证券投资信托相媲美。尽管在收费模式、投向等方面与美国的家族信托不尽一致，还有待于继续探索，但是毕竟迈出了关键的一步。能够切实为委托人做点事、取得委托人信任是当务之急，对于家族财富信托的发展，拭目以待！

七、公益信托：养在深闺少人识

近来一个热点就是民间的股权捐赠基金。汽车玻璃大王曹德旺拟捐出家族持有福耀玻璃股份的70%成立“河仁基金会”，福建首富陈发树欲捐出新华都集团及其拥有的若干公司股权成立“新华都基金会”。按照2009年11月份的股价来算，两家捐赠基金均高达80亿—90亿元，引起了人们的普遍关注。这些捐赠均以股权形式出现，而我国在相应制度方面还没有做好准备，加上公众对于捐赠动机的质疑，纷纷制约了基金会的成立。

捐赠有两种方式，一种是基金会；另一种就是信托方式。公益信托可以说是“养在深闺少人识”，社会对于公益信托不熟悉，信托界对于公益信托也没有深刻的战略层次上的认识。2008 年汶川地震发生以后，中国银监会及时出台了鼓励信托公司开展公益信托业务支持灾后重建工作的通知，信托公司也是积极响应推出了公益信托业务，但是未能借此良机扩大社会影响。公益信托非常有潜力成为信托公司核心业务：首先，捐赠基金的规模会随着我国经济的发展快速提高，这是一个万亿规模的市场；其次，信托这一模式是最适合捐赠基金的，信托平台有着比基金公司更加优越的制度优势。剩下的就是信托公司是否具有足够的资产管理能力，并取得社会的信任，只能说，信托当自强！

信托模式管理捐赠资金的相对优势如下：

1. 这一模式是一种真正的彻底的捐赠模式。一旦捐赠给信托，捐赠财产就具有自身的独立性，信托财产是与其他财产相隔离的，捐赠人对于相关财产的支配权转移给基金会、公益信托等。

2. 有信托公司等金融机构参与，能增强捐赠基金运作的透明度，获得更好的社会影响，把好事做好。新华都基金会的唐骏已经意识到了金融机构参与运作的重要性。信托方式能增进公众信任。

3. 信托方式能规避现有税收规定。委托人直接以合法拥有的股权设立公益信托，指定公益信托监察人，将不特定多数人作为受益人，通过委托人和受益人分离完成了财产的捐赠，还可以回避现有捐赠纳税的规定。

4. 信托能促进基金独立运作。捐赠资金到了基金里面，财产就属于基金的。盖茨梅琳达基金会照样会卖出微软的股票，谁能说微软的股票不好呢？比尔会这样认为吗？绝对不是！捐出股份到了基金会，资产就属于基金了，基金也是有自身独立属性的，要站在基金的角度上进行投资组合，仅仅持有一只股票就会使基金面临极大的非系统性风险。站在受益人的立场上，“河仁基金会”也要拥有自己的投资组合，不能一味长期持有福耀玻璃，这是捐赠人当初未想到而会遇到的问题。

5. 信托能促进合理收支。

(1) 信托可以指定更合适的支出比例。基金会有 8% 的支出规定，从长期来看，这是不可持续的，过高的支出比率会伤及捐赠本金，对于志在持续运营的百亿千亿规模的大型基金来说，过高的支出比率会损害后人的利益。

（2）信托运营是专家理财，可以更好的保证捐赠资金的保值增值。

八、阳光私募新动向：盛世危言

自从2004年深国投创新了证券投资信托模式以来，阳光私募得到了培育和发展，近年来不少公募基金经理的纷纷加盟更是直接壮大了私募的队伍，经过牛熊市熏陶后，一批优秀的私募经理人获得了社会的广泛认可。2009年3月至7月期间，200多支证券投资信托的设立成为阳光私募发展的一个阶段性高潮。但是几乎是同时，中国证监会停止了证券投资信托开户，私人银行向阳光私募抛来了橄榄枝。阳光私募与私人银行一拍即合，二者一个拥有投资能力，一个拥有高端客户，银行会将最优秀的私募管理人吸引过去，将会给证券投资信托业务带来重大冲击。

2009年10月下旬，中国邮政银行推出“金种子优选投顾”，以银行发行理财产品的形式募集资金，再通过TOT信托的形式分别委托给5家精选的阳光私募机构进行管理。这是继光大银行推出“阳光私募基金宝”之后第二家聘用私募机构为其高端客户理财的银行。

2008年的资本市场的不景气让银行理财产品遭遇了零收益甚至负收益的尴尬局面，导致投资者对高风险银行产品产生抵触情绪。2009年7月，中国银监会发出通知，除“私人银行”发售渠道外，禁止面向普通客户的银行理财产品投资二级市场股票和基金。

这条规定让此前与信托公司合作紧密的阳光私募推开了银行的合作之门。而经历了一轮牛熊市洗礼的阳光私募，其稳健的投资风格和靓丽的业绩赢得了银行的信任。中行搞了个热闹的“阳光私募选秀”，广邀百家私募报送业绩材料，其中18家获得了到中国银行总行进行现场路演的机会，最终确定5家作为投资管理人。

阳光私募是靠信托公司培养而发展起来的，信托公司仍会在私募的成长中扮演重要角色。但是阳光私募和私人银行的联姻也为信托公司敲响了警钟。阳光私募具有投资管理能力，私人银行具有客户资源，二者强强联合，信托公司就会再次沦落到“通道”的地位。事实是残酷的，12月17日，交通银行首支阳光私募概念的理财产品——“得利宝＊至尊5号（重阳5

期）”，不仅在规模上达到 12 亿元远超信托方式募集，而且这一产品干脆甩开了信托公司，直接由交通银行出任产品管理人，由重阳投资担任投资顾问，实现了阳光私募同银行的直接合作。

九、信托公司监管政策重要信号

在最近的一年中，信托公司较好的应对了复杂的金融形势，交上了一份令人满意的答卷。临近年末，监管政策和导向出现了一些调整，监管层对信托公司提出了更高的期望。

1. 进一步规范银信合作业务

12 月中旬，中国银监会出台了关于进一步规范银信合作有关事项的通知，引导信托公司发展自主管理类业务，提高核心资产管理能力。文件指出，信托公司应该在信托资产管理中拥有主导地位，在项目筛选、产品设计、投资决策及实施中承担实质管理和决策职责。文件强调，信托公司必须亲自履行尽职调查，不能将资产管理职能委托给资产出让方或理财产品发行银行。同时规定，银信合作理财产品不得投资于理财产品发行银行自身的信贷资产或票据资产。这一监管政策的出台，有利于信托公司提升自主管理能力，会引起银信合作产品结构和模式的转变。

银行在 2009 年的经济刺激政策导向下，发放了 10 万亿元的天量贷款。银行信贷的猛增，加大了对银行资本金的压力。为了保持持续的放贷能力，对于信贷资产实现有效的动态的管理，银行有转让信贷资产的内在需求。同时，以信贷资产为标的的银行理财产品在 2008 年的股市暴跌后也成为广受欢迎的投资品种。2009 年第三、第四季度银信合作项目中，信贷资产转让类资产规模快速上升，就反映了这种内在需求。

按照文件的规范要求，银信合作的信贷资产项目将面临结构上的“突变”。因为次贷危机实际上陷于停滞的资产证券化再次进入人们的眼界。毕竟，中国的信贷资产不同于美国，没有必要“美国得病，中国吃药”。即使是房地产类信贷资产，中国至少有 20% 的首付款，一般有 30%，二套房高达 40% 的首付款，这和美国房地产诸多零首付的房款在性质上是不同的，国内房贷质量要远高于美国的次贷资产。中国房贷是银行的优质资产，银行以前不愿意将这份优质资产进行证券化处理，如今面临贷款额度和资本金压力，资产证券化积极性大为提高，资产证券化业务有望进入常态。

2. "净资本监管指引"征求意见

尽管离实施尚有距离，但是净资产监管指引征求意见本身就应该引起信托公司的高度重视。

作为金融企业，信托行业在历史上曾多次陷入发展和整顿的迷局，已经出台的信托公司监管评级办法引入了分类监管理念，对信托公司进行了分类，能够有效避免"一刀切"现象再次发生，而拟引入的净资本监管，则能够从资本金角度对业务进行约束，有效避免信托公司"种别人的自留地"，避免规模极度膨胀带来灾难性的风险。

净资本监管的引入，能够有效改变信托公司固有业务盲目追求高利润率的现状，有利于树立自有资本是公司生存根基的理念，形成结构合理、收益稳定的固有业务新格局。信托公司固有业务过于强化某一种业务，如在证券市场牛市时全仓杀入二级市场，在行业低迷时高比例进行PE投资，虽然能给公司带来大量收入，但同时也可能会致使信托公司过度消耗资本金，甚至在投资失败时资不抵债。净资本监管能够通过各种业务类别的指标设定，有效避免灾难情形发生，为信托计划实施和公司发展提供扎实的资本保障，为信托公司重树信托行业声誉、赢取更多委托人的信任奠定牢固的基础。

净资本监管的引入，能够有效促进信托业务的发展。大力发展信托本源业务，是"一法两规"的精神所在，而净资本监管可以通过对各类业务制定不同的资本金要求比例，鼓励信托本源业务，限制其他类业务。如对信托业务制定较低的资本金要求比例，对固有资金认购信托计划、充当一般受益人制定较高的甚至高达100%的资本金要求，就能够有效促进信托公司做大做足信托业务，树立信托业务为主的理念，逐步使得信托业务收入成为信托公司最主要的盈利来源。

净资本监管成为有效的监管工具，信托公司在新的历史时期下，应该根据监管评级、净资本管理的要求，认真研究，盘活公司资源，提高公司资本的利用效率。根据各项业务的资本要求，进行认真测算，合理分配自有资金，把相对有限的业务规模运用到最能赚钱的业务中去，促进信托公司稳健发展，促进整个信托行业进入良性循环。

浅析信托公司客户专业化战略

构建以客户为中心的战略是所有企业良性发展的必要条件，对于处在金融服务行业的信托公司尤其重要。信托公司客户专业化战略是以客户细分为基础的，致力于服务特定客户的一种战略。客户专业化强调服务细分客户，充分重视客户需求，是一种市场化的运作方式。具体到业务层面，信托公司实施客户专业化战略，就是充分重视客户资源，为高端客户提供理财规划、财产传承、资产管理等一系列服务的一种模式。客户专业化战略能够适应信托公司从融资平台向资产管理平台的转变。实施客户专业化战略的信托公司并非不生产信托产品，而是把公司自身产品和外购产品结合起来，从而充分满足客户的需求。

一、信托公司客户专业化战略的国际经验

国际信托业，尤其是美国信托行业，在实施客户专业化战略、服务高端客户方面取得了丰硕的成果，简要概括为以下几个方面：

（一）以客户关系管理为重心

信托公司实施客户专业化战略，就是要以客户关系管理为重心。国外信托公司围绕高净值客户开展业务。尤其是美国信托公司，大多以高端财富管理业务为主，成立之初就拥有高端客户，甚至信托公司本身就是亿万富翁为管理其私人财富而专门设立的。“全世界成功人士、家族、机构都相信我们，把钱交给我们打理，所以他们可以全力投入到真正重要的事情上去。”遵循这样一种理念，信托公司把客户关系管理作为重点，取得了高净值客户的信任，成为他们的财富管家。

（二）以客户财富保值增值为主业

美国信托公司在实施客户专业化战略的过程中，以客户财富保值增值为主业。著名的贝西默信托公司的理念充分说明了这一点：“我们只有一项业务——客户财富的保值和增值，我们不是投资银行，不是证券交易商，也不是商业贷款机构”。在业务模式上，是客户理财规划驱动，而不是产品驱动，是面向客户的全方位理财，而不是仅仅卖产品。诚信国际信托公司认为，“我们只提供投资解决方案，而不设计和销售产品”，也正是这种理念的反映。

（三）人员少，机构规模小

相对于银行、保险来说，信托公司人员少，机构规模小。信托公司客户专业化运作以后，成为高净值客户的私募机构和财富管理机构，由于不面向大众投资者，使得信托公司能够以精干的人员和简洁的机构设置来满足客户的需求。不设分支机构的信托公司人员多在 100 人以内，即使是设立多个分支机构的信托公司，其人员也大多在 1000 人以内。

（四）管理资产规模大

服务高净值客户和机构客户的信托公司，管理的资产规模十分庞大。截至 2008 年 9 月底，贝西默信托 650 名员工管理着 1900 个客户的 538 亿美元资产，单个客户平均资产达 2760 万美元。2004 年年末，美国北方信托公司管理的信托资产高达 2.6 万亿美元。庞大的信托业务经营规模，正是国外信托公司高额利润的坚实来源。

（五）受经济周期波动的影响较小

信托公司实施客户专业化战略以后，受托打理高净值人群的大量财富，获得赖以生存的资金来源。这部分资金受经济周期波动性的影响较小，通常情况下，信托客户不会频繁的增加或者减少信托财产规模，使得信托公司受经济周期波动的影响变得比较小，其资产规模和利润相对稳定。

（六）主业的无序更替容易导致失败

美国信孚银行（Bankers Trust），最初是一家由银行创办的信托公司，从事与银行业务互补的信托业务。自 1903 年成立以来，业务性质几经改变，20 世纪 20 年代开始为机构客户提供批发金融服务；20 世纪 60 年代又变成一家提供零售服务的银行超市，虽然规模扩大了，并进入了全美前十大金融机构，但业绩却变差了，在石油危机中几乎破产。20 世纪 80 年代，信孚又变身为一家提供交易和投行服务为主的批发银行，但20世纪90年代的连续金融危机让公司遭遇巨额损失，最终在1998年被德意志银行收购，成为后者进入华尔街的桥头堡。信孚银行在成长中迷失了方向，大而不强，最终失去了独立存在的意义。这反衬出，专业化生存才是出路。

二、信托公司实施客户专业化战略的必要性

从国内的政策环境来看，信托公司实施客户专业化战略十分必要。信托公司要把客户财富的保值和增值作为主要业务，把自己的定位和公募基金公司、投资银行、证券交易商、商业贷款机构分开，形成独特的竞争力。

（一）政策导向

随着2007年3月1日起《信托公司管理办法》、《信托公司集合资金信托计划管理办法》等信托新政的施行，集合信托委托人必须是“合格投资人”，表现之一是购买信托计划的起点提高到100万元。信托新两规的颁布实施，在政策方面引导信托公司从融资性机构向投资管理性机构，从“融资平台”真正转变为“受人之托，代人理财”的专业化机构。大力发展合格投资者，就是要真正实现由信托财产，而不是信托公司，来承担资金运用中的风险，构建信托公司有自身特色的与银行相区别的财产管理业务模式。

（二）客户全方位理财的需要

信托公司实施客户专业化战略是客户全方位理财的需要，实现以客户为中心，围绕客户量身定做产品，而不是仅仅向客户销售现有产品。

在“受人之托，代人理财”这句话中，“理财”处于重要的地位，是信托公司的核心业务，而“托”则是业务实施的方式。理财可以分为两个层次：一是产品层次，表现为在客户的投资组合中增加一种产品/资产；二是组合层次，表现为统筹管理客户的整个投资组合。

在业务实践中，第一个层次往往表现为向客户推荐一种产品，尽管这种产品本身适合该客户，但由于不了解客户全面的财务状况，有可能造成总的投资组合远离了客户的风险承受能力或者理财目标。银行客户经理向客户推销基金、票据、理财产品，保险理财顾问向客户推荐投资连接类、养老类、存款类保险产品，这些当前流行的理财业务和操作模式基本上都停留在产品

这个层次上。第二个层次的理财是全方位理财，统筹客户的理财目标和风险承受能力，兼顾长期目标和短期目标，根据客户需要安排整个投资组合，可以说是为客户量身定制，从而最大程度的满足客户的金融需求。只有第二个层次的理财，才是真正的理财，才能为客户创造价值，并赢得长期稳定的客户关系，从而实现盈利模式的转变。当前，我国商业银行纷纷设立私人银行部，正是看到了高净值客户的全方位理财需求。

（三）信托行业发展的需要

以客户为核心的财富管理业务扩大了信托业务资金来源，是一种可持续的盈利模式。就信托公司当前盈利模式而言，毫无疑问，除了长期股权投资和证券投资收益这些信托公司自有业务收入以外，集合资金信托计划是当前信托公司盈利的核心业务。不发行集合资金信托计划，难以筹集足够的资金，无法完成信托项目。许多信托项目实质上是融资项目，与“受人之托，代人理财”尚有距离。信托项目融资是先有项目，再有信托计划，然后引导客户投资理财；而“受人之托，代人理财”是先有理财规划，再有信托，而后根据信托合同约定进行投资管理。集合资金信托计划在100万元的门槛下的确是一种“高端理财”，虽然仍然属于产品层次的理财，但是已经朝着面向高端客户、最终实现量身定做迈出了重要一步。

2007年，信托“新两规”出台了“合格投资人”概念，指引信托公司走向高端客户，回归本源业务。有远见的信托公司应该制定更高的“合格投资人”标准，从而转变业务模式，实现公司的长期稳定发展。对于贷款融资业务，连银行都在转型，信托公司更应该意识到其中潜在的结构性风险。银行业有一句颠覆式的名言：“不做公司业务现在没饭吃，不做零售业务将来没饭吃。”套用在信托业务上，不做“融资业务”现在没饭吃，不做“资产管理业务”将来没饭吃。

（四）客户专业化更符合中国国情

对比客户专业化与产品专业化两种发展道路，信托公司实施客户专业化战略更符合中国国情。

从国际信托业的发展道路来看，信托公司尽管有着最广泛的业务范围，但却应该遵循最专业化的发展道路。这种专业化可能来自于产品的专业化——从而走上资产管理或证券化道路，也可能来自于客户的专业化——聚焦高端客户的定制化服务。但前者受到新《信托法》中对集合理财产品份额和营销途径的限制，同时面临基金公司、证券公司的强势地位，难以取得突破，而后者则正是新《信托法》中所鼓励的信托主业。

“信托的运用范围可以和人类的想象力媲美”，业务范围非常宽，但如果因此而什么业务都做，结果很可能是什么都做不好。信托新两规引入了“合格投资者”概念，实际上是指明了信托业发展的方向，即客户限定在高端人群。信托公司应该形成“一窄一宽”的核心竞争力，即“窄的高端投资人定位”和“宽的投资范围选择”。

信托“新两规”对合格投资人有严格规定——投资于单一信托计划的规模不少于100万元人民币，或个人和家庭金融资产总额在100万元以上，或个人年收入超过20万元、家庭年收入超过30万元的投资人，才能被称为合格投资人。这一规定已经在推动信托公司走向高端客户，并逐步走向单一信托的发展阶段，为每个客户建立独立的信托账户。

建立在高端客户基础上的财富管理业务，以服务取胜，其财富管理期限更长、规模更稳定。因此，业绩波动不是更大，而是更小——稳定的长期资产和广泛的投资范围成为对抗其他金融机构的最有力武器。

信托公司高端财富管理的投资范围是非常宽泛的。不局限于信托公司自己开发的集合信托计划，也不局限于银行、保险、股票、债券等产品，还可以引入包括房地产、私募基金等品种在内的另类投资，引入适合客户需要的衍生品，并且在地域上做到全球配置。用丰富多样的投资满足高端客户的财富管理需求，根据客户量身定做，实现“一对一”的理财，使客户的单一信托计划成为真正适合他自己的理财产品。

单一信托计划是弱流动性的。富裕阶层有能力承受短期收益的波动，同时需要一种长期内能够提供相对稳定收益的、可以对抗通胀威胁的投资产品，他们愿意承担短期的波动性风险来换取长期的相对稳定收益。传统的投资基金追求高流动性，适合大众群体，但弱流动性产品满足了那些能够忍受短期损失的高端投资人的需求。这种弱流动性被私人股权基金利用，成就了一个全新的市场，并在近几年的资本市场上独领风骚。

私人股权基金面对的是一个很窄的客户群体，它的繁荣说明了即使在狭窄的客户群体上，仍有广泛的成长空间。国内信托业同样可以通过对狭窄客户群体的深度挖掘、对弱流动性的利用来开发一片自己的生存空间。资产的弱流动性和客户的弱流动性，正是信托“弱周期性”的内在基础。

三、信托公司实施客户专业化战略的可行性分析

（一）高净值人士是客户基础

为什么经过30年的发展信托业没有形成固定的客户群？我国信托公司30年的发展进程中，业务模式几经变化，却没有形成固有的客户群。信托业看起来业务范围很宽，却没有形成独有的特色业务。信托公司要长期发展，在金融业取得一席之地，发展信托本源业务是根本。不管这一业务模式如何困难，只有在本源业务上获得突破的信托公司，才能成为信托业的“百年老店”。

信托本源业务是“受人之托、代人理财”，是根据客户的具体情况量体裁衣，制定特定的财富管理规划，从而实现资产保值增值、长期传承等目的。除了事务性信托之外，信托理财对于客户资产的要求相当高。信托客户可以分为个人客户和机构客户。个人客户需要是高净值客户，以高端富裕家庭、家族为主，客户可投资资产要在1000万元以上，最好在1个亿以上。机构客户以拥有长期可投资资金的客户为主，包括大学捐赠资金、社区捐赠资金、基金会资金、企业年金（养老金）等。国外大学捐赠资金规模相当大，著名大学甚至成立了独立的基金会，资产上百亿美元，聘有专门的基金管理人。

从这一客户标准来看，信托业历史上的业务变换有其必然性。在改革开放的前20多年，尽管经济发展很快，人们走上了富裕之路，但是信托本源业务的适宜客户却还没有成长起来。在这种情况下，信托公司只能根据经济形势变化，不断挖掘新业务，什么赚钱做什么，首先保证生存的需要。2000年以来，中国富裕人群日渐庞大。美林（亚太）有限公司和凯捷顾问公司发布的2007年《亚太区财富报告》显示，截至2006年年底，中国内地共有34.5万名拥有100万美元金融资产的富裕人士。这一客户群体受到了各家金融机构的高度重视，尤其是银行．纷纷开设私人银行部，将客户标准基本界定在800万元以上。而这一群体也正是信托本源业务的客户基础，信托公司现在必须加紧向千万富翁、亿万富翁渗透，为未来业务发展提供坚实的客户基础。在实际业务中，信托公司可以从现有客户中挖掘，从“大小非”中挖掘，从子女不愿或没有能力从事家族工商生意的高净值客户入手。

（二）分业牌照是政策优势

近年来，在高净值客户服务上，私人银行业务发展非常快。私人银行业务是在瑞士得到发展的，20 世纪 70 年代以来，私人银行业务在美国进一步壮大，1997 年以来，私人银行业务在亚洲站稳脚跟，尤其以新加坡为中心增长迅速。国际大型银行为了促进其私人银行业务的发展，纷纷加大收购信托公司的步伐。例如，2004 年年底，瑞银集团收购了德国绍尔博恩信托；2007 年，美洲银行收购了美国信托。国际活跃银行逐渐成为私人银行业务的主体，但信托公司依托传统优势也活得很滋润。

通过对比可以发现，我国信托公司在高端财富管理领域有自身的牌照优势，信托公司要把分业经营的牌照优势切实转化为业务优势，才能立于不败之地。以企业年金业务为例，我国企业年金基金管理采取信托模式，包括受托人、账户管理人、托管人、投资管理人 4 个管理主体资格。信托公司本应该在这一模式中占有重要地位，但事实上，由于我国信托公司力量薄弱，对业务研究不够重视，商业银行、保险公司、基金公司在企业年金业务中都分得了不少份额，尤其商业银行、保险公司在这一领域中进展非常快，使得企业年金这一原本属于信托公司的业务反而成为信托行业的鸡肋（见表 1）。

表 1　　我国信托和银行的高端财富管理业务对比

	信托公司	银行
业务名称	信托本源业务	私人银行业务
客户	高净值客户，慈善基金	高净值客户
业务起点	100 万元人民币	100 万美元
业务关系	信托关系	委托关系
信托牌照	有，能接受全权委托	无，借道信托公司开展
信息技术支撑	弱	强
与证券基金保险公司合作	稍弱	强
优势	以信托关系为基础，涉及资产管理、代际传承、税务规划、捐赠等多方面。	具有广泛的客户基础，便于挖掘高端客户，国内私人银行业务已经开展。
劣势	客户资源少	没有信托牌照，代际传承等相关业务必须与信托公司合作。

在欧洲，在美国，信托公司起源于接受家族财产管理，并始终以服务高

净值客户为主。在我国，信托公司改革开放之初就有了，但他的传统客户基础——资产在1000万元甚至1个亿以上的高净值客户人群——现在才逐渐浮出水面，这就要求信托公司向这一客户群靠拢。谁的业务转型做得快，谁就在新一轮竞争中占据了优势，从而完成业务模式转变，形成长期持续发展的牢固基础。

（三）财富传承是现实需求

没钱的人想着挣钱，有几十万的人想着财富翻番，有几百上千万的人想着保值增值，有几亿、几十亿的人考虑的则是保值和代际传承。中国文化中一直有世代传承的观念，总想着荣华富贵能够恩泽后代。信托公司应该围绕这一点做文章，以资产管理为核心，着力发展面向高净值客户的财富管理、代际转移、隔代转移、投资、理财、捐赠、税务规划、企业咨询等一系列业务。

信托公司本源业务发展是长期立足的根本。相对于银行的私人银行部，我国信托公司开展高端财富管理业务还是有自身优势的。我国金融业实行分业经营、分业监管，银行业不具有信托牌照。银行无法接受客户的全权委托来开展信托业务，在财富代际传承、特殊目的信托等方面的业务必须借助信托公司才能开展。信托公司应该抓住有利时机，紧紧围绕财富管理，以高净值客户为核心，把信托本源业务做成强项，实现行业的可持续发展。

四、产品销售和客户专业化的关系

对于信托公司来说，产品销售是现实目的和短期目标，客户专业化层次的资产管理业务应该成为远期的发展目标。产品销售是实现客户全面资产规划和管理的必经阶段。可以说当前我国财富管理整体上还处在产品销售的阶段，信托、券商、基金、保险均是如此。即使是号称面向高端客户、提供全面解决方案的私人银行，通常亦将产品销售作为考核基准，尚未过渡到以实际管理资产规模为考核基础，因此，客户经理具有销售产品的内在冲动，在一定程度上会忽视客户的长期资产配置需要。

在产品销售阶段，销售渠道是核心。销售渠道不仅能满足当前产品的销售，还为未来向财富规划转型提供了现实的客户资源。近年来，信托公司集合资金信托计划发行量快速增长，对于发行能力和客户服务能力提出了很高的要求，销售渠道的价值得到突出显现。加强渠道建设，是发售产品、维护客户的现实要求。

（一）渠道创造利润

在产业链中，附加值更多体现在两端，即设计和销售，处于中间环节的制造附加值最低。

微笑曲线中间是制造；左边是研发，属于全球性的竞争；右边是营销，主要是当地性的竞争。当前制造产生的利润低，全球制造供过于求，但是研发与营销的附加价值高，因此产业未来应朝微笑曲线的两端发展，也就是在左边加强研发和产品设计，创造智慧财产权，在右边加强客户导向的营销与服务（见图1）。

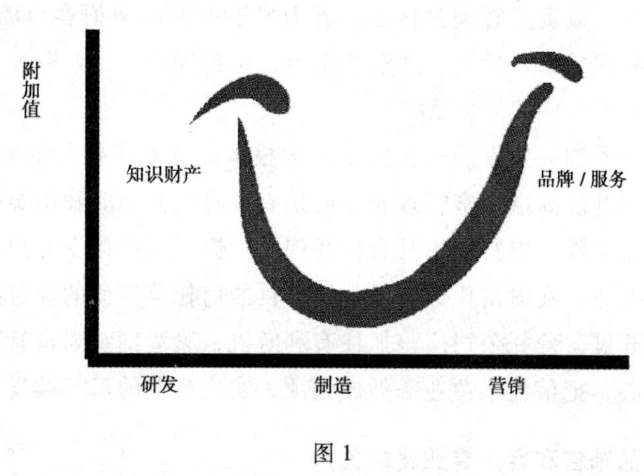

图1

信托公司必须坚持以客户服务为中心，紧密围绕高端客户开展业务。金融服务业基本上不存在“制造”利润，主要利润来源都是在产品研发设计和渠道两个环节实现的（会计概念，是利润中心和成本中心的概念；各个部门都很重要，不可或缺）。

（二）信托公司掌握渠道的方法

信托公司要掌握渠道，不外乎两种途径，一是自建渠道，完全掌控；二是拥有渠道公司股权。

在自建渠道模式下，不断提升客户服务机构的重要性，提升其在公司产品销售中的占比，做好客户维护工作，逐步使其成为公司自主产品销售的主渠道。公司自有渠道的最大优势在于客户都是公司的。即使理财经理辞职了，客户资料仍然在公司。客户服务机构重视客户的二次购买，而首次购买则依靠主动开发、自然增长、员工介绍等途径。积极建设异地客户服务机构，尤其是在上海、深圳、北京、广州等富裕人群聚集的城市以及武汉、青岛、太原等离公司比较近的城市。客户服务人员工资需要两种类别的工资，一种是相对固定的工资奖金制度，适合普通客服人员；二是以底薪加提成构成工资奖金的制度，适合客户开拓人员，在其业绩不佳时可以极大地降低人员成本。对于底薪加提成的员工，必须加强其客户资料的管理。将客户资料和客户维护情况及时追加到客户关系管理系统中，使其成为公司的客户，理财经理仅是代表公司行使客户服务工作。

在渠道公司股权模式下，信托公司和其他公司合作设立专门面向高端客户的信托产品销售公司，这种模式有利于快速占领市场，迅速形成优势。国内目前面向高端客户的理财机构正在蓬勃发展之中，主要业务范围包括财富管理、资产规划等，主要盈利途径是通过销售银行理财产品、信托产品、保险产品等获得销售佣金。这类机构的一个优势是占有客户资源，销售方式、激励方式灵活。由于国内个人财富总量的不断膨胀，成立面向高端客户的子公司具有良好的发展前景，公司产品也能通过合资子公司进行销售。占有渠道公司股权，实质上是产业链一体化发展的一种模式，犹如家电公司拥有苏宁电器的股份，或者钢铁公司拥有淡水河谷的股份，无论产业链的利润向哪一端倾斜，拥有相应的股份都可以起到对冲风险的作用。

百瑞信托博士后工作站

高志杰

信托行业人才战略研究

一、信托行业人力资本理论研究

（一）信托行业长期稳健发展是人才培养和集聚的基本要求

中国的信托业，是金融业改革开放的先锋。1979 年 10 月，国内第一家信托机构——中国国际信托投资公司宣告成立，此后，从中央银行到各专业银行及行业主管部门、地方政府纷纷办起各种形式的信托投资公司。信托业在恢复之初的 10 多年间，充当了渐进式改革先锋的角色，解决了很多当时“银行制度不能解决的问题”。信托行业还是货币市场发展的先驱者。由于信托机构不受计划和规模的限制，国有专业银行将大量的资金拆借给所属信托投资公司，由此，突破了计划经济体制的限制，支持了货币市场发展和一大批非国有经济的发展。在中国证券市场上，从最早的国库券买卖、企业债券承销发行与兑付，到股票的承销、经纪以及投资基金管理等业务基本上完全是由信托投资公司和证券公司经营运作的。

作为金融业改革开放的先锋，信托行业曾经聚集了众多的证券和投行精英。但是引入信托公司的初衷并非要在中国引入、培育信托制度，它首先是作为中国政府对外融资的窗口、体制外改革的推进器来开办的。由于定位的模糊和多变，中国的信托业，虽然仅仅诞生了 30 年，却已经历了 6 次清理整顿，这是任何一个金融行业都不曾拥有的经历。经历了 6 次“革命”的信托业，从高峰时期的 1000 多家，缩减到最近的 50 多家。历史上的多次整顿，伴随着的信托行业人才的聚散离合。

今天，经历了多次清理整顿的信托业正逐步走出发展的边缘地带，迈入正轨。自2007年信托“新两规”实施以来，经历了2007—2009年证券市场的剧烈波动，顺利渡过了美国金融危机的影响，信托行业步入稳步发展的新阶段。据统计，截至2008年年底，中国信托业注册资本达到552亿元，净资产达到774亿元；信托资产达到12284亿元，信托规模连续3年保持了快速增长，信托规模首次突破万亿元大关。2008年，信托行业实现信托业务收入90亿元，总收入176亿元，实现税后净利润106亿元，人均利润达到239万元，信托业务在金融危机中交出了令人满意的答卷。

信托业的大发展吸引了国内外资金的关注，多家央企、金融机构、外资机构等纷纷抛出“橄榄枝”，信托牌照不断升值。交通银行收购湖北国投并更名为交银国际信托，华融资产管理公司收购新疆信托并更名为华融信托，中石油控股金港信托并更名为昆仑信托，中国华能集团入主黔隆信托并更名为华能贵诚信托，建设银行投资收购兴泰信托更名建信信托，中粮集团重组伊斯兰信托更名中粮信托等。

稳健发展已经成为信托业的主基调，为全行业人才的集聚和培养提供了基本的条件。中国信托业正以前所未有的高速度向前发展，但要保障信托业的持续健康发展，还需要着力解决好一系列问题，其中人才战略问题首当其冲。

（二）信托行业人力资本研究

西奥多·W.舒尔茨（Thodore W. Schults），1979年获得诺贝尔经济学奖，是公认的人力资本理论的构建者。他的《人力资本投资》阐述了许多无法用传统经济理论解释的经济增长问题，明确提出人力资本是当今时代促进国民经济增长的主要原因，认为“人口质量和知识投资在很大程度上决定了人类未来的前景”。一般来说，人力资本（Human Capital）指的是劳动者投入到企业中的知识、技术、创新概念和管理方法的一种资源总称。人力资本天然属于个人，现代经济学认为人力资本可以测量、可以交易。在人力资本的观念下，企业成为财务资本和人力资本的一种契约关系。人力不仅仅是被动的、只能为资本所雇用的生产资料，而是上升为一种特殊的资本要素。人力资本理论认为，人力资本投资收益率超过物力资本投资的收益率，人力资本在各个生产要素之间发挥着相互替代和补充作用，教育是增进人力资本的主要方法。作为现代金融服务业的一个重要分支，信托行业运用人力资本理论拥有重要的意义。

1. 人力资源是信托公司最重要的资源。信托行业是现代金融服务业的重要组成部分，具有服务行业的典型特征。人力成本在信托行业成本结构中占有较高的比重。决定信托公司竞争力的不是钢筋水泥，不是人的体力劳动，而是人的智力活动。在金融行业，产品创新在竞争力构成中的重要性逐渐上升，现代金融产品中的智力因素越来越多。创造差异化的产品并不是一个容易的过程，金融产品的差异化要比制造业产品的差异化难度更大，更需要高水平的人力资源。人力资源是信托公司最重要的资源。

2. 人力资本核心是提高全行业从业人员素质。从行业角度看，人力资本核心是提高从业人员素质。只有全行业从业人员素质的提高，才能促进整个行业的兴旺发展，促使整个行业服务水平的提升。全行业人员素质的普遍提高，也会为行业高层次人才的培养、挖掘、提升提供一个良好的外部环境，有利于形成一个百舸争流、人才辈出的良好局面。

教育是提升人力资本的主要方法。对于信托行业来说，行业性的培训是当前的一个重点工作。相比银行、证券等其他金融子行业，信托在行业从业资格等系统性培训和考试方面还有许多工作值得去做。

3. 人力资本投资以市场信号为基础。在社会主义市场经济条件下，市场已经成为多种资源的基础配置方式，价格成为主要的配置信号。同样，市场已经成为信托行业人才的基础配置方式。在人才市场中，人员薪酬成为主要的价格信号和参考标准。

同样作为资产管理从业人员，信托行业人员工资同证券公司、基金公司的从业人员相比，还有相当的差距，这对于人才引进是不利的，也不利于留住已有的、行业自己培养的高端人才。信托行业价值的提升、信托行业人才素养的提升和行业薪酬的增长从长期看是相互影响、相互促进的一个过程。

4. 人力资本激励。人力资本具有资本的部分属性，人力资本除了作为劳动力要求工资性收入以外，还要求获得资本的报酬——利润，同时考虑公司美誉度、所在城市、子女教育等众多因素。综合起来，适用于人力资本的更高层次的激励机制可以概括为产权激励、企业文化激励和地位激励三个方面。

产权激励主要是指员工持股计划、利润分享计划等具有奖励性质，能够更好地把企业目标和个人目标统一起来的激励措施；企业文化激励强调企业价值观念对人才的引进力；地位激励则主要是强调战略决策委员会、独立董事等突出人力资本地位的现代企业制度。

二、信托行业人才引进现状分析

（一）行业从业人员数量稳步增加，新增人员中以硕士以上学历为主

根据信托公司年报信息披露，2006 年，信托行业员工总人数为 3736 人（48 家信托公司），其中硕士以上学历 897 人，占比 24.01%。自 2007 年，“新两规”出台以来，信托公司加大了人才引进力度，2007 年，信托行业员工总人数增加至 4244 人（51 家信托公司），较 2006 年增长 13.59%，其中硕士以上学历增加 311 人，占比 28.46%，较上一年增加 4.45 个百分点；2008 年，信托行业员工队伍进一步扩充，总人数增加至 4778 人（52 家信托公司），较 2007 年增长 12.58%，其中硕士以上学历增加 311 人，占比 31.79%，较上一年增加 3.33 个百分点（见表 1）[①]。

表 1

年　　份	2006	2007	2008
披露年报的信托公司数量	48	51	52
总人数	3736	4244	4778
硕士以上学历人数	897	1208	1519

从以上数据可以看到，过去 3 年信托行业从业总人数稳步增长，平均每年较上一年增长 13.09%；硕士以上学历人数增长更为显著，平均每年较上一年增长 30.13%。从每年增量上看，2007 年较 2006 年增加的 508 名员工中，有 311 人为硕士以上学历，占比 61.22%；2008 年较 2007 年增加的 534 名员工中，有 311 人为硕士以上学历，占比 58.23%。表明随着信托行业近几年的快速发展，信托公司普遍认识到高学历人才的重要性，并加大了人才引进力度，促使行业从业人员学历结构得以改善。

由于披露年报的信托公司数量存在差异，为了消除可能由此对分析结果造成的影响，以 2006 年披露年报的 48 家信托公司为研究对象，在 2006—2008 年的 3 年中，这 48 家信托公司员工总人数分别为 3736 人、3978 人、

① 按照中国银监会 2008 年年报披露，信托行业 54 家公司共有人员 4916 人。报告数据来源于公开年报，差异主要是因为个别公司重组未披露年报，或者早期年报中并未披露有关人员数据。

4421人，硕士以上学历分别为897人、1044人、1399人。2008年较2006年员工人数增加685人，平均每家信托公司增加14.27人；硕士以上学历增加502人，平均每家信托公司增加10.46人，同时可以看到，在增加的685名从业人员中，硕士以上学历占比达到73.28%。由此可见，信托行业总人数增加主要来源于人才引进（见图1）。

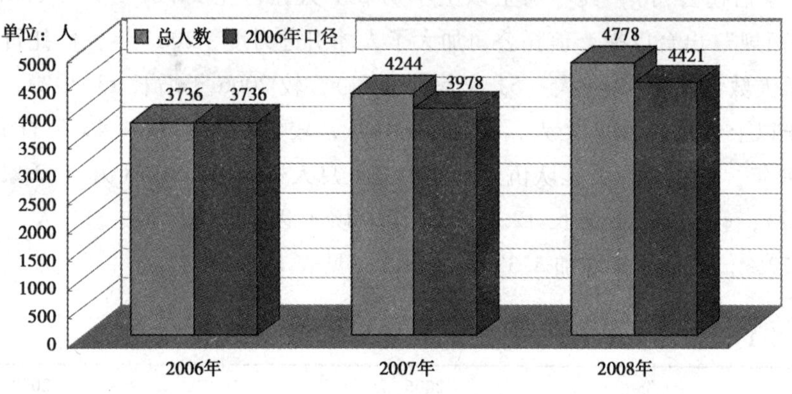

图1

（二）信托行业人才引进呈现较强集中度

2008年，52家披露年报的信托公司员工人数的平均值为92人，中位数85人，2007年行业平均值83人，中位数76人，而2006年信托公司平均人数是78人，中位数是69人（见表2）。由此可以看出，不管是员工人数还是硕士以上学历人数，行业中位数均低于平均数，说明信托行业员工人数及高学历人才的聚集具有结构性特点，大型信托公司拉高了行业平均值。

表2

	员工数量			硕士以上学历数量		
	2006年	2007年	2008年	2006年	2007年	2008年
行业平均数	78	83	92	19	24	29
中位数	69	76	85	15	19	23

为了进一步分析人才引进与聚集的情况，下面分别从总人数、较上年度增加人数、硕士以上学历人数、硕士以上学历较上年度增加人数、博士人数

五个方面进行集中度分析（见表3）。

表 3

	年度	CR4（%）	CR8（%）
总人数	2006	16.89	31.05
	2007	16.12	29.43
	2008	19.28	31.29
较上年度增加人数	2007	35.83	49.61
	2008	65.36	81.09
硕士以上学历人数	2006	20.07	36.45
	2007	21.03	36.42
	2008	24.49	38.25
硕士以上学历较上年度增加人数	2007	30.87	45.66
	2008	51.13	67.20
博士人数	2007	26.32	44.74
	2008	25.93	41.67

横向来看，员工总数增加量及硕士以上学历人数增加量两个指标集中度更高，2008年前4家信托公司占比分别达到65.36%和51.13%，前8家信托公司占比分别达到81.09%和67.20%，都超过一半以上的份额，表明近两年人才的流入主要集中在少数信托公司。

纵向来看，总人数、较上年度增加人数、硕士以上学历人数、硕士以上学历较上年度增加人数四个指标2008年均较往年呈现更高的集中度，说明2008年少数信托公司加大了人才引进力度，尤其是在增量方面，更加向少数信托公司集中。而与此相反，2008年博士人数的集中度低于2007年，说明2008年更多信托公司开始重视高端人才的引进，并初见成效。

（三）人才引进有效改善了行业整体学历结构

据不完全统计，2008年信托行业共有博士108人，比2007年的76人增加了32人，增幅达42.1%；2008年信托行业共有硕士1411人，比2007年的1132人增加279人，增幅24.64%。从硕士以上学历占行业总人数的比例来看，2006年为24.01%，2007年上升为28.46%，到了2008年达到31.79%。信托行业引进人才的效果十分明显，有效改善了学历结构（硕士以上学历人数及占比见图2）。

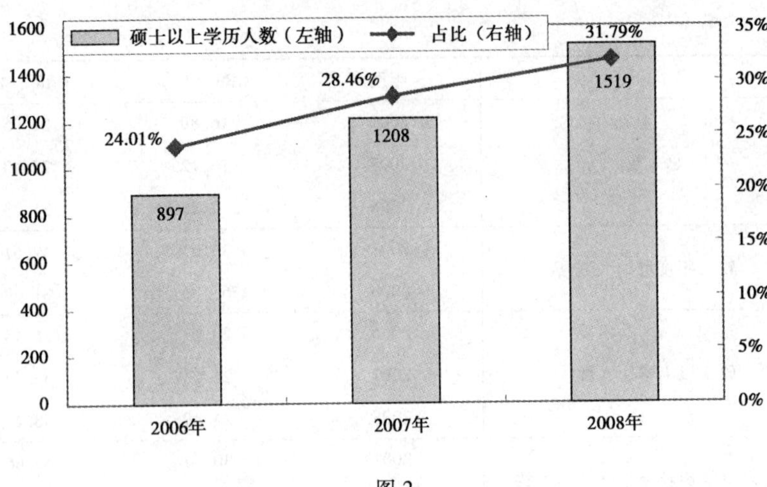

图2

通过具有可比数据的48家信托公司的员工学历分布情况，进一步比较各家信托公司硕士以上学历占比增减变动（见表4）。

表4

年　度	较上年度增加	不变	较上年度降低
2007	34家	3家	11家
2008	34家	2家	12家

可见，近七成的信托公司硕士以上学历占比较上年度有所增加，近两成的信托公司呈现人才流失情况。

（四）近两年信托行业引进的人才主要流向了信托业务部门

在2008年年报披露中，公布岗位分布的有46家信托公司，合计员工人数4239人，其中高管374人，自营部门533人，信托部门1950人，其他部门1392人。从这46家信托公司看，信托部门员工数量占总人数的比例达46%。

动态来看，具有可比数据的40家信托公司2006—2008年部门人员数量变化情况如表5所示：

表 5

时　间	高管	自营业务部门	信托业务部门	其他部门
2006 年年末	284	599	1155	995
2007 年年末	314	505	1261	1054
2008 年年末	326	457	1456	1067

从表 5 可以看出，在“新两规”的引导下，信托公司纷纷加大了信托业务拓展力度。两年间，信托行业自营业务部门员工数量持续降低，从 2006 年年末的 599 人至 2008 年年末的 457 人，降幅达 31.07%；与此相反，信托业务部门员工数量持续增加，从 1155 人增加至 1456 人，增幅达 26.06%；职能部门人员从 995 人增至 1067 人，增长 7.24%。

需要注意的是，由于缺乏 2006 年数据，这 40 家具有可比数据的信托公司不包含平安信托，而根据平安信托 2007 年和 2008 年的数据，2007 年平安信托员工人数 203 人，其中自营业务人员 48 人，信托业务人员 105 人；2008 年员工人数 423 人，其中自营业务人员 52 人，信托业务人员 277 人。在 2008 年新增的 220 人中有 172 人流向了信托业务部门。也就是说，若考虑到平安信托信托业务人员的大幅增加，信托业务部门员工人数增势将更加明显（见表 6）。

表 6

时　间	40 家信托公司总人数	较上年增加人数	信托业务部门人数	较上年增加人数
2006 年年末	3021		1155	
2007 年年末	3123	102	1261	106
2008 年年末	3296	173	1456	195

对比具有可比数据的 40 家信托公司 2006—2008 年员工数量及信托业务部门员工数量可以看到，2007 年总人数增加 102 人，而信托业务部门人数增加 106 人，可见信托业务部门人员的增长趋势超过了员工总数，2008 年也是同样。由此可见，从整个行业的发展态势来说，各信托公司都在大量增加信托业务人员，大力发展信托主业的监管导向已得到信托公司的广泛认同，回归信托主业日益成为行业共识。

（五）信托公司人才引进与经营业绩之间相互促进

静态来看，对比2008年员工人数和硕士以上学历人数排名靠前的信托公司财务指标排名情况，可以看到，总人数最多的10家信托公司，净利润和总收入排名差距较大，而硕士以上学历排名前10位的信托公司，净利润和总收入排名普遍较为靠前。表明公司经营业绩受公司股东背景、地域经济环境、业务资源等多重因素影响，与员工总人数之间相关性不大，而硕士以上学历人数与经营业绩之间有着一定相关性（见表7）。

表7

总人数前10位		财务指标排名		硕士以上学历前10位		财务指标排名	
信托公司	人数	净利润	总收入	信托公司	人数	净利润	总收入
平安信托	423	1	2	平安信托	152	1	2
中信信托	186	2	1	中信信托	96	2	1
新华信托	157	35	20	华宝信托	65	5	5
陕西国投	155	32	40	上海信托	59	10	13
上海信托	150	10	13	大连华信	56	12	12
天津信托	147	20	9	中诚信托	53	4	3
山西信托	142	48	43	北京信托	52	8	8
华宝信托	135	5	5	对外经贸信托	48	9	10
中融信托	121	26	16	新华信托	41	35	20
大连华信	118	12	12	华润深国投	41	3	4

动态来看，2008年较2006年员工增加人数排名前10位的信托公司如表8所示：

表8

	最近两年间员工人数变化情况				净利润排名	
	2008年年末	2006年年末	增加	增幅（%）	2008年	2006年
平安信托	423	126	297	235.71	1	1
中信信托	186	100	86	86.00	2	9
中融信托	121	54	67	124.07	26	42
云南信托	111	59	52	88.14	14	11

续表

	最近两年间员工人数变化情况				净利润排名	
	2008 年年末	2006 年年末	增加	增幅（%）	2008 年	2006 年
交银信托	85	39	46	117.95	50	—
金港信托	93	59	34	57.63	40	26
华润深国投	94	62	32	51.61	3	2
中诚信托	101	76	25	32.89	4	4
西安信托	82	57	25	43.86	39	40
国投信托	54	31	23	74.19	11	16
合　计	1350	663	687	103.62		

从表 8 可以看出，2007—2008 年两年间，行业员工数量增加最多的 10 家信托公司共增加 687 人，两年间实现增幅达 103.62%，远高于行业增幅的 27.89%。员工队伍扩充最为突出的平安信托从 2006 年的 126 人增加至 423 人，增幅达 235.71%。从这 10 家信托公司的经营情况来看，两年间员工数量增加最多的平安信托和中信信托，均是行业翘楚；而交银信托和金港信托均因为重组原因大量引进人员；还有中融信托、西安信托、国投信托等公司，也都取得了不同程度的进步。

表 9

	最近两年间硕士以上学历人数变化情况				净利润排名	
	2008 年末	2006 年末	增加	增幅（%）	2008 年	2006 年
平安信托	152	41	111	270.73	1	1
中信信托	96	36	60	166.67	2	9
交银信托	41	7	34	485.71	50	—
中融信托	37	5	32	640.00	26	42
金港信托	36	14	22	157.14	40	26
中海信托	39	21	18	85.71	6	7
北京信托	52	34	18	52.94	8	39
江西信托	28	10	18	180.00	31	38
云南信托	28	13	15	115.38	14	11
大连华信	56	41	15	36.59	12	34
合　计	565	222	343	154.50		

硕士以上学历人数增加较多的信托公司如表9所示，上述信托公司中除了交银信托、金港信托涉及重组外，其他信托公司均有着良好的经营业绩，中信信托、中融信托、北京信托、江西信托、华信信托的净利润排名均有大幅提升。而这10家信托公司两年内共引进硕士以上学历人才343人，占行业新增硕士以上学历622人中占比55.14%，表明人才流向相对集中。

通过以上分析，虽然人员增减、人才引进不会立即引起信托公司总收入和净利润的变化，但是从长远来看，人才引进和经营业绩有着极大的相互促进作用。一些经营业绩好的信托公司具备更加有利的条件引入人才，而人才的引入又将对经营业绩起到推动作用，两者的相互作用形成良性循环，推动信托公司快速发展；而反之亦是如此，如果信托公司不能重视人才的引入，很容易陷入恶性循环。

三、信托公司人才引进策略研究

（一）信托业新形势下，人才流动新特征

2007年信托“新两规”以来，信托走向稳健发展的道路，其人才流动逐步形成一些新的特征。

1. 信托行业内部人才流动特点。

（1）信托行业内部流动特征。与银行业更多的是内部流动不同，信托行业内部流动的现象并不突出，应该是与信托行业整体规模偏小有关。从现有的一些内部流动案例来看，从小公司流向大公司的趋势并不是特别明显，大公司成为行业“黄埔军校”向外输出人才的情况也不显著，反而是从欠发达地区信托公司流向一线城市信托公司，从外地信托公司流向家乡信托公司的情况较多。

（2）从地域上看，一线城市员工流动性强，二线、三线城市员工流动性较弱。发达城市信托公司员工流动性强于欠发达地区。同一信托公司内部，发达城市办事机构员工的流动性强于欠发达地区办事机构的员工。

（3）从公司来看，一线信托公司员工流动性强，二线、三线信托公司员工流动性较弱。一线信托公司基本上位于一线城市，公司员工个人能力较强，城市提供的就业机会多，造成流动性比较强。

2. 信托与其他金融子行业人才流动模型。

流动模型（见图3）：

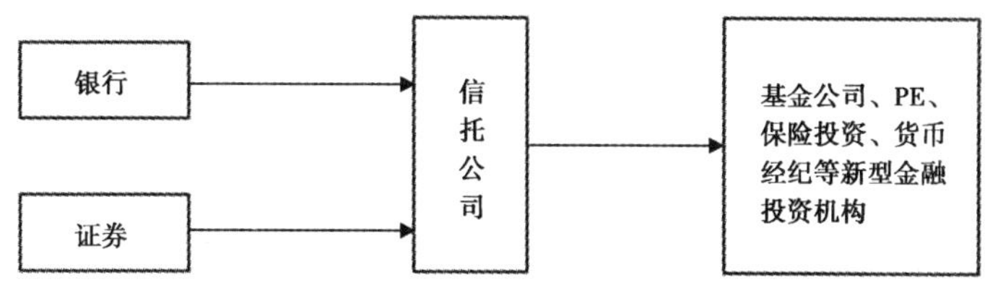

图 3

（1）人才从银行、证券公司向信托公司流动，反向极少。与信托行业相比，银行业和证券业行业规模大，从业人员多，某种程度上为信托行业培养了可选之才，成为信托公司人才引进的一个主要来源。而银行业和证券业的人才主要是内部培养，尤其是四大国有控股商业银行，基本上高层领导都是银行业内部、甚至是本行内部培养的，从人员总数甚少的信托业引进的案例极少。当然，这里没有包括信托行业早期辉煌时流动出去的人才。主要原因在于，近年来，由于银行业和证券业规范发展要早于信托行业，因此才比信托行业聚集了更多人才。

（2）信托公司人才向基金公司等新型资产管理机构流动，反向极少。尽管行业总人数较少，但信托毕竟是发展多年的一个行业，亦是“藏龙卧虎”之地，因此成为新近成立的资产管理机构挖角的对象，比如基金管理公司、保险投资公司、货币经纪公司等。

以基金业为例，最早的一批基金公司基本上诞生于信托和证券行业，信托公司和证券公司是大股东，信托行业和证券行业也提供了最早的一批基金从业人员。直到最近，信托公司仍然是部分基金公司的“挖角”对象，例如，2009 年年底，新任东吴进取策略基金经理的朱昆鹏来自云南信托。

（二）金融从业人员成长方式

从学习和职业经历的角度看，金融从业人员具有不同的成长方式，一个优秀的信托公司员工的学习和职业经历主要有 4 种情况：

1. 直接上学到研究生毕业，以硕士或者博士身份进入信托公司，然后在公司/行业内长期发展，获得晋升。这种方式是当前信托公司引进人才，改变学历结构的主要模式。这种模式是一种直线发展的方式，优点是能够迅速提升学历构成层次，新进员工能力较强。

国内金融机构典型员工成长模型是直线式发展，现在金融机构倾向于招聘年轻的硕士研究生进行培养，研究生毕业后长期在金融机构工作。

2. 本科毕业进入信托公司，然后在公司上班过程中以在职学习的形式获得研究生学位。这是信托从业人员内部学习和提升的一种有效方式，优点是学习能够和工作相结合，学习过程中能够广交朋友、扩大视野，缺点是繁重的工作和学习任务有时候难以兼顾，可能导致学习效果不够明显。

3. 上班几年后，研究生学习，然后再就业。这是一种学习和职业更加紧密结合的成长模式，具有工作经历后的学习往往更具有针对性，能够较好地满足未来工作和自身成长的需要。

国外金融机构，以美国投行为代表，“工作—学习—工作”的模式是行业牛人的成长方式。美国名校本科毕业以后，到投资银行做分析员，一般签署3年的工作合同，合同到期后自动离职，然后通过两年名牌商学院的学习，再回到金融机构就容易做到经理职位，踏上晋升道路。但是在我国，工作后再进行研究生学习常常是改变工作的一种现实选择，这和行业内的进修有显著的不同。

4. 有国外学习经历。发达国家在金融行业和教育行业具有相对优势，在国外留学，不仅可以迅速学习最新的金融理念，还可以和国外金融机构“亲密接触”，从而具有更强的感性认识。通过国外留学，尤其是同时具有外资金融机构从业经历的人员，归国后往往能把理论知识应用到金融业务实践中去，成为金融行业的有用人才。

（三）信托公司人才引进和成长模型

当前，信托公司的人才引进主要表现为吸引优秀研究生提升学历结构，吸引优秀综合型人才充实管理岗位。随着学历结构的改善，信托公司会重新考虑学历结构的合理分布，保持博士—硕士—本科学历人员的适当比例。随着国内人才流动的进一步发展，随着信托公司竞争力的提升，信托公司有望获得一批同时具有工作经验和学历水平的商学院毕业生，即国外投行的“工作—学习—工作”模式将在未来5—10年后成为主要的人才流动模式。

1. 招聘重点大学优秀本科毕业生。本科毕业生在信托公司工作3年，将信托公司的年龄结构保持年轻，因为金融行业也是“吃青春饭”的行业，年轻人在出差、加班、热情等方面更具有优势。因为考虑到晋升压力，3年期满后去商学院学习或者去其他行业工作成为一种重要的选择方式。

2. 招聘优秀研究生，尤其是具有金融从业经验的应届研究生。从业3

年后再去商学院学习，将会结合工作经验，对学习内容和学习过程有了重新认识，也对于未来的工作需要有了清醒的认识，使得商学院的两年成为知识和技能上迅速成长的两年。再次就业，将成为信托公司的业务骨干，成为部门经理的首选人员。

3. 引进其他金融机构的优秀人才。从银行、证券公司等其他金融机构引进高级技术人员、管理人员，可以快速提升信托公司的人才素质，优化人才结构。从人才培养和流动的角度看，大型商业银行和证券公司能够培养和聚集大量的人才，能够成为信托公司引进人才的重要来源（见图4）。

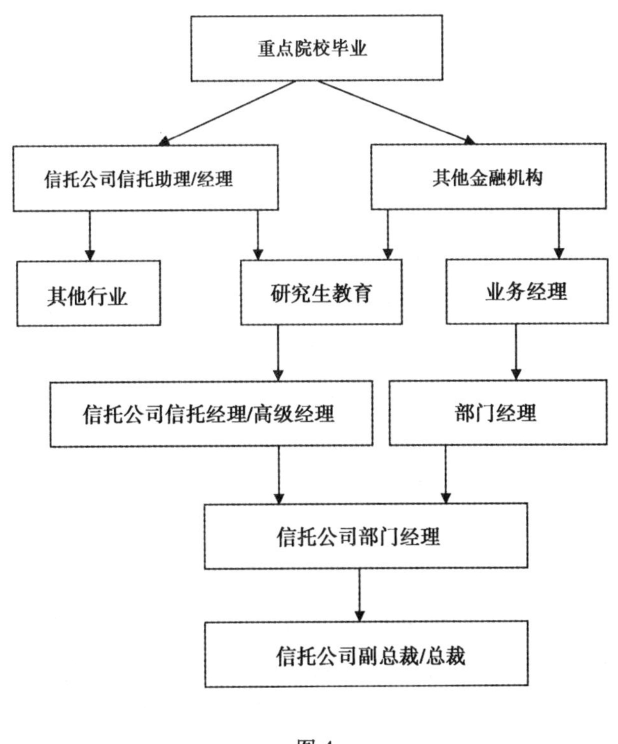

图4

四、信托行业人才战略思路及主要对策研究

（一）信托行业人才需求和供给分析

1. 信托行业发展对人才的需求。在2007年“新两规”出台以后，信托行业逐步理顺了发展思路，清理实业资产，信托主业走向稳健发展道路。为

了摆脱过去频繁整顿的局面，监管层出台了信托公司分类监管评级办法，督促信托行业加强自主管理能力，提升资产管理水平。鼓励发展创新业务，如资产证券化、企业补充年金、QDII、PE 等。信托行业主要定位在资产管理和高端客户金融服务，信托主业对于人才的需求可以大致分为两类，一类是直接面向个人客户的，如个人理财、财富规划、客户服务、产品销售等，另外一类是直接面向市场的，包括二级市场投资、PE 投资、市场风险控制等。

2. 供给方面。信托是金融的一个子行业，主要从业人员来自于金融、经济、管理、法律等专业毕业生。由于信托行业整体规模小，2008 年，全行业从业人员还不到 5000 人，难以支撑一个信托专业。但是随着大学专业设置向着市场化和特色专业转型，个别院校有可能推出面向信托行业的毕业生，全国只要有一所大学来办，有望办好，能够满足信托行业发展对专业人才的个性化需求。从另一个角度来看，信托公司能够从事资本市场、货币市场和实业领域投资，投资范围广、跨度大，所需人才肯定不会局限于一个专业领域，所谓信托专业只是对于信托制度具有更多的了解，能够更快地适应信托公司的工作。

从社会招聘的角度看，适合信托行业的员工更多的是来自银行、证券、投资公司等领域的金融从业人员。银行从业人员上百万人，证券从业人员也有几十万人，其中有众多的资产管理和投资高手，成为信托行业较好的人才供给来源。

与银行、证券和保险相比，信托虽然管理资产规模巨大，但是从业人数相对要少得多，即使是在信托行业发达的美国，信托公司也是一个面向少数高端客户的“小众机构”，信托主要依靠较高的薪酬吸引高水平人才加盟。我国信托行业刚刚走上稳健发展的道路，2008 年年底，信托资产规模首次跃上万亿元规模，2009 年年底有望接近两万亿元。信托行业人员薪酬还难以和证券、基金等行业相比，信托行业发展、人才引进和薪酬提升是一个渐进的、相互促进的过程。

（二）信托行业人才战略

信托行业目前从业人员不足 5000 人，约 20% 是“新两规”出台以后引进的。在过去的两年中，人才引进更多的是引进了众多研究生，有效提升了信托公司的学历层次。在今后一段时间内，信托行业人才战略有以下趋势：

1. 复合型人才成为引进和培养重点。招聘年轻的、刚刚从学校研究生毕业的人员是最容易实现的。但是在学历结构普遍提升以后，具有丰富实践经验和管理经验的复合型人才将成为引进的重点。高层次复合型人才的引进和培养，将大大提升信托公司的自主管理能力，尤其是在证券市场投资等方面的自主管理能力，有望促进信托业务创新向纵深发展。

2. 优秀本科生重新闪现在信托舞台。从基金公司开始，现在蔓延到信托公司，校园招聘往往限于硕士及以上。然而本科生自有其优点，善于模仿和学习，初始薪酬较低等。从美国投行典型人才的晋升通道看，工作3年后再读MBA是一种重要的成长道路。优秀本科毕业生有望接受这一模式，选择3年就业然后自动离职的合同，通过MBA等研究生教育再次进入职场时获得比较顺畅的发展道路。

3. 行业职业资格培训低调入场。教育培训是提高人力资本的主要手段。信托行业发展需要全面提高信托从业人员素质，同时全员素质的提高也会形成一个高水平人才辈出的环境，有利于行业的长期发展。在金融行业内部，证券、保险、银行、期货、基金等众多的子行业都有行业性的培训和从业资格考试，唯独信托行业，作为改革开放初期就有的行业，却至今还没有行业性培训和从业资格考试。类似培训和考试需要由相关部门，如信托业协会尽快组织协调并加以落实。

（三）人力资本激励

一般认为，人力资本需要三种激励，即产权激励、地位激励和企业文化激励，这三种激励机制充分体现了在现代生产力条件下人力资本的重要性。

1. 产权激励。人力资本作为资本的一种崭新形式，不仅要求以工资形式获得劳动报酬，还要求以一定的形式享有资本收益。产权激励具有多种形式。

(1) 员工持股。员工持股是一种真实的股份购买行为。员工持股有利于增强雇员的主人翁意识，使得员工自身利益和企业利益相一致，通过员工对个人利益的追求同时实现企业利益的最大化。为了克服“大锅饭”，员工持股计划需要根据不同的人员制定不同的认购份额，通过份额大小起到激励作用。

目前，基金行业由于公募基金经理频繁跳槽和转投私募，基金公司正在探索员工持股问题。信托公司可以未雨绸缪，及早安排。按其他金融行业5%持股上限的规定，注册资本10亿元的信托公司员工持股最高可达5000

万元。有限责任公司推行员工持股，可以成立员工持股机构或者转型为股份有限公司。

（2）股权激励。最近两三年，国内上市公司层面已经开展了股权激励，把核心人员自身的利益和企业的利益捆绑在一起，有利于实现企业的长期发展。与员工持股不同的是，股权激励具有多种形式，不仅包括股票还包括股权期权，可以是奖励，也可以是按照锁定的价格购买，股权激励通常制定比较苛刻的条件，达到一定的效益指标才可以享受股权激励。

（3）利润分享计划。利润分享计划可以追溯到20世纪30年代美国现代汽车产业创始人亨利·福特。福特公司每新增加的10美元利润中，有3.5美元用于给工人提高工资。利润本来是资本所得，但是在这里，却有一部分让渡给了员工。

在以上3种方式的产权激励中，利润分享计划是最容易实施的，新增利润中的一部分进入奖金池，奖励给公司雇员，根据人力资本价值和在企业作出的贡献，按照不同的金额进行奖励。

2. 信托行业文化激励。企业文化是一种价值观念，在企业制度失效的时候靠企业文化来约束，在企业薪酬既定的情况下靠企业文化来吸引人力资本。在企业中形成能力不同、分工不同从而薪酬不同的观念，就是从文化角度强调人力资本。信托行业对高端客户服务的要求非常高，这就要求企业充分尊重自己的员工，形成快乐工作、享受工作的文化氛围，员工对工作满意了，才能带给客户更高的服务水准。

信托行业还在快速发展和转型过程中，形成良好的有特色的信托文化有助于行业的长期稳健发展。

3. 人力资本的地位激励。直观地讲，就是借助特定的地位吸引人力资本。充分重视人力资本的地位激励，可以使企业招揽、挽留更多的杰出人才。现代企业制度的一个重要变化就是出现了首席执行官、独立董事等职位设置，董事会设置了战略决策委员会、薪酬委员会等独立表决机构，这些都是人力资本地位激励的体现。董事会把更多的事物包括一些重大决策权限交给了首席执行官，主要职能转向首席执行官的选择、考核和薪酬决定。企业对独立董事不一定支付高薪酬，却可以有效引进人力资本，例如选择金融投资背景、营销背景的独立董事通常比工业企业背景更切合信托公司这种服务型企业，在关键理念和发展方向等方面对企业起到重要作用。

对于信托公司来讲，一般都在董事会层面设置了四五个专业委员会，如风险管理委员会、信托委员会、薪酬委员会、审计委员会、投资决策委员会、战略规划委员会等决策或者议事机构，设立了董事、独立董事、监事长、监事等职位。如何充分利用这些岗位，做好人力资本的地位激励，同时把这些委员会的工作做实，值得每一个信托公司进行深入的探索。

次贷危机与房地产金融体系重构

2007年，美国爆发了次贷危机，进而引发了更大规模的金融危机，造成了世界范围内金融、经济的巨大波动。次贷危机的爆发，表明以信贷资产证券化为主要手段的基于债权的房地产金融市场出现了问题。此次美国次贷危机，给发展金融业提供了良好的教材，对房地产金融体系建设提出了新要求，在发展金融衍生品方面，简洁化、场内化成为当前的共识。从防范大规模金融危机爆发的角度出发，有必要研究房地产金融市场体系的重构。研究思路强调房地产金融市场内在的风险控制机制，致力于建设具有自我风险控制能力的金融体系。

房地产金融体系可以从性质上区分为债权市场和股权市场两大类。房地产债权市场以债务融资为基础，起点是住房抵押贷款，证券化产品包括住房抵押债券（Mortgage Backed Securities，MBS）、债务抵押债券（Collateralized Debt Obligation，CDO）等，衍生品是信用违约掉期（Credit Default Swap，CDS）。房地产股权市场主要包括房地产投资信托基金（Real Estate Investment Trusts，REITs）、房地产上市公司等，衍生品是房地产指数期货。REITs也有抵押型，但是从美国REITs的发展来看，上市权益型已经成为主流，可以划分到股权市场。

一、国内外研究动态

2007年，美国次贷危机的爆发引起了房地产金融市场研究的升温。当前的研究主要涵盖次贷危机的原因，金融监管，金融衍生品创新，与历次危机的比较，道德风险等方面。Harry M. Markowitz撰文指出，本次危机源于对低收入家庭购房的过度支持及其后多次证券化带来的杠杆放大效应。Marc R. Reinganum 总结了次贷危机的教训，提出建立信用衍生品的集中清算机制，建成一个像股指期货市场那样的公开、透明的信用衍生品交易市场。Meir Statman 着重研究了监管问题，涉及限制杠杆交易的保证金监管、产品特征与客户风险承受能力相符合的适合性监管，还有强制信息披露监管等。

在以 REITs 为代表的房地产股权市场上，美国处于主导地位。进入 21 世纪以来，上市权益型 REITs 已经成为市场主流；多家大型信托基金从外部顾问型转向内部管理型；以 REITs 为基础编制的房地产指数出现并开发了期货交易。国外当前的房地产投资信托研究集中在 REITs 运营效率、REITs 资产选择等方面。Natalya Delcoure 和 Ross Dickens 研究了 REITs 和房地产租赁公司的系统性风险。Randy I. Anderson 和 Thomas M. Springer 研究了 REITs 选择和投资组合的构建，认为运营效率和市净率可以作为选择 REITs 的标准，并进行了数据检验。Joseph T. L. Ooi 和 Kim – Hiang Liow 以亚洲发展中国家为例，使用了面板回归方法研究了以 REITs 为代表的房地产股票的风险调整后收益情况，发现规模、账面价值与市场价值比、资本结构和投资多元化对于房地产证券的表现有显著影响。Brent W. Ambrose 和 Peter Linneman 考察了 REITs 结构和运营效率，认为大型 REITs 具有融资优势，外部顾问型 REITs 正在借鉴某些内部管理型 REITs 的运作特点从而适应竞争的需要。

总体上来看，在当前的房地产金融体系研究中，重视次贷危机和住房抵押债券及其衍生品研究，而相对忽略了房地产投资信托基金研究；重视房地产金融各个子市场内部的研究，而忽视了房地产金融体系整体性的研究。而本文注重从整体上对房地产金融体系进行分析，重视权益型房地产投资信托基金的内在风险控制机制。

二、房地产债权、股权市场对比分析

对住房抵押债券体系和房地产投资信托体系进行对比分析，重点比较金融市场内在风险控制机制以及是否有利于稳定房地产价格。

（一）金融衍生品角度

从金融衍生品角度来看，房地产投资信托市场具有更好的内在风险控制机制。具体比较如下。

基于债权的房地产金融市场以住房抵押贷款为起点，实质上从开始就是一种杠杆交易。在住房抵押贷款中，只需 20%—30% 的首付就可以拥有房产，相当于 3—5 倍杠杆；而后经过多次证券化，交易杠杆不断提高。遇到借款人大规模毁约，金融风险就会急剧集中。加上 CDS 处于场外交易状态，缺乏集中高效及时的清算机制，危机一旦爆发就是行业性的危机。

在基于债权的房地产金融模式中，以住房抵押债券为基础又创新了多种债券产品，但无论怎样发展，债性是一种基本属性，当需要使用衍生品进行风险管理时，会发现缺乏合适的衍生金融工具。最接近的两种衍生品分别是国债期货和信用违约掉期。国债期货本身是良好的风险管理工具，但由于抵押债券存在着提前还款等国债不具有的特性，其收益曲线具有拐点，致使在抵押债券上使用国债期货进行风险管理的效果不够理想。另一个衍生品工具是信用违约掉期，掉期交易本来是风险管理工具，但是在实践中却常常被用来作为盈利工具，把住房抵押债券业务的风险放大了多倍，而由于掉期产品场外交易、到期清算的特征，缺乏逐日盯市制度，以致风险积累不能被及时发现，而等到风险爆发时，往往已经蔓延到整个行业，错失了防范危机的最佳时机。

房地产投资信托基金是一种股权交易，投资人以其自身资金承担风险。REITs 投资流动性高，每年有稳定的分红，可以作为直接购买房地产的替代形式。房地产指数期货属于场内交易，逐日结算，即使有风险也是单个企业的亏损，不至于引起全行业的危机。

房地产指数期货作为 REITs 投资的风险管理工具，期货产品内在的风控机制能够避免行业性危机的发生。首先，期货从设计伊始，就是一种风险管理工具，在套期保值等领域有着广泛的应用；其次，利用期货，可以方便、低成本的实现风险转移，能够达到精确控制风险头寸的目的。期货的滥用、错用会导致个体企业的严重亏损，甚至破产，但期货交易不会导致整体危机。由于期货交易是逐日盯市的，风险就能够得到及时暴露和清算；期货交易是零和交易，一家企业亏损就会有另一家企业盈利，没有整体市值的损失。期货机制的理论体系相对来说比较简单，相关文章较少，但是其对于金融体系风险控制机制的建立具有不可替代的作用。由股灾引发的金融动荡越来越少，就是股指期货起到了重要的作用。常青等人看到了期货市场对于金融体系的重要性，期货市场公开透明、逐日结算等特点使之成为高效的风险管理工具，但是在实践中对期货市场的重视程度有待进一步提高。

（二）房地产周期对投资人收益的对比分析

房地产行业具有周期性，房地产价格的暴涨暴跌是引发金融危机的一个重要因素。房地产债权市场和股权市场在房地产周期中有不同的表现，对于个人投资者、金融机构及金融体系有不同的影响。不同的房地产金融工具，在房地产价格周期中有不同的利益传导机制，住房抵押债券体系和房地产投资信托基金有不同的表现，参与各方收益不同。

在一个房地产价格不断上涨的过程中，由于杠杆的存在，贷款买房投资人的收益要远高于 REITs 投资。但是在价格回落的过程中，贷款买房投资人的损失会急剧扩大，甚至出现“负翁”。这时，“理性经济人”会认为继续支付房贷是不划算的，于是开始停止还贷。停止还贷事件的规模性出现，会导致住房抵押债券出现风险，引发行业性危机。

同样的房地产价格运行轨迹下，REITs 投资带来的风险要小得多。在房地产价格上升过程中，权益型 REITs 投资者拥有的房产同样会增值，房屋租金也会上升，投资者获得房地产价格上升带来的收益。在价格回落的过程中，虽然 REITs 拥有的房产内在价值会降低，但是租金通常情况下下降速度要慢一些，而且 REITs 获得的投资分红仍然会满足其支出需要。

（三）对房地产价格波动的影响

不同的房地产金融体系，对于房地产价格波动有不同的影响。对于 REITs 来说，由于集合了众多投资者的资金，拥有各类房地产专家和中介机构，因此能够理性地参与房地产市场投资，在房市低迷时购入更多的房产，对于房地产价格波动有一定的抑制作用。

在住房抵押债券体系下，主要依赖个体投资者购房，相对来说，个体投资者更容易“买涨不买跌”，在房地产价格上涨的过程中火上浇油，加速推动房产价格的上升；在房地产价格下降过程中，减少购买助推价格下滑。在这种房地产金融体系下，更多的个体购房者容易加大房产价格的波动。

由此可见，REITs 有利于烫平房地产价格波动，而鼓励个人贷款买房会加剧房地产价格的波动。

三、REITs 对于房地产债权市场的替代性分析

从自住购房、房地产投资、投资组合构建等多个角度进行研究，分析 REITs 对房地产债权市场是否具有替代性及其作用大小。

（一）自住购房角度

对于攒首付的居民来说，最痛苦的莫过于首付款的积累速度赶不上房价上升带来的首付款提高速度。好不容易攒了 10 个平方米的首付，房价一涨只够买 5 个平方米了。而 REITs 能够起到良好的对冲风险的作用，有 10 个平方米的钱，就买相应的 REITs 份额，这些份额会随着房地产价格的上升而不断增值，这些权益性质的份额还能对冲未预料到的通货膨胀风险，而这是债券投资所不具有的优良特性。

对于购房人来说，不再受限于首付款的约束，不论多少钱，都可以在证券市场上购入相应的 REITs 份额，以 REITs 的形式拥有房地产的权益。将每年的分红和新增购房资金不断购入新的份额。直到有一天，这些份额足够首付了，拿去首付；或者足够多的时候，直接买一套住房。

（二）个体投资角度

对于个体投资人来说，房地产投资信托基金良好的流动性和稳健的收益使其成为直接购买房地产的有效替代形式。商业房地产、工业房地产等租赁房地产在 REITs 框架下得到规范化发展，广大居民得到了投资房地产的便捷途径，居民投资房地产不必依赖于直接购买第二套甚至第三套住房，房地产的投资性需求将借助 REITs 的模式得以实现，能较好地降低房地产价格波动幅度。

（三）投资组合角度

对于机构投资者来说，房地产投资信托基金是一种性质优良的投资工具，兼具股票和债券的投资特征，是投资组合的一个重要组成部分。Ronald W. Kaiser 从动态资产配置的角度研究了房地产投资对债券的替代性。Bret R. Wilkerson 从资产类别的角度研究了房地产的各个子类，认为多样化是其在整体投资组合中的最大作用。从投资组合的观点看，许多大型投资基金可以减少债券投资，分配给房地产投资更多的额度。相对于住房抵押债券来说，REITs 不仅拥有相对稳定的现金流收入，而且能够有效抵御不可预见的通胀。当突然的无法预见的通货膨胀发生时，房地产租金上升能增加 REITs 收入，但住房抵押债券的价格不但不会上升，在央行加息时还会下降。

从以上几个角度来看，REITs 对于住房抵押债券体系都有一定的替代作用。尤其是对于自住购房者来说，先期攒首付的钱可以直接购买 REITs 份额，从而对冲风险，锁定了既定面积的房产，将购房从攒钱转变为攒面积，轻松实现购房梦。

四、REITs是破解房地产金融难题的首选

对于前面的分析进行深化、总结，提出REITs是破解房地产金融难题的首选，并针对当前国内房地产形势，认为应加快REITs试点工作，从房地产金融体系整体角度出发制定相关政策。

（一）REITs最适合我国当前房地产金融市场

在房地产金融市场上，次贷危机的教训已经让人们意识到简洁化、场内化的重要性。对于住房债券体系来说，重要的是使杠杆交易透明化，交易方式从场外交易向场内交易转化，尤其是促使CDS走上交易所交易、集中清算。房地产投资信托在危机中仍然得到了发展，进一步完善房地产指数期货合约，促进指数合约交易的推广，使之成为相应的风险管理工具。结合内部风险控制的理论分析，考虑国内房地产金融市场的实际运行情况，REITs是最适合我国当前房地产市场的金融工具。

国内房地产金融市场整体上还处于发展初期。住房抵押贷款走上规模化发展不过10年的时间，相应的资产证券化还处于探索之中。资产证券化进展比较慢，和我国银行业的实际情况是相适应的。从整体上看，中国居民有着较高的储蓄率，中国银行业不缺资金，住房抵押贷款没有必要从表内转移到表外。作为一种优质资产，银行没有把住房抵押贷款进行证券化的强烈动机，这从根本上限制了资产证券化在我国的发展。

而房地产投资信托基金受到国家的鼓励，房地产开发商、运营商和有关金融机构的热情都非常高，正在积极探索和快速推进之中，有望在今年见到首单产品。当前国内房地产投资信托基金的研究也正是侧重于REITs的结构、运作模式，国外经验教训对中国的启示等方面，有助于推动房地产投资信托基金发展的进程。同时，REITs为我们展现了一个公开透明、集中交易的房地产金融模式。我国处于房地产金融市场发展的初期，侧重于发展房地产投资信托基金，有助于建立高效稳健的房地产金融市场。

（二）加快REITs试点

应从战略上重视房地产投资信托基金的发展，从相应的政策上给予支持和配合。上海、天津等地已经提出了多项REITs方案，有关监管部门应尽快支持试点工作。

REITs 的全面发展，涉及金融、税收、建筑、土地等多个领域，尤其是上市权益型 REITs 需要更多的创新和突破，财政税务、金融证券等有权部门应在认真研究的基础上，切实推进相关工作。通过 REITs 试点的发展，推动相关立法的演进。

在 REITs 进一步发展方面，要特别注意突出房地产投资信托的法人主体地位，表现为从单纯的法律结构进化为一种企业实体。REITs 主体地位的确立是其实现自我管理、自我发展的重要环节，是外部顾问型中介机构难以代替的，是其从外部顾问型转为内部管理型的关键因素。

（三）配套的房地产金融政策

房地产金融政策制定要从整体出发，要有利于建立完善的房地产金融体系，而不仅仅是促进房地产交易一时的活跃。当前，经济恢复仍然不够稳定，既要通过房地产市场的发展来促进经济发展，又要防止房价过快攀升。商业房地产市场的低谷时期，恰恰是推行 REITs 的好时机。

房地产金融政策要从整体上考虑，充分体现出发展 REITs 的思路。在政策上，减少降低首付、降低利率等鼓励个人直接购房的手段，而是鼓励人们购买 REITs 份额来分享房地产投资收益。在税收方面，制定 REITs 税收优惠政策，同时严格征收个人房屋出租应缴税金，抑制个人投资性直接购房。通过发展 REITs，鼓励 REITs 投资来促进房地产行业发展。

参考文献：

1. Markowitz H M. Proposals Concerning the Current Financial Crisis. Financial Analysts Journal. 2009，65（1）：25－27.

2. Statman M. Regulating Financial Markets：Protecting Us from Ourselves and Others. Financial Analysts Journal. 2009，65（3）：22－29.

3. 沈建光、肖红：“次贷危机与主要金融危机比较”，《金融研究》2008 年第 12 期。

4. CFA Institute. The Ethical Dimension of the Market Crisis. CFA Magazine. 2009（1）：14－17.

5. Reinganum M R. Setting National Priorities：Financial Challenges Facing the Obama Administration. Financial Analysts Journal. 2009，65（2）：32－35.

6. Delcoure N, Dickens R. REIT and REOC Systematic Risk Sensitivity. Journal of Real Estate Research. 2004, 26 (3): 237 – 254.

7. Anderson R I, Springer T M. REIT Selection and Portfolio Construction: Using Operating Efficiency as an Indicator of Performance. Journal of Real Estate Portfolio Management. 2003, 9 (1): 17 – 28.

8. Ooi J T L, Liow K. Risk – Adjusted Performance of Real Estate Stocks: Evidence from Developing Markets. Journal of Real Estate Research. 2004, 26 (4): 371 – 395.

9. Ambrose B W, Linneman P. REIT Organizational Structure and Operating Characteristics. Journal of Real Estate Research. 2001, 21 (3): 141 – 162.

10. 常青:《期货市场前沿理论探讨》,机械工业出版社2005年版。

11. 拉尔夫·布洛克:《房地产投资信托》,中信出版社2007年版。

12. Kaiser R W. Real Estate as a Surrogate for Bonds: A Dynamic Asset Allocation View. Journal of Real Estate Portfolio Management. 2004, 10 (1): 23 – 35.

13. Wilkerson B R. Real Estate: Portfolio Allocation, Diversification, and Timing. CFA Institute Conference Proceedings Quarterly. 2007, 24 (4): 47 – 54.

14. 李国平、李德峰、乔志敏:"房地产投资信托研究的进展",《国际金融研究》2009年第4期。

15. 李健飞:"美国房地产信托基金研究及对我国的启示",《国际金融研究》2005年第1期。

房地产投资信托基金本土化研究

房地产投资信托基金（REITs）起源于美国，风行在世界。房地产投资信托基金对于商业地产的培育和成熟有着重要的作用，是房地产金融市场的重要组成部分。我国房地产行业市场化改革 10 多年以来，尤其是在住宅领域取得了非常大的成绩，但是在商业地产运营环节还不够完善。通过 REITs 案例剖析，加强本土化研究，有利于更好地认识 REITs 的内在发展规律。

一、REITs 含义及其发展演变

REITs 是适应房地产行业发展，提供给投资者尤其是中小型投资者的一种房地产投资金融工具。房地产投资信托基金起源于美国，之后发展到欧洲、澳洲。20 世纪 90 年代以来，逐渐在亚洲国家展开，如日本、新加坡、中国香港、韩国等。

（一）REITs 含义

房地产投资信托基金（REITs）是房地产投资工具，将小型投资者的资金集合起来进行组合投资，组织形式可以是公司或者信托计划，基金份额可以流通转让，主要采取长期持有的方式投资于收租型物业，获得稳定的租金收入，并将利润的 90% 以上分配给股东。REITs 享有法定的税收优惠。

1. REITs 的法律界定。REITs 的法律界定就是 REITs 的资格条件。不符合这些条件就不能获得相应的税收优惠。我国目前正在推进 REITs 的试点工作，还没有出台相应的法律规定，有关报道披露了中国银监会版的 REITs 方案。现结合《美国国内税法》和新闻有关报道，介绍其法律界定。

在《美国国内税法》中，REITs 是指符合下列要求的公司、信托或协会：

（1）由一名或多名受托人或董事进行管理。中国银监会版 REITs 则落实为一家信托公司作为受托人进行管理。

（2）所有权凭证是可转让的股票或受益权证。中国银监会版 REITs 提出发行“信托单位”，当前在银行间市场流通，就是受益权证的流通。

（3）必须是房地产的投资者，而不能作为经纪人。

（4）实益所有人达 100 名或更多。中国银监会版 REITs 首先在银行间市场发行，个人暂无法直接参与，对机构投资者数量未见到明确限制。

（5）不存在“集中持有”的情形。5—50 规则。5 名或更少个人直接或间接持有 REITs 股票价值的总和，不得超过该 REITs 已发行股票价值总额的 50%。

第 4、第 5 条实际上是对于权益型 REITs 股东的界定。

（6）REITs 的收入条件。合法总收入的 75% 必须直接来源于房地产渠道，如租赁收入房地产抵押贷款利息，95% 的收入来源于房地产相关业务，还可以包括房地产股息收入等。

（7）分配条件。REITs 的应税收入通常要像其他公司一样计算，但必须把至少 90% 的年度应税收入作为股息分配给投资者，所分配股息可以享受税收优惠。

中国银监会版的分配比例也是 90%。

（8）REITs 的资产条件。总的来说，REITs 总资产中至少有 75% 必须由特定的“房地产资产”、现金或现金等价物、政府债券构成。

中国银监会版《管理办法》中，房地产投资信托资金主要投资方向包括：可产生稳定收入的房地产项目；空置或没有产生收入的房地产或在建房地产工程；商业物业抵押贷款作为标的而发行的金融产品，或收购房地产抵押贷款，或以债权及物权的方式运作于可产生稳定收入的房地产项目等。信托还可以通过投资公司股权的方式间接持有房地产。

2. REITs 特点。REITs 是普通投资者、机构投资者投资房地产市场的便利工具，其作为金融工具的主要特征和优势有：

（1）流动性强。REITs 能够在交易市场进行公开交易，流动性强，变现容易。

（2）交易成本低。REITs 买卖手续费类似于股票买卖，要比直接买卖房地产的费用低得多。

(3) 房地产投资信托基金收益稳定，具有低风险低波动性特征，与其他大类资产相关性较低。

(4) REITs享有税收优惠，分红比例高，有稳定的现金流，能够满足多种类型投资者需要。与传统的股票和债券相结合，能有效提高风险调整后的收益。

(5) 基金投资由多样化的物业组成。REITs投资可以由多个地区、多种类型的房地产构成，满足组合投资的要求，不会因为单一房地产价格的波动而对整个投资影响过大。

优越的金融特性受到了养老基金等大型机构投资者的青睐，其在投资组合中的地位处于上升阶段。

3. REITs分类。根据不同的分类标准，REITs有不同的分类。

(1) 根据组织形态来分类，REITs主要分为公司型和信托型两大类。

第一，公司型REITs具有法人资格，资金使用方式按照公司章程规定。投资人既是REITs的持有人又是公司的股东，可以参加股东大会，行使股东权利，并以股息形式获取投资收益。

第二，信托型REITs不具有法人资格，资金使用方式按照信托契约规定。投资人是信托契约的当事人，通过受益权享有信托利益。

(2) 按照不同的募集方式，REITs分为公募型和私募型。

第一，公募型REITs在证券市场上公开募集资金，份额在市场上公开交易，流动性强。

第二，私募型REITs通过场外募集成立，份额（受益权）可以转让，但不在证券市场上进行公开交易，流动性差。

(3) 从投资方向来看，REITs可以分为权益型、抵押型和混合型。

第一，权益型REITs直接投资并拥有物业的产权，以租金作为收入主要来源，是美国、澳大利亚等成熟市场的主流形式。权益型REITs的投资组合因经营战略不同而有较大差异。

第二，抵押型REITs扮演着金融中介的角色，以房地产作为抵押物，将资金以贷款形式发放给房地产开发商、经营者赚取利息收入；或者直接向银行购买房地产贷款、房地产贷款抵押受益证券等，作为投资组合的组成部分。

第三，混合型 REITs 兼有权益型和抵押型的特点，同时开办以上两种业务，投资并收取物业租金，也从事房地产贷款业务。

（4）根据投资人能否赎回进行分类，可将 REITs 主要分为封闭型和开放型两类。

第一，封闭型 REITs 发行规模固定，成立后不再增加或减少份额。投资人若想买卖此种证券，只能在市场上同其他投资者进行交易。

第二，开放型 REITs，发行规模不固定，投资人按照基金单位净值向 REITs 赎回或购买份额，总份额根据交易情况增减。REITs 是物业投资，强调获得长期租金收入，开放型 REITs 增加了管理的难度。

（二）REITs 发展演变

1. REITs 风靡全球。国际上，REITs 是一种成熟的房地产金融模式，在房地产融资领域占有重要地位。美国、欧洲、加拿大、日本、新加坡等全球 20 多个主要国家都有 REITs 产品，大约有 70% 的房地产类股票以 REITs 形式上市交易。

REITs 在美国最发达，最早可以追溯至 19 世纪 80 年代出现的不动产投资信托组织。1960 年，美国《房地产投资信托法案》标志着现代型的房地产投资信托基金开始成形，让所有美国投资者都可以通过汇集资金投资于大型的商业房地产项目。同年，《国内税收法》将 REITs 看作利润传递工具（Pass - Through），赋予 REITs 税收优惠，推动了 REITs 的快速发展。得益于存款利率管制，REITs 在 1968 年迎来了第一个发展高潮，主要形式是房地产抵押贷款金融业务。但是，房地产的过度开发和投资管理的落后导致美国房地产泡沫在 1973 年开始迅速破灭，REITs 进入低迷时期。

在 1989—1991 年美国房地产行业进入严重低迷期，REITs 上市成为首选的融资方式，REITs 无论在数量上还是规模上都出现了爆发式增长。1995 年以后，美国 REITs 融资的主要方式由首次公开发行转向了增发，同时，一些面临成本和赢利问题的小型 REITs 寻求并购以降低成本、实现规模经营。美国克林顿政府期间，《REITs 现代化法案》签署，拓宽了 REITs 可以提供的增值服务范围和经营范围，开启了国外投资者在美国投资 REITs 的大门，促使 REITs 进入了高速扩张时期。截至 2006 年年底，美国 REITs 总数达到 183 家，总市值达到 4380.71 亿美元。

REITs 在澳洲发展很快，是全球第二大的 REITs 市场。澳大利亚的房地产信托投资基金叫做上市房地产信托基金，Listed Property Trust，简称 LPT。从 20 世纪 70 年代以来，经过 30 余年的发展，2005 年年底房地产投资信托基金已成为澳大利亚 S&P/ASX300 指数的第三大组成部分，总市场价值约 609 亿美元。

2. 美国 REITs 发展的三个趋势

（1）抵押型 REITs 到权益型 REITs。早期的 REITs 是抵押型的，尤其是 20 世纪 60 年代，大量新设立的 REITs 将精力集中在抵押贷款业务上，此时的 REITs 严重依赖短期贷款、长期债务、可转债等融资手段。到 1990 年后，权益型 REITs 逐步成为主流。从 1990 年到 1995 年，权益型 REITs 的总数量从 67 家上升到 179 家。

（2）非上市型到上市型。美国房地产价格在 1990 年崩溃，而 REITs 面临重大复兴。1991 年第 4 季度开始，许多权益型 REITs 公开上市。美国上市型 REITs 大多数在纽约证券交易所上市，有少部分在美国证券交易所等其他机构上市。随着 REITs 的不断发展壮大，已经成为金融业的重要组成部分，并且在 2000 年后进入标普 500 指标股行列。

今天的纽约—泛欧交易所集团，在股票行业分类中，房地产股票各类交易品种超过 300 支，并详细分为 9 种类别。纽交所房地产上市品种分别是多样化 REITs、酒店 REITs、工业和办公 REITs、抵押 REITs、房地产控股和开发公司、房地产服务业、住宅 REITs、零售 REITs 和特殊 REITs，其中 7 类属于 REITs。

（3）外部咨询型到自我管理型。管理内部化以后，REITs 的人格特征更加明显，独立性增强。

1986 年以前，REITs 不参与公司的经营活动。因此，REITs 必须雇用公司以外的人员对公司进行日常管理，例如为 REITs 进行房地产购置和融资决策等。这些外部顾问经常和 REITs 交易对手有千丝万缕的联系，甚至是同一个人。1986 年之后，REITs 顾问内部化逐步得到认可，自我管理型 REITs 在降低经营费用、减少关联交易方面收效显著。

自我管理型 REITs 越来越像是一个独立的经营公司，通过增加收入或提高成本来提高盈利水平，通过增发或者积累来购置新的物业，扩大规模。

二、REITs 案例研究

所选案例共分为两类，一类是美国上市的 REITs；一类是亚洲的 REITs，以中国香港为主。美国 REITs，包括最大的工业地产运营商普洛斯公司、最好的顶级写字楼运营商波士顿房产公司、最优秀的零售地产商西蒙地产和最奢华的酒店地产商 Host 酒店，这些案例的主要作用在于研究美国房地产信托基金的理念，研究发展规律。亚洲的 REITs 案例包括两支在中国香港上市的内地 REITs 越秀和睿富，第一支在新加坡上市的中国内地物业嘉茂商用中国信托基金，亚洲案例的主要作用在于分析 REITs 基金的框架结构，信托公司在 REITs 中的作用，为实际运作提供支撑。

(一) 普洛斯断臂求生

1. 公司基本情况。普洛斯公司 (ProLogis)① 是全球最大的工业地产、外贸仓储设施提供商，是在纽交所挂牌上市的 REITs，总部位于美国丹佛。

2003 年 4 月，普洛斯公司正式进入中国开展业务。一年后，普洛斯(苏州) 物流园宣告成立，其中包括欧莱雅集团在国内的最大物流配送中心。取得开门红之后，普洛斯开始涉足国内口岸物流业，相继在上海洋山港、深圳盐田港以及北京空港建立了物流园区。2004 年 12 月，普洛斯广州保税物流园开工奠基，宣告其华南战略的正式开始。2005 年 5 月，普洛斯再与天津市滨海新区管委会签订框架协议，向其提供全面的第三方物流解决方案并合作开发物流园。普洛斯在中国的仓储设施投资，通常以合资合作形式开展业务，它直接拥有这些仓储设施的 35%，并与其他机构合资拥有其余的 65%。

只用了短短两年时间，普洛斯便完成了在中国沿海的战略布局，从南至北进入了所有的地区性战略市场，扩张速度惊人。但是到了 2008 年年底，次贷危机影响几乎达到最大，普洛斯面临及其严重的债务压力，只好断臂自救，将其在亚洲的所有资产作价 13 亿美元出让给了新加坡产业投资公司(GIC)。此次交易价格普遍被业界视作为“卖便宜了”。相比波士顿房产和西蒙地产股票在 2009 年的大幅反弹，普洛斯公司的股票长时间徘徊在低位，与其贱卖资产损失了在亚洲的发展机会也有一定的关系 (见图 1)。

---

① 普洛斯公司：http：//www. prologis. com/en/default. aspx.

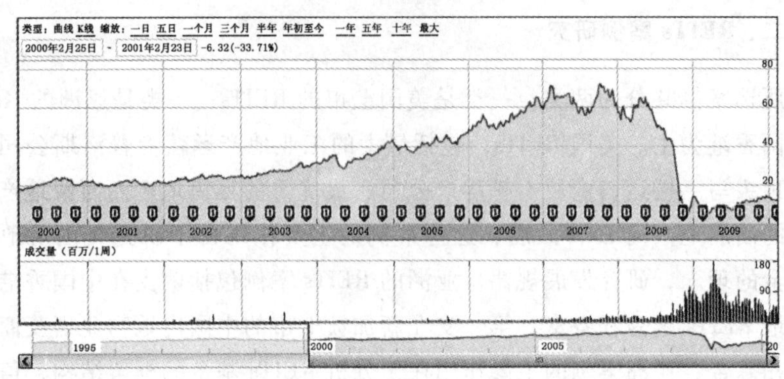

图 1　普洛斯公司近十年股价走势图

2. 案例总结。

（1）低负债经营是 REITs 的本意。REITs 是一种以股权形式存在的房地产金融模式，REITs 应该坚持无负债、低负债模式。过高的负债短期内能够提升 REITs 的收益率，但是在遇到风险时，很可能遭遇更大的损失。普洛斯在次贷危机中不得不出售了在亚洲的商业地产，为自救牺牲了未来的发展潜力，并且实际影响了其股票价格在 2009 年的反弹。

（2）中国必须加快 REITs 试点进程，形成规模化的房地产产业资本，在发达城市核心地段和关键房地产领域占据有利位置。REITs 能够在很短的时间内聚集大量的资本，形成单个资本难以达到的规模。金融危机过后，美国 REITs 依然会积极进入中国，在中国完善商业物业房产布局，REITs 早日试点有利于国内房地产行业的健康发展。

3. 国内房地产上市公司对比。张江高科是位于上海的以工业地产为主的房地产企业，2007 年房产租赁收入 3.1 亿元，2008 年房产租赁收入 4.1 亿元，2009 年上半年房产租赁收入 2.0 亿元，占主营业务收入比例分别是 26%、23% 和 20%。2009 年 12 月，公司以 3.7 亿元出售了园区的一处房产，称此举将提升公司 2009 年度经营业绩，增加公司 2009 年主营业务收入和利润，并增加公司经营性现金流入。

与国外知名 REITs 相比，国内类似企业源自房屋租赁的收入偏低，并且出于业绩的压力，公司有出售物业增加资本收益的倾向，尚没有形成以租赁为主的企业文化氛围。

（二）波士顿房产稳定分红

1. 公司基本情况。波士顿房产公司（Boston Properties, Inc.）[①] 是美国最大的顶级写字楼开发和经营商之一，以波士顿、华盛顿、曼哈顿、旧金山和普林斯顿五个城市为其核心市场，在纽约证券交易所（代码 BXP）上市。截至 2009 年年底，公司资产组合中包含 146 处房地产，其中 145 处写字楼（115 家 A 级写字楼），1 家酒店，可出租净面积 5050 万平方英尺，76% 的房产位于 CBD 中央商务区。作为一家 REITs，波士顿地产公司的运作十分类似一家普通的上市房地产公司。与普通上市房地产公司不同的是，波士顿地产公司作为 REITs，每年分红比例必须在 90% 以上，其资产的 75% 以上必须是房地产类资产，其收入的 75% 以上必须来自房地产类资产。这三个方面的要求是普通上市房地产公司所不具有的，却正好反映出房托基金的特点（见表 1、图 2）。

表 1　　波士顿房产公司分红记录

公告日	记账日	支付日	股息	股息类型
12/17/2009	12/31/2009	01/29/2010	$0.50	Regular
09/17/2009	09/30/2009	10/30/2009	$0.50	Regular
06/17/2009	06/30/2009	07/31/2009	$0.50	Regular
03/17/2009	03/31/2009	04/30/2009	$0.68	Regular
12/15/2008	12/31/2008	01/30/2009	$0.68	Regular
09/17/2008	09/30/2008	10/31/2008	$0.68	Regular
06/17/2008	06/30/2008	07/31/2008	$0.68	Regular
03/17/2008	03/31/2008	04/30/2008	$0.68	Regular
12/17/2007	12/31/2007	01/30/2008	$0.68	Regular
12/17/2007	12/31/2007	01/30/2008	$5.98	Special
09/18/2007	09/28/2007	10/31/2007	$0.68	Regular
06/18/2007	06/29/2007	07/31/2007	$0.68	Regular
03/13/2007	03/30/2007	04/30/2007	$0.68	Regular
12/18/2006	12/29/2006	01/30/2007	$0.68	Regular
12/18/2006	12/29/2006	01/30/2007	$5.40	Special
09/18/2006	09/29/2006	10/31/2006	$0.68	Regular
06/19/2006	06/30/2006	07/31/2006	$0.68	Regular
03/17/2006	03/31/2006	04/28/2006	$0.68	Regular

① 波士顿房产公司（Boston Properties, Inc.）：http://www.bostonproperties.com/site/index.aspx.

续表

公告日	记账日	支付日	股息	股息类型
12/19/2005	12/30/2005	01/30/2006	$0.68	Regular
09/19/2005	09/30/2005	10/31/2005	$0.68	Regular
07/26/2005	09/30/2005	10/31/2005	$2.50	Special
05/11/2005	06/30/2005	07/29/2005	$0.68	Regular
03/17/2005	03/31/2005	04/29/2005	$0.65	Regular
12/17/2004	12/31/2004	01/31/2005	$0.65	Regular
09/16/2004	09/30/2004	10/29/2004	$0.65	Regular
05/05/2004	06/30/2004	07/30/2004	$0.65	Regular
01/21/2004	03/31/2004	04/30/2004	$0.63	Regular

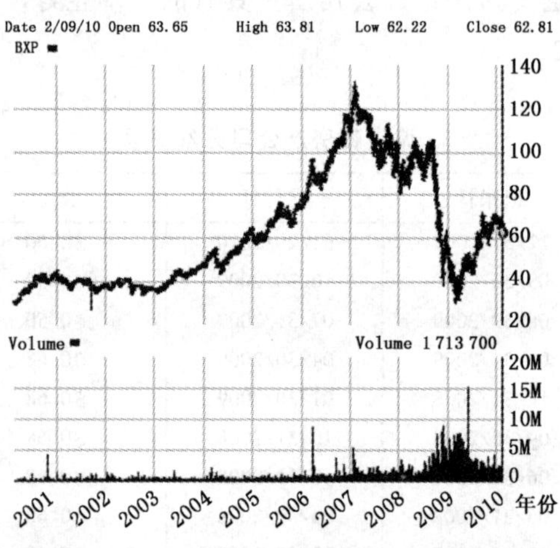

图2 波士顿房产公司近十年股价走势

2. 案例总结。波士顿房产基金的现金流比较稳定，即使在次贷危机来临后，仍然能够坚持稳定的分红。

（1）透过波士顿房产2004—2009年的分红记录可以看出，美国REITs一般按照季度进行分红，每季度都有可观的分红。在个别年份，如波士顿房产在2005年、2006年和2007年派发了特别红利，REITs的特别红利主要源于房产出售获得的增值，可以说是一种“非经常性”收益。

（2）在次贷危机爆发后，商业地产价值有所下降，租金水平有所下降，但是并不像住宅那样严重。表现在季度分红上，波士顿房产季度分红从

0.68 元降低到 2009 年的 0.50 元，而 0.68 元的分红水平已经从 2005 年开始坚持了 4 年时间。这一方面是因为 REITs 是机构投资者，更重要的是，REITs 是一种股权基金，没有杠杆，代表在房地产中的“全额付款”，根本不可能有美国住宅产业中的“零首付”现象发生。

(3) 在股票二级市场上，投资者对于股票的整体估值水平大幅降低。以波士顿房产股票为例，虽然分红仅降低了 26%，但是股价却从高点下降了 70% 以上。

3. 国内房地产上市公司对比。中国国贸是国内顶级的写字楼上市公司，其营业收入全部源自国贸一期和二期的租金收入，是国内仅有的收入全部来自租赁的上市公司，如果上市型 REITs 最终得以成行，中国国贸是最有动力进行改制的企业，将有效减少所得税支出，提升股东权益。

与波士顿房产拥有 146 处房产相比，中国国贸拥有房产十分有限，国贸三期的建成使用将大幅度增加公司的可出租房屋面积，但是在跨区域经营等方面仍然有巨大的差距。

(三) 西蒙地产战略伙伴多

1. 公司基本情况。西蒙地产①是美国最大的上市型房地产投资信托基金（REITs），在纽约证券交易所上市，是标普 500 成分股之一。西蒙地产总部位于美国印第安纳波利斯，专注于零售类商业地产，主要有区域性购物中心（Regional Malls）、奥特莱斯（Premium Outlet Centers）、Mills、社区购物中心和国际性物业五大类，分别适应不同的零售业态。截至 2009 年年底，西蒙地产拥有 382 处房产物业，可租面积达到 2.45 亿平方英尺，分布在北美、欧洲和亚洲等地，在全世界拥有雇员超过 5000 人。

值得一提的是，西蒙地产在河南也有房地产项目②，就是位于民主路和西太康路交叉口的郑州印象城购物中心，沃尔玛是其主力店之一，另有服装、化妆品、餐饮、影院等知名品牌，是郑州首家真正意义上的国际购物中心（见图 3）。印象城购物中心是深圳格瑞企业管理咨询有限公司旗下的重点商业地产项目，而深圳格瑞正是由美国西蒙地产、摩根斯坦利房地产基金

① 西蒙地产：http：//www.simon.com/.

② 依托华润集团的央企背景和资本实力，2010 年 2 月，深国投商置收购了深圳格瑞股权，全资拥有了郑州等地五个印象城购物中心。

和深国投商用置业有限公司共同投资成立，项目依托的是西蒙地产的管理经验、摩根斯坦利房产基金的资金支持、深国投商用置业有限公司开发建设这个综合平台，共同致力于中国购物中心项目的长期开发和管理。

图 3 郑州印象城购物中心

2. 案例总结。

(1) 专业化营运理顺了与战略伙伴的合作关系，招商能力提升了零售资产价值。西蒙在持有房地产的同时，组建了专业的房地产经营和管理团队，与各大品牌厂商保持了长期的良好的合作关系，每次有新开发的大型零售物业，都能有大批知名品牌商跟随，如沃尔玛、丝芙兰、Forever 21 等。高效的后期管理，有效提升了房产的收益率水平。

(2) 专业化构筑核心竞争力。即使在商业房地产领域，领先的 REITs 也把自己的经营范围限制在很小的范围内。以西蒙地产为例，其商业地产仅仅围绕零售业展开，通常以沃尔玛等零售旗舰店作为主力店类型，再加上餐饮、百货、影院等构成城市综合购物消费中心。

(3) 与摩根斯坦利、凯德置地等私募房地产股权基金相比，美国 REITs 类房地产上市公司资本雄厚，资产规模更加庞大。更重要的一点不同是，私募房地产基金倾向于通过买卖获利，而 REITs 基金则更倾向于通过长期持有获利。国外 REITs 一旦完成商业物业的布局，就倾向于通过长期持有和经营获利，而不会轻易出售（见图 4）。

3. 国内房地产上市公司对比。国内持有零售地产的上市公司以零售企业为主，如百货公司、超市的自有门店，反映了我国当前房地产行业的市场化分工还不够细，缺乏大型零售业地产运营商。

在国内上市公司中，小商品城（600415. SH）是最接近零售地产运营商的。2008 年度，小商品城的收入中，来自市场经营和酒店服务的收入占比为 49.6%，而 2007 年这一比率是 38.4%。小商品城在租金收入、股票价格

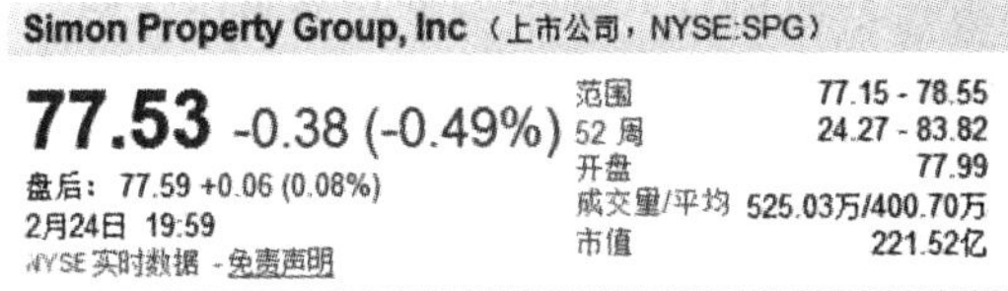

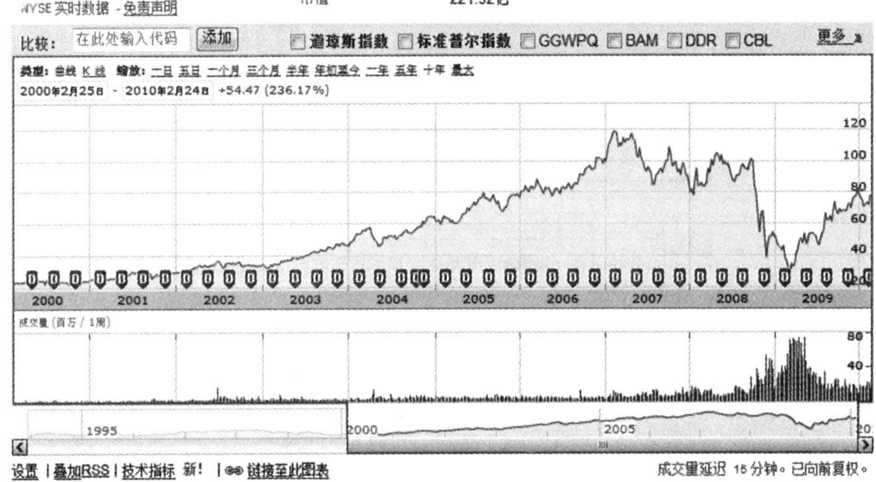

图 4　西蒙地产近十年股价走势图

等方面都可以说是收租类上市公司中的佼佼者，但是其能否成为跨地域的零售地产商，还依赖于公司的发展战略。

（四）Host：专注再专注

1. 公司基本情况。Host 酒店[①]（Host Hotels & Resorts, Inc.）专注于酒店地产，由万豪酒店集团拆分而来，致力于顶尖豪华的五星级、超五星级酒店，在世界各地多个城市、度假胜地的黄金地段拥有优质资产。

Host 酒店地产主要通过进取的资产管理和严格的资本分配获得增值。通过长期有计划地购入潜力资产，严格执行资本分配预算，最终以分红、营运资金增长和每股资产净值的增加三种形式体现出对投资者的回报。

1993 年，原万豪酒店集团拆分为万豪国际（Marriott International）和万豪服务（Host Marriott）两部分，万豪国际负责万豪品牌的管理和运营，而万豪服务则持有酒店资产。1994 年起，万豪服务进行战略转型，出售经济型酒店物业，专注于高端酒店，尤其是 2005 年 11 月，万豪服务从喜达屋集

① Host 酒店：http：//www. hosthotels. com/home. asp.

团收购了38家高级酒店，管理方包括威斯汀、希尔顿等知名酒店品牌运营商。为了适应旗下酒店品牌的多样化趋势，万豪服务（Host Marriott）更名为Host酒店（Host Hotels & Resorts）（见图5、图6）。

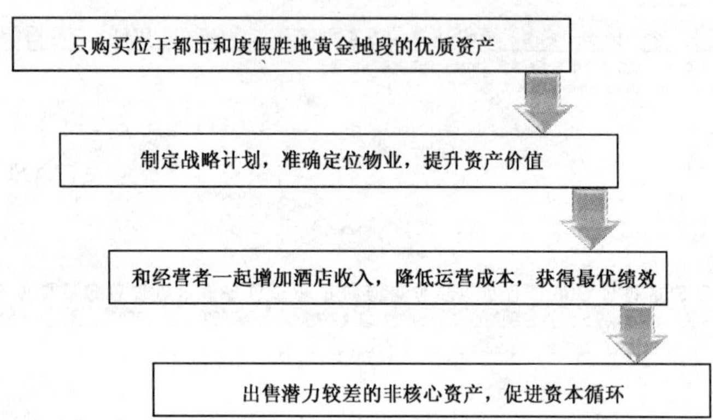

图5 Host的高端战略执行步骤

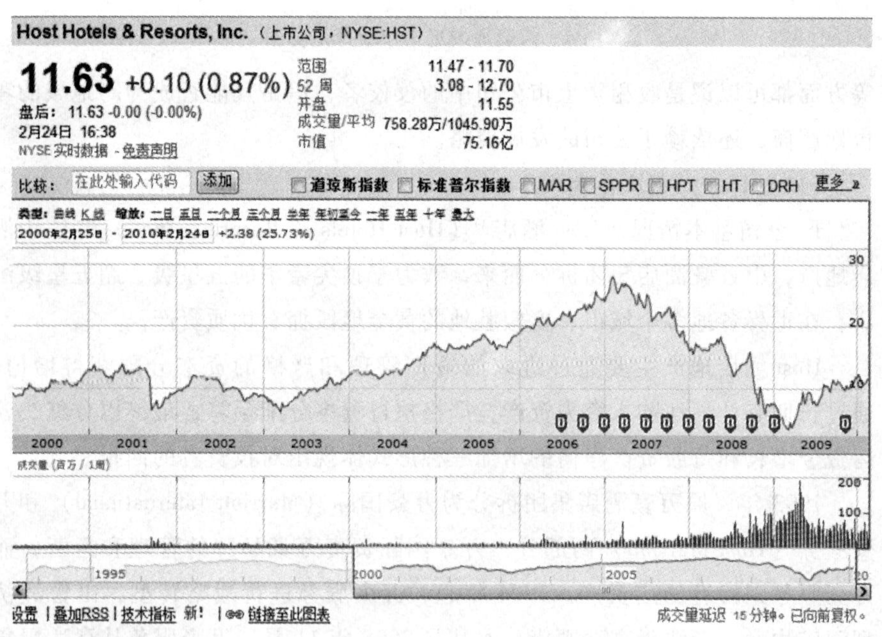

图6 Host近十年股价走势图

2. 案例总结。Host 给人的启示就是专注再专注。

（1）专做酒店就已经是专注了，但是 1993 年，原万豪酒店集团还是一分为二，万豪国际专注于酒店品牌运营和管理，Host Marriott 则持有酒店房产。

（2）仅仅持有酒店资产已经是很专注了，但是 Host 还是进行了进一步的战略转型，卖出经济型酒店，专注于五星级和超五星级高端酒店资产。

专注所以专业，长期坚持使得公司具有了一流的核心竞争力。

3. 国内房地产上市公司对比。国内上市公司中，锦江股份（600754. SH）是比较类似的一家，经过 2009 年的重组之后，锦江股份将以锦江之星经济型酒店业务为主，2009 年年底，锦江之星酒店达到 443 家，预计未来几年将以每年 100—120 家的速度进行扩张，略高于之前每年 80 家的增长速度。

据悉，“锦江之星” 2010 年计划利用 REITs 模式募集资金，目前，针对“锦江之星”的 REITs 已完成方案设计和技术论证。如若成行将成为中国酒店业首只房地产投资信托基金（REITs），这也是中国酒店产业投融资模式的创新之举。锦江之星酒店 REITs 的发行，也意味着酒店地产和酒店品牌服务相分离，经济分工进一步细化。

（五）越秀：信托结构与费用

1. 公司基本情况。越秀 REITs 是第一家在中国香港上市的内地物业资产 REITs，股票代码 00405. HK，管理方是越秀房托资产管理公司[①]，主要资产包括广州城建集团旗下的白马大厦单位、财富广场单位、城建大厦单位、维多利广场单位。以出让这四处物业为代价，广州城建集团取得了“越秀 REITs”支付给其约 33 亿港元现金，并仍然持有“越秀 REITs” 30% 的股权。预计我国 REITs 模式要借鉴香港地区的经验，因此，分析越秀 REITs 重点在于公司结构和信托在其中的作用（见图 7）。

2. 案例重点。

（1）信托结构。房地产投资信托基金的各方当事人有房地产商、信托公司、银行、律师、物业公司等，房地产商提供优质房源，信托公司承担受托责任，银行负责托管，物业公司负责具体的房地产管理。信托公司可以作为投资管理人。各方在房地产投资信托基金的运行中各负其责，共同促进基金的健康发展（见图 8）。

① 越秀房托资产管理公司：http：//www. gzireit. com. hk.

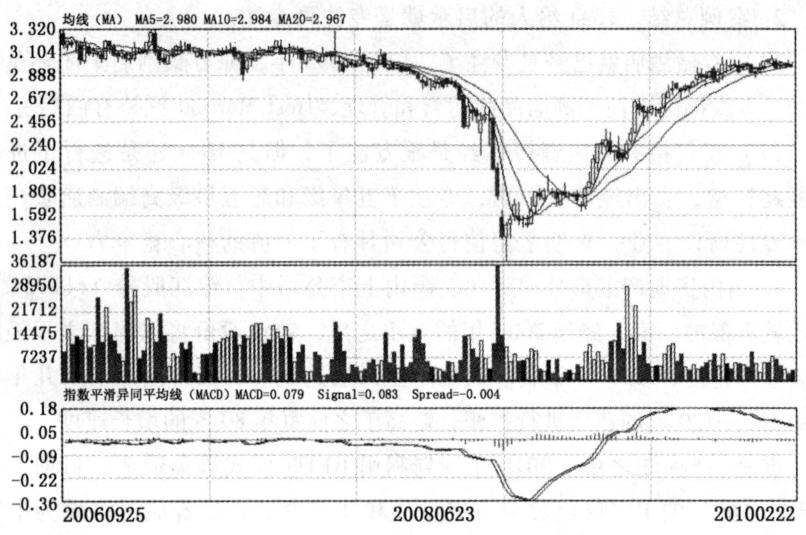

图 7　越秀房托 2006—2010 年股价走势图

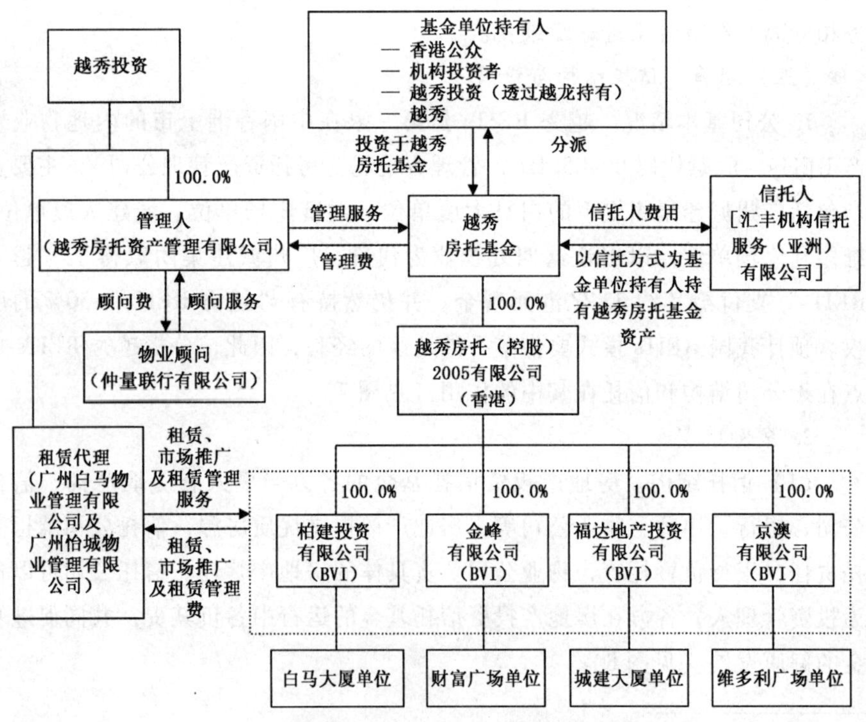

图 8　越秀房托基金的架构概览

(2) 信托费用。从越秀招股说明书中可以查到其信托费用的有关资料。信托费用包括初次成立费用和年度费用。初次成立费用一次性收取，金额不超过 20 万港元。年度费用按存量资产价值的 0.03% （最高不超过 0.06%）计算，且不低于每月 5 万港元。按照越秀 REITs 初始总资产 40.05 亿港元进行估算，年度托管费约 120 万港元。

对于信托公司来说，REITs 是一种靠规模取胜的业务种类。从年度托管费 120 万元可以看出，介入 REITs 业务，年度托管费收入对于信托公司当前总收入的影响并不大，重要的是，托管费收入是一种永续性质的收入。

华润信托从 2004 年开始打造私募基金平台，6 年过去了，证券投资信托业务初具规模，公司证券投资信托业务已经成为主要的利润来源。私募基金的托管费率一般在 0.1%—0.3%，而 REITs 的托管费率水平更低，多在 0.03%—0.06%，从这一点可以看出，REITs 托管费难以成为大多数信托公司的主要收入来源。

信托公司介入 REITs 托管，不仅在于托管费，而且还可以承做 REITs 后续融资业务。从国内外房地产商的运营实际来看，即使是上市型 REITs，也需要不断的买入有潜力的物业资产，在物业买卖的过程中，就需要进行各种形式的融资，信托是一种重要的途径。

(3) 与投行关系密切的信托公司将在上市型 REITs 托管中居于主导地位。国内上市，更多的是要借鉴中国香港的 REITs 基金业务。从图 8 中可以看出，越秀 REITs 的托管方是汇丰机构信托服务（亚洲）有限公司，而为越秀运作上市的投行和全球协调人正是汇丰银行。可以想象，与投行有密切关系的信托公司将在上市型 REITs 托管中占据有利地位。

(六) 睿富：重融资轻发展

1. 公司基本情况。睿富 REITs 是继越秀 REITs 之后在中国香港上市的第二家中国房地产信托基金。睿富 REITs 旗下只有北京佳程一处物业，根本谈不上投资组合。佳程广场位于北京朝阳区东三环北路，2005 年落成，包括两栋写字楼和一个大型商场，是燕莎商圈的高品质写字楼，租户包括多家知名跨国集团。其在 2006 年和 2007 年两次尝试上市套现，恶劣的是，为了上市需要，通过造假提高租金水平，极大地打击了投资者的信心。佳程广场不顾商业物业培育的正常周期，借助德国 RREEF 基金最终完成了上市，而 RREEF 是德意志银行旗下专业的房地产投资集团，在全球享有大量房地产和基础设施投资（见图9）。

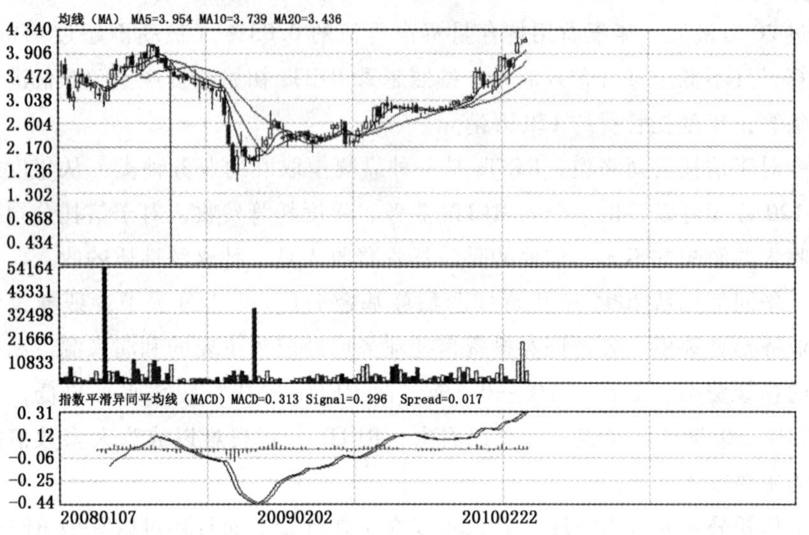

图9 睿富房托上市以来股价走势图

与越秀相同，睿富 REITs 的信托方同样是汇丰机构信托服务（亚洲）有限公司，基金管理人是睿富中国房托基金管理有限公司，持有物业限于北京佳程广场，物业管理则委托给仲量联行。睿富香港上市主体通过 BVI 物业公司和香港佳程广场有限公司间接控制北京佳程广场（见图10）。

2. 案例总结。

（1）重融资轻发展。越秀 REITs、睿富 REITs 身上同样折射了许多香港地区 REITs 的一个共性，就是重融资、轻发展。主要表现：第一，REITs 成为母公司融资的一种工具，REITs 管理权基本上掌控在母公司手中；第二，REITs 后续物业运作较少，如睿富 REITs 上市以来仅仅探索了在佳程广场内部原公共区域改建了零售和餐饮服务，无其他资产运作；第三，香港地区 REITs 距离美国大型 REITs 的自我管理、自我发展有很远的路要走；第四，REITs 更像是母公司的一个"部门"，独立性不够。

（2）REITs 起步阶段完全依靠外部管理。睿富 REITs 自身没有雇员，都是由外部人员进行管理。在美国 REITs 发展的早期阶段，REITs 也是从外部管理起步的。但是发展到近十几年，大型 REITs 逐步开始了自我管理的进程，拥有上百处物业的大型 REITs 可以拥有上千名雇员。内部管理能够避免

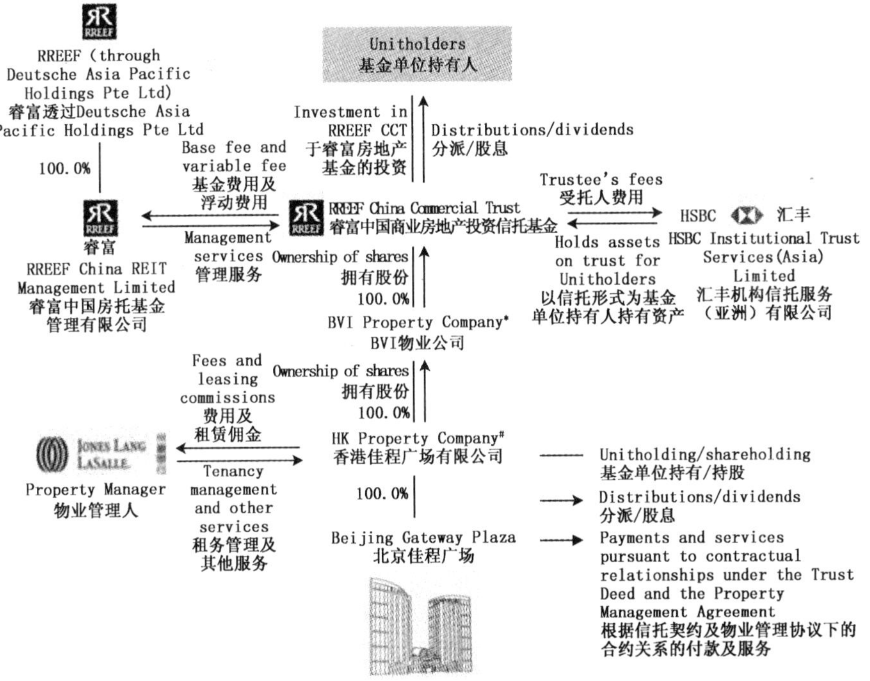

图 10　睿富的信托结构图

REITs 和母公司（管理公司）的关联交易，体现 REITs 自我发展的价值。

（七）嘉茂：中国蕴含机会

1. 公司基本情况。嘉茂中国信托[①]全称嘉茂商用中国信托基金（CRCT），是新加坡嘉德置地旗下的信托基金，2006 年 12 月 8 日在新加坡证券交易所（“SGX - ST”）上市，信托托管是汇丰机构信托服务（亚洲）有限公司。

作为新加坡第一支纯用于中国的零售商业 REITs，CRCT 设立的目标是长期投资于由中国零售商场组成的多样化资产组合。CRCT 最初的资产包由战略性地布局于中国 5 个城市的 7 所零售商场组成。该资产包价值约 6.9 亿新元，总可出租面积约为 41.3 万平方米。其中 7 所商场分别是北京的望京购物中心、九龙购物中心和安贞华联商厦，上海的七宝购物中心，郑州的郑

① 嘉茂中国信托：http：//www. capitaretailchina. com/main. html.

州购物中心（华联商厦），呼和浩特的金宇购物中心和芜湖嘉信茂广场，合计人民币40.21亿元。

截至2009年年底，嘉茂中国基金旗下的资产增加到8处，购买了位于北京西城区交通要道的西直门购物中心。

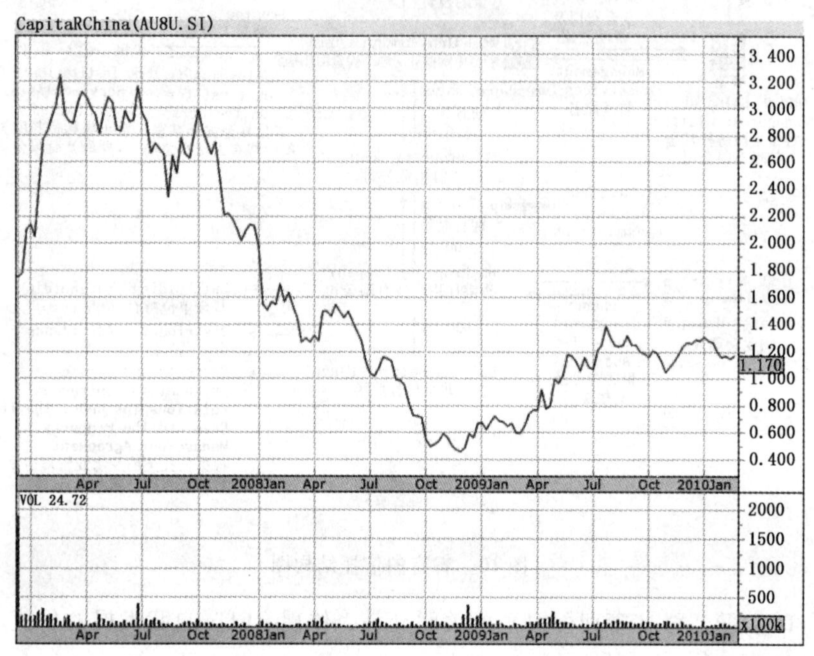

图11　嘉茂2007—2010年股价走势图

2. 案例重点。

（1）中国蕴含机会。中国经济发展前景良好，城市化进展较快，人均收入不断增加，消费能力不断提升，中国商业房地产市场蕴含巨大的机会。尽管有限外令，诸多外资还是借助多种手段突破限制，进军国内房地产市场。但是像嘉茂这样的资产上市计划，在限外令下，预计在近几年内将不会重新出现。

对于国内的房地产运营商来说，借助REITs形式，紧紧抓住核心地段的优质物业，就有望在商业地产领域创造新的传奇。

（2）信托托管费。从其招股说明书中可以查到有关信托托管费的说明。嘉茂的托管费包括初次费用和年度费用。初次成立费用，一次性2.5万新元。年度托管费用，最高托管费率每年0.03%，按托管资产额进行计算，不少于每月1.5万新元。上市3年以后，托管费用可以重新审议。与越秀相比，新加坡上市的嘉茂中国基金的信托托管费率更低，对于信托公司的当前收入影响更小。

三、REITs本土化实践

积极追踪REITs的最新进展，立足中原地区现状，研究和设计房地产投资信托产品，能够有效促进中部地区金融创新业务的发展。

（一）国内REITs的进展

多年来，国内开展REITs业务呼声甚高，但是直到2008年才取得重要进展。2008年12月13日，国务院办公厅关于当前金融促进经济发展的若干意见（金融30条），申明"开展房地产信托投资基金试点，拓宽房地产企业融资渠道"，给市场各方带来了明确的信号。自此，房地产信托基金试点进入快车道。

1. 信托公司主导的银行间市场模式。鉴于税收和法律环境等方面的国际差异，我国直接引入美国主流的上市型REITs模式面临较大的困难，由信托公司主导的银行间市场交易模式符合我国渐进改革的一贯思路。

从我国国情来看，信托型REITs与现有的法律制度冲突较小。以目前REITs可能适用的《公司法》、《基金法》、《信托法》等法规来看，《信托法》和《信托公司集合资金信托计划管理办法》则明确赋予了信托型REITs的法律地位。而现行《公司法》并无法支持公司型REITs的运作。从实践来看，我国目前尚无公司型基金，现有证券投资基金也只存在信托型结构。

信托模式能确保REITs财产的独立性。信托型REITs所依托的信托制度，其核心就在于信托财产独立性和破产隔离功能，从而使得REITs投资者的利益得到有效的保护。在我国开展的信贷资产证券化试点工作中，也采用了特殊目的的信托的操作模式，为信托型REITs创新产品的发展提供了操作经验。

信托型REITs较之公司型REITs的税负成本较低。目前尚未出台专门针对REITs的税收政策，因此在REITs的探索中必须选择税负成本较低的模式。按照《公司法》规定，公司型基金会在税收上与一般企业同等对待，必须缴纳营业税和企业所得税等企业税，分红时投资者还需要交纳个人所得税，存在双重课税的问题。而契约型 REITs 无需交纳企业所得税，可以提高 REITs 收益，更有利于让投资者接受，具有较强的可操作性。

2. 投行主导的证券市场模式。上市型 REITs 模式由投行主导，类似于房地产公司上市，只是主营业务收入主要来源于物业资产出租收入。在我国，交易所、证券公司和基金公司同归中国证监会监管，按照“谁的孩子谁管”的原则，上市型 REITs 将主要由中国证监会进行管理。

公司型 REITs 面临较多的法律和税收问题。如《公司法》关于 REITs 形式的规定。如证券法关于企业募集设立的规定，从而免除 REITs 提供上市前三年报表。对于公司型 REITs 面临的法律地位和相关税收优惠问题，还需要从法律层面上进行突破。

权益类房地产投资信托基金，通过投资将大部分投资收益以分红形式向投资者分配，使得投资者能够享受经济增长带来的房地产投资收益，这是股权型 REITs 优于债权型的根本之处。

3. 中国银监会版 REITs 方案。据媒体报道，2009 年，中国银监会及央行就已联合研究出台有关管理办法。这份《管理办法》规定，REITs 将由依法设立的信托公司作为受托机构，通过公开发售信托单位设立房地产集合投资信托。

（1）信托公司担任受托机构。从事房地产投资信托业务，应经中国银监会批准，作为受托机构的信托公司条件之一为注册资本不低于 5 亿元，最近 3 年年末净资产不低于 5 亿元。

（2）受托机构将向中国银监会申请信托发行，获得批准后，经受托人申请，中国人民银行核准，信托单位可以在全国银行间市场发行。发行信托单位应采用承销方式，承销机构应为注册资本不少于 2 亿元人民币的金融机构，承销机构可在发行期内向其他投资者分销其所承销的信托单位。

（3）信托计划的资金实行保管制，资金保管机构由依法设立并取得相应保管资格的商业银行担任。

（4）发行后的房地产集合投资信托单位可以在交易场所进行交易，但信托单位持有人不得申请赎回。信托可以通过发行新的信托单位募集资金进行投资。

（5）信托单位可向投资者定向发行，参与定向发行的投资者应当承诺获得本次定向发行的信托单位持有期限不少于 12 个月。

（6）从《管理办法》来看，未来上市的 REITs 更类似于一个封闭式的房地产投资基金，值得注意的是，未来募资的主要投资方向将主要用于境内成熟物业。

《管理办法》中还规定，信托财产不得从事或参与土地开发，也就是说，将投资信托与一般的房地产开发资金进行明确区别开来；此外不得投资境外物业，不得进行资产担保等。

由于只能进行物业持有性投资，信托倾向于长期回报，《管理办法》明确，信托持有任何一项房地产的时间不得少于 2 年。

（7）信托的收益分配，每年不少于一次。信托年度收益分配比例不得低于信托年度已实现收益的 90%。

（8）上海模式。浦东版 REITs 方案集结四大国企，上海金桥集团、外高桥集团、张江集团和陆家嘴，主要是工业和办公楼资产。前三大国企基本置入名下工业地产，陆家嘴置入的物业是办公楼项目。

（二）中原地区发展 REITs 的思考

政府要重视，尤其是在政策试点阶段，有了政府的积极参与，才能争取更多的业务试点机会，促进金融创新，促进中部地区金融发展。

1. 中原崛起需要有 REITs 的支持。河南省城市化进程非常快，郑州市尤其是郑东新区取得了跨越式发展。在房地产方面，形成了一大批写字楼、酒店和商业物业，为房地产投资信托基金提供了现实基础。REITs 有利于商业物业的高效运营，为中原崛起提供资产层面的支持。

从金融创新角度看，及早推出 REITs 能够促进中原地区的金融创新业务发展，有利于从金融角度支持实体经济。河南省内的房地产公司和信托公司有必要联合起来，加强 REITs 业务研究，促进房地产投资信托基金的建立和发展。

2. 房地产行业有了一定规模，REITs 意识有待提高。省会城市郑州的商业物业已经初步具有规模，为房地产投资信托基金的创设提供了物质基础。河南的房地产商已经完成了原始积累，具有了进军商业地产的基础，比如建业地产、鑫苑中国等；同时，一批发达地区的房地产商也在河南重点布局，如绿地集团、万达集团。从实践来看，REITs 还处于叫好不叫座的阶段，REITs 意识有待提高。

3. 信托公司主动创新。在实践中，多家信托公司、大型房地产公司、产业基金管理公司也在尝试以 REITs 原理开展业务，已经积累了丰富的实践经验。信托公司从 2003 年以后开始推出房地产信托计划、准证券化等业务品种，尤其是 2007 年以来随着银行信贷的紧缩，信托形式的房地产融资规模迅速增长，开始出现以投资组合理念设计的产品，某种程度上具备了 REITs 产品的特征。

信托公司主动创新能力和意识都比较强，河南地区的两家信托公司，无论是百瑞信托，还是中原信托都对 REITs 展开了相关研究，积极准备相关业务实践。创新型业务的开展，要有主动性。和各类房地产公司保持密切的接触，挖掘其中的业务机会。不管是发达国家还是发展中国家，不管城市化是否完成，房地产金融市场始终是金融市场的重要组成部分。房地产业务规模和市场能够提供信托公司施展拳脚的舞台。

4. 第三方中介机构。相比较而言，第三方中介机构比较薄弱。为了更好地促进 REITs 在河南地区的发展，可以在全国范围内优先遴选知名的物业咨询管理机构、律师事务所和会计师事务所。

图书在版编目（CIP）数据

信托研究与年报分析.2010/百瑞信托博士后科研工作站著．—北京：中国财政经济出版社，2010.11

ISBN 978－7－5095－2547－0

Ⅰ.①信…　Ⅱ.①百…　Ⅲ.①信托－研究报告－中国－2010
Ⅳ.①F832.49

中国版本图书馆CIP数据核字（2010）第199429号

责任编辑：林治滨　　　　责任校对：黄亚青
封面设计：郁　佳　　　　版式设计：孙俪铭

中国财政经济出版社出版

URL：http://www.cfeph.cn

E－mail：cfeph@cfeph.cn

社址：北京市海淀区阜成路甲28号　邮政编码：100142

发行处电话：88190406　财经书店电话：64033436

北京中兴印刷有限公司印刷　各地新华书店经销

787×960毫米　16开　20印张　319 000字

2010年11月第1版　2010年11月北京第1次印刷

定价：36.80元

ISBN 978－7－5095－2547－0/F·2167

（图书出现印装问题，本社负责调换）

本社质量投诉电话：010－88190744